* 교육부 선정 기초漢字!!

玉編을 겸한

實用漢字
1,800字

전면 2색 인쇄

太乙出版社

● 中·高校·大入 必須基礎漢字 ●

實用1,800字

알기쉬운 편집 · 전면 2색 인쇄

편집부 편

太乙出版社

三 綱(삼강)

父爲子綱(부위자강) 아들은 아버지를 섬기는 근본이고,
君爲臣綱(군위신강) 신하는 임금을 섬기는 근본이고,
夫爲婦綱(부위부강) 아내는 남편을 섬기는 근본이다.

五 倫(오륜)

父子有親(부자유친) 아버지와 아들은 친함이 있어야 하며,
君臣有義(군신유의) 임금과 신하는 의가 있어야 하고,
夫婦有別(부부유별) 남편과 아내는 분별이 있어야 하며,
長幼有序(장유유서) 어른과 어린이는 차례가 있어야 하고,
朋友有信(붕우유신) 벗과 벗은 믿음이 있어야 한다.

朱子十悔(주자십회)

不孝父母死後悔(불효부모사후회) 부모에게 효도하지 않으면 죽은 뒤에 뉘우친다.

不親家族疎後悔(불친가족소후회) 가족에게 친절치 않으면 멀어진 뒤에 뉘우친다.

少不勤學老後悔(소불근학노후회) 젊을 때 부지런히 배우지 않으면 늙어서 뉘우친다.

安不思難敗後悔(안불사난패후회) 편할 때 어려움을 생각지 않으면 실패한 뒤에 뉘우친다.

富不儉用貧後悔(부불검용빈후회) 부할 때 아껴쓰지 않으면 가난한 후에 뉘우친다.

春不耕種秋後悔(춘불경종추후회) 봄에 종자를 갈지 않으면 가을에 뉘우친다.

不治垣墻盜後悔(불치원장도후회) 담장을 고치지 않으면 도적맞은 후에 뉘우친다.

色不謹愼病後悔(색불근신병후회) 여색을 삼가지 않으면 병든 후에 뉘우친다.

醉中妄言醒後悔(취중망언성후회) 술취할 때 망언된 말은 술깬 뒤에 뉘우친다.

不接賓客去後悔(불접빈객거후회) 손님을 접대하지 않으면 간 뒤에 뉘우친다.

一 畫

一 한일
丨 뚫을곤
丶 점
丿 삐침
乙 (乚) 새을
亅 갈구리궐

二 畫

二 두이
亠 돼지해머리
人 (亻) 사람인변
儿 어진사람인발
入 들입
八 여덟팔
冂 멀경몸
冖 민갓머리
冫 이수변
几 안석궤
凵 위튼입구몸
刀 (刂) 칼도
力 힘력
勹 쌀포몸
匕 비수비
匚 튼입구몸
匸 감출혜몸
十 열십
卜 점복
卩 (㔾) 병부절
厂 민음호

厶 마늘모
又 또우

三 畫

口 입구변
囗 큰입구몸
土 흙토
士 선비사
夂 뒤져올치
夊 천천히걸을쇠발
夕 저녁석
大 큰대
女 계집녀
子 아들자
宀 갓머리
寸 마디촌
小 작을소
尢 (兀) 절름발이왕
尸 주검시엄
屮 왼손좌
山 메산
巛 (川) 개미허리
工 장인공
己 몸기
巾 수건건
干 방패간
幺 작을요
广 엄호밑
廴 민책받침
廾 스물입발
弋 주살익

弓 활궁
彐 (彑) 튼가로왈
彡 터럭삼방
彳 두인변
忄 (心) 심방변
扌 (手) 재방변
氵 (水) 삼수변
犭 (犬) 개사슴록변
阝 (邑) 우부방
阝 (阜) 좌부방

四 畫

心 (忄) 마음심
戈 창과
戶 지게호
手 (扌) 손수
支 지탱할지
攴 (攵) 등글월문
文 글월문
斗 말두
斤 날근
方 모방
无 (旡) 이미기방
日 날일
曰 가로왈
月 달월
木 나무목
欠 하품흠방
止 그칠지
歹 (歺) 죽을사변
殳 갖은등글월문
毋 말무
比 견줄비
毛 털모
氏 각시씨

气 기운기엄
水 (氵) 물수
火 (灬) 불화
爪 (爫) 손톱조머리
父 아비부
爻 점괘효
爿 장수장변
片 조각편
牙 어금니아
牛 소우변
犬 (犭) 개견
王 (玉) 구슬옥변
耂 (老) 늙을로엄
月 (肉) 육달월변
艹 (艸) 초두
辶 (辵) 책받침

五 畫

玄 검을현
玉 (王) 구슬옥
瓜 외과
瓦 기와와
甘 달감
生 날생
用 쓸용
田 밭전
疋 필필
疒 병질엄
癶 필발머리
白 흰백
皮 가죽피
皿 그릇명밑
目 (罒) 눈목
矛 창모
矢 화살시

石	돌석	血	피혈	隹	새추	麥	보리맥

石　돌석
示(礻)　보일시변
内　짐승발자국유
禾　벼화
穴　구멍혈
立　설립

六 畫

竹　대죽
米　쌀미
糸　실사
缶　장군부
网(四·罒)　그물망
羊(⺶)　양양
羽　깃우
老(耂)　늙을로
而　말이을이
耒　가래뢰
耳　귀이
聿　오직율
肉(月)　고기육
臣　신하신
自　스스로자
至　이를지
臼　절구구
舌　혀설
舛(舛)　어그러질천
舟　배주
艮　괘이름간
色　빛색
艸(⺿)　초두
虍　범호밑
虫　벌레훼

血　피혈
行　다닐행
衣(礻)　옷의
襾　덮을아

七 畫

見　볼견
角　뿔각
言　말씀언
谷　골곡
豆　콩두
豕　돼지시
豸　발없는벌레치
貝　조개패
赤　붉을적
走　달아날주
足　발족
身　몸신
車　수레거
辛　매울신
辰　별신
辵(辶)　책받침
邑(阝)　고을읍
酉　닭유
釆　분별할채
里　마을리

八 畫

金　쇠금
長(镸)　길장
門　문문
阜(阝)　언덕부
隶　미칠이

隹　새추
雨　비우
青　푸를청
非　아닐비

九 畫

面　낯면
革　가죽혁
韋　다룬가죽위
韭　부추구
音　소리음
頁　머리혈
風　바람풍
飛　날비
食(飠)　밥식
首　머리수
香　향기향

十 畫

馬　말마
骨　뼈골
高　높을고
髟　터럭발밑
鬥　싸움투
鬯　울창주창
鬲　오지병격
鬼　귀신귀

十一畫

魚　고기어
鳥　새조
鹵　잔땅로
鹿　사슴록

麥　보리맥
麻　삼마

十二畫

黃　누를황
黍　기장서
黑　검을흑
黹　바느질치

十三畫

黽　맹꽁이맹
鼎　솥정
鼓　북고
鼠　쥐서

十四畫

鼻　코비
齊　가지런할제

十五畫

齒　이치

十六畫

龍　용룡
龜　거북귀(구)

十七畫

龠　피리약변

첫머리에 *

즐거운 한자(漢字) 공부를 위하여

이 책은 주로 중·고등학교에서 사용되는 실용 한자(実用漢字) 1,800자를 중심으로 다루었다.

'익히기 어려운 글자'로만 인식되어 온 한자이지만, 관심을 가지고 접근하면 의외로 쉽게 익힐 수가 있다.

글자 한자 한자를 억지로 암기하려 한다면, 결코 필요한 한자(漢字)를 모두 익힐 수 없을 것이다. 음(音)과 훈(訓)을 동시에 새기며, 합성어(合成語)로 나타난 한자의 단어 전체를 익히는 쪽이 보다 지름길이라고 본다.

이 책은, 한자를 처음 공부하는 사람이라 하더라도 쉽게 접근할 수 있도록 독특하고도 체계적인 편집을 하였다.

한자(漢字)를 쓰는 순서는 물론, 각 한자마다의 외래어(일본어) 표기, 그리고 합성어(合成語) 등을 나타냄으로써 한자를 쉽게 익힐 수 있도록 한 것이다.

중·고등학교 과정의 실용한자인 이 책의 한자 전부를 익히게 된다면 당신의 한자 실력은 결코 부족한 것이 아니리라 믿는다.

또한 학습과 실용에 큰 보탬이 될 것으로 확신한다.

편자 씀.

✻ 永字八法 ✻

永字는 모든 筆法을 具備하고 있어서 이 글자에 依하여
運筆法이 説明되었으며, 이 書法을 永字八法이라 부릅니다.

側(측)	勒(늑)	努(노)	趯(적)	策(책)	掠(량)	啄(탁)	磔(책)
① ㇔	② 一	③ ㇑	④ ㇚	⑤ ㇓	⑥ ノ	⑦ ㇒	⑧ ㇏

◆ 한자의 필순

하나의 한자를 쓸 때의 바른 순서를 필순 또는 획순이라 한다. 한자는 바른 순서에 따라 쓸 때, 가장 쓰기 쉬울 뿐 아니라 빨리 쓸 수 있고, 쓴 글자의 모양도 아름다워진다.

◆ 필순의 기본원칙

위에 있는 점·획이나 부분부터 쓰기 시작하여 차츰 아랫부분으로 써내려간다.
三 (一二三)　工 (一丁工)
言 (一二三言言言言)
　　喜 (一十士吉吉吉喜喜)

◆ 왼쪽에서 오른쪽으로

왼쪽에 있는 점·획이나 부분부터 쓰기 시작하여 차츰 오른쪽으로 써 나간다.
川 (丿 川 川)　　州 (丶 州 州)
順 (丿 川 川 順)
側 (亻 俱 側 側)　測鄕

◆ 차례를 바꿔쓰기 쉬운 한자

出　丨 屮 屮 出 出 …………… ○
(5획) 丿 屮 屮 屮 出 …………… ✕
臣　丨 厂 臣 臣 臣 …………… ○
(7획) 一 丁 厂 臣 臣 …………… ✕
兒　丨 臼 臼 臼 臼 兒 …………… ○
(8획) 丿 臼 臼 臼 臼 兒 …………… ✕

한자방정식(漢字方程式)

日＋生＝星
(날일) (날생) (별성)
원자형으로 반짝 반짝 빛나는 별

日＋乍＝昨
(날일) (잠깐사) (어제작)
하루가 잠깐사이에 지나간 어제

日＋音＝暗
(날일) (소리음) (어두울암)
해가져서 어둡고 캄캄하다

日＋央＝映
(날일) (가운데앙) (비칠영)
가운데있는 해의 빛을받아 비친다.

日＋月＝明
(날일) (달월) (밝을명)
해와 달의 빛이 밝다

玉＋求＝球
(구슬옥) (구할구) (둥글구)
옥돌을 구하여 둥글게 간옥, 공

田＋介＝界
(밭전) (끼일개) (지경계)
밭과 밭사이의 경계. 범위

石＋包＝砲
(돌석) (쌀포) (대포포)
탄환을 발사하는 대포, 탄알

石＋楚＝礎
(돌석) (높을초) (주춧돌초)
기둥밑에 피인돌 주춧돌

石＋少＝砂
(돌석) (적을소) (모래사)
돌이 잘게부서진 모래

石＋玆＝磁
(돌석) (이자) (자석자)
쇠붙이를 끌어당기는 자석

石＋皮＝破
(돌석) (가죽피) (깨질파)
돌화면이 풍화작용으로 깨지다

牛＋寺＝特
(소우) (절사) (특별특)
특히 크고 특별하다는 뜻

牛＋勿＝物
(소우) (말물) (만물물)
소는 농가에 가지고있는 동물, 물건

牛＋攵＝牧
(소우) (칠복) (기를목)
소를몰다 동물을 기르다. 치다

木＋子＝李
(나무목) (아들자) (오얏리)
진귀한 열매가 열리는 나무 성씨

木＋每＝梅
(나무목) (탐낼매) (매화매)
탐낼만큼 꽃이피는, 매화나무

木＋寸＝村
(나무목) (마디촌) (마을촌)
나무 그늘밑에 집을짓고 사는마을,

8

木＋才＝材

(나무목) (바탕재) (재목재)

집을지을때 바탕이 되는 나무, 재목

木＋艮＝根

(나무목) (그칠간) (뿌리근)

나무의 잎과 가지를 보전하는 뿌리

木＋主＝柱

(나무목) (주인주) (기둥주)

집을 버티게하고 떠받이는 기둥

木＋支＝枝

(나무목)(갈려나갈지) (가지지)

원나무 줄기에서 갈라져나간다

木＋反＝板

(나무목) (뒤집을반) (조각판)

나무를켜서 이리저리 뒤집은 조각

木＋公＝松

(나무목) (공변공) (솔송)

나무잎이 사철푸른솔, 송림

木＋各＝格

(나무목) (각각각) (이를격)

일정한 형식에따라 뻗아가는 격식

木＋木＝林

(나무목) (나무목) (수풀림)

나무가 많이 늘어선모양, 수풀

木＋交＝校

(나무목) (엇걸교) (학교교)

틀어진나무를 바로잡음. 바르게인도함

木＋朱＝株

(나무목) (줄기주) (뿌리주)

나무의 바탕을 이루는 뿌리

木＋僉＝檢

(나무목) (여러첨) (검사할검)

내용을 검사하면서 토구함

木＋林＝森

(나무목) (수풀림) (심을삼)

나무가 빽빽히들어선 숲

木＋直＝植

(나무목) (곧을직) (심을식)

나무를 곧게 옮겨심는다

木＋卜＝朴

(나무목) (줄복)(순박할박)

나무껍질은 자연그대로 순박

木＋一＝末

(나무목) (한일) (끝말)

나무의 끝을 가리킨다. 종말,

士＋口＝吉

(선비사) (입구) (길할길)

선비의 입으로 하는말은 길하다

土＋或＝域

(흙토) (의심혹) (지경역)

일정한 지역 땅

土＋成＝城

(흙토) (이룰성) (재성)

국토를 방위해 놓은 성

土＋勻＝均

(흙토) (고를균) (고를균)

흙을 고르게 편다 고르다

水＋田＝畓

(물수) (밭전) (논답)

밭위에 물이있으니 논이다.

實用漢字 1,800字

氵(水)＋由＝油
(물수) (쓸유) (기름유)
용수같은 것을 짜낸 기름

氵(水)＋皮＝波
(물수) (가죽피) (물결파)
물이 움직이는 파도 물결

氵(水)＋永＝泳
(물수) (길영) (헤엄칠영)
사람이 물위에 떠서 헤엄친다.

氵(水)＋去＝法
(물수) (버릴거) (법법)
죄악을 제거하고 공평한 법

氵(水)＋可＝河
(물수) (옳을가) (물하)
넓고 흐르는 큰강, 황하

氵(水)＋台＝治
(물수) (기를이) (다스릴치)
지도하여 잘다스리고 편안함

氵(水)＋殳＝沒
(물수) (빠질몰) (잠길몰)
물속으로 빠진다. 침몰한다.

氵(水)＋酉＝酒
(물수) (닭유) (술주)
병에든 물, 액체, 술의 뜻

氵(水)＋步＝涉
(물수) (걸을보) (건널보)
걸어서 물을 걷는다는 뜻

氵(水)＋莫＝漠
(물수) (없을막) (사막막)
물이 없는곳 사막 아득하다

氵(水)＋同＝洞
(물수) (같을동) (골동)
물이 있는곳에 같이사는 동리,

氵(水)＋先＝洗
(물수) (머저선) (씻을세)
물로 발을씻고 수세 세탁씻음

女＋子＝好
(계집녀) (아들자) (좋을호)
여자가 아들을 낳고 좋아한다

女＋未＝妹
(계집녀) (아닐미) (누이매)
아직 철이나지않은 계집아이

女＋台＝始
(계집녀) (기를이) (비로소시)
뱃속에서 기른 아기의 처음 생명체

女＋方＝妨
(계집녀) (모방) (방해할방)
여자가 모나게 떠들면 일에방해된다

女＋市＝姉
(계집녀) (저자시) (맏누이자)
다자란 손누이를 말한다

女＋少＝妙
(계집녀) (젊을소) (묘할묘)
젊우 여자는 묘하고 예쁘다

女＋襄＝孃
(계집녀) (도울양) (아가시양)
아직 미혼인 아가씨라는 뜻

女＋因＝姻
(계집녀) (인할인) (혼인할인)
요위에 누운모양으로 의지한다

10

女＋昏＝婚
(계집녀) (저물혼) (혼인할혼)
신부가 신랑에집 들어가 혼인한다

女＋帚＝婦
(계집이) (비추) (아내부)
시집을가면 가정을 돌보며 일한다

亻(人)＋專＝傳
(사람인) (오로지전) (전할전)
멀리서 소식을 전하여 온다는 뜻

亻(人)＋象＝像
(사람인) (코끼리상) (모양상)
코끼리의 모양이 닮았다. 모양

亻(人)＋壬＝任
(사람인) (짊어질임) (맡길임)
사람이 짐을 짊어지듯, 책임을지다.

亻(人)＋木＝休
(사람인) (나무목) (쉴휴)
사람이 그늘밑에 쉬는모양. 휴식

亻(人)＋建＝健
(사람인) (세울건) (굳셀건)
몸의 자세를 곧게세움, 굳세고, 건강

亻(人)＋吏＝使
(사람인) (관리리) (하여금사)
웃사람이 아랫사람에 일을 시킨다

亻(人)＋共＝供
(사람인) (한가지공) (이바지할공)
두손으로 물건을 받들여 올린다

亻(人)＋更＝便
(사람인) (고칠경) (편할편)
불편한것을 고쳐 편한하도록함

亻(人)＋呆＝保
(사람인) (어리석을매) (맡을모)
힘없는 아이를 어른이 돌본다

亻(人)＋賞＝償
(사람인) (줄상) (갚을상)
일에공로가 많은 사람에 상을 준다

西＋女＝要
(덮을아) (계집녀) (요한요)
모양을 본뜬 글자. 중요하다

示＋見＝視
(보일시) (볼견) (볼시)
자세하게 본다. 살피다

夫＋見＝規
(사내부) (볼견) (바를규)
규칙 또는 바르다

衣＋甫＝補
(옷의) (클보) (도울보)
옷을 잘기워줌. 돕는자는 뜻

列＋衣＝裂
(벌일열) (옷의) (찢어질열)
천을 벌리어 찢는다는 뜻

制＋衣＝製
(지을제) (옷의) (마를제)
옷을짓는다. 만들다의 뜻

衣＋谷＝裕
(옷의) (골짜기곡) (넉넉할유)
크고 넉넉하다 여유있다

代＋衣＝袋
(대신할대) (옷의) (지루대)
천으로 옷대신 만든 자루. 옷

子＋系＝孫
(아들자) (이을계) (손자손)
핏줄을 통하여 대를 잇는다. 손자

言＋寸＝討
(말씀언) (마디촌) (칠토)
죄인을 법에따라 말로 다스림

言＋丁＝訂
(말씀언) (고무래정) (고칠정)
말로지적하여 고친다 .

言＋十＝計
(말씀언) (열십) (십계)
말로헤아린다 셈하다

言＋殳＝設
(말씀언) (칠수) (베풀설)
작업을 말로 뒷받침, 베풀다

言＋忍＝認
(말씀언) (참을인) (알인)
마음의 고통을 찾아낸다

言＋己＝記
(말씀언) (몸기) (적을기)
말을 글로 기록한다. 적다

言＋公＝訟
(말씀언) (바를공) (송사송)
말로공평하게 판가름한다.

言＋式＝試
(말씀언) (법식) (시험할시)
방식에 의하여 물어보라. 시험

言＋方＝訪
(말씀언) (방위방) (찾을방)
방법을 물어 찾아본다

言＋成＝誠
(말씀언) (이룰성) (정성성)
정성껏 성심껏

言＋志＝誌
(말씀언) (뜻지) (기록할지)
직무상의 책을 기록함

言＋舌＝話
(말씀언) (혀설) (말씀화)
서로 마주보며 하는 이야기

言＋寺＝詩
(말씀언) (관청시) (글시)
글로 표현한 시

言＋午＝許
(말씀언) (낮오) (허락할허)
엇갈린 견해가 풀어져 허락함

言＋川＝訓
(말씀언) (내천) (가르칠훈)
유창한 말로 가르치다

言＋襄＝讓
(말씀언) (도울양) (사양양)
도움을 안받고 사양하다

言＋某＝謀
(말씀언) (아무모) (꾀모)
아무도 모르게 꾀 하다

言＋義＝議
(말씀언) (옳의의) (말할의)
옳은 일을 상의하다 토의하다

敬＋言＝警
(공경경) (말씀언) (깨우칠경)
공경하는 마음으로 깨우쳐준다

12

言 + 靑 = 請
(말씀언) (푸를청) (청할청)
부탁하다. 청하다. 신고처구함

言 + 炎 = 談
(말씀언) (불꽃염) (말씀담)
화루가에 앉아서 이야기하다

言 + 若 = 諾
(말씀언) (젊을약) (대답할낙)
부탁을 들어준다. 허락하다

言 + 賣 = 讀
(말씀언) (팔매) (읽을독)
소리내어 책을 읽은다

言 + 登 = 證
(말씀언) (오를등) (증언증)
사실대로 증언 증거의 뜬 뜻

言 + 兑 = 説
(말씀언) (기꺼울태) (말할설)
기뻐하고 말을 설명하다

言 + 果 = 課
(말씀언) (결과과) (구실과)
공부한 결과, 시험, 학과

言 + 吾 = 語
(말씀언) (나오) (말씀어)
자기의 의견을 나타내는 말

貝 + 反 = 販
(자개패) (돌릴반) (팔판)
물건을 팔다. 장사하다

貝 + 才 = 財
(자개패) (재주재) (재물재)
재물 또는 보배를 뜻한다

貝 + 宁 = 貯
(자개패) (멈출저) (쌓을저)
물건을 쌓다 저장하다

加 + 貝 = 賀
(더할가) (자개패) (위로할하)
기쁨의뜻을보내며, 축하함

化 + 貝 = 貨
(될화) (자개패) (화물화)
물건을 운반할때. 화물

代 + 貝 = 貸
(대신대) (자개패) (줄대)
돈을 꾸어쓰다. 빌리여줌

車 + 俞 = 輸
(수레차) (대답유) (보낼수)
물건을 차에싫어 보냄

車 + 侖 = 輪
(수레차) (뭉치륜) (바퀴륜)
수레바퀴가 빙빙돈다

車 + 交 = 較
(수레차) (사귈교) (비교할교)
견준다 비교하다

車 + 巠 = 輕
(수레차) (줄기경) (가벼울경)
수레가 가볍다는 뜻

非 + 車 = 輩
(아닐비) (수레차) (무리배)
힘들다 너무 무리하다

貝 + 戔 = 賤
(자개패) (삼할잔) (천할천)
상한물품은 천하다. 흔하다

車＋專＝轉
(수레차) (오르지전) (구를전)
굴러간다. 옮긴다 뜻

門＋木＝閑
(문문) (나무목) (한가할한)
한가하다 여유가있다

門＋日＝間
(문문) (날일) (사이간)
문 틈을 가리켜 문사이

里＋予＝野
(마을리) (줄여) (들야)
논과 밭이있는 들의 뜻

走＋己＝起
(달릴주) (몸기) (일어날기)
달리려고 일어나다

雚＋見＝觀
(황새관) (볼견) (볼관)
황새가 적을막으려고 처다본다

金＋帛＝錦
(쇠금) (비단백) (비단금)
금 빛같이 고운비단을 뜻한 글자

金＋艮＝銀
(쇠금) (한정할간) (은은)
흰 빛을 내는 쇠붙이의 . 은

金＋童＝鐘
(쇠금) (아이동) (쇠북종)
쇠로 만들어 치는 종

金＋十＝針
(쇠금) (열십) (바늘침)
쇠로된 바늘을 뜻한다. 또는 침

金＋充＝銃
(쇠금) (채울충) (총총)
쇠로만든 총 총구멍의 뜻

金＋岡＝鋼
(쇠금) (산등성이강) (강철강)
꾸불 꾸불하고 강한 쇠붙이

金＋竟＝鏡
(쇠금) (다할경) (거울경)
금속을 닦아 광채를 내는 거울

阝＋車＝陣
(언덕부) (수레차) (진칠진)
적과 싸우기 위하여 군사를 배치함.

阝＋步＝陟
(언덕부) (걸을보) (나아갈척)
걸음을 걸어서 앞으로 나아감

阝＋付＝附
(언덕부) (붙일부) (붙일부)
모양에 더붙인다는 뜻

阝＋方＝防
(언덕부) (방위방) (막을방)
홍수를 막아서 방지한다

丁＋頁＝頂
고무래정) (머리현) (이마정)
머리위 정수리 꼭대기

予＋頁＝預
(줄여) (머리현) (미리예)
참예하다, 미리주다, 예금

豆＋頁＝頭
(콩두) (머리현) (머리두)
사람의 머리 두뇌

革＋化＝靴

(가죽혁)　(될화)　(신화)

가죽으로 만든 신, 구두

食＋反＝飯

(밥식)　(돌아올반)　(밥반)

밥을 먹는다. 먹여기른다

馬＋睪＝驛

(말마)　(엿볼역)　(역말역)

기차가 쉬는 역 정거장

示＋且＝祖

(보일시)　(많을저)　(할아버지조)

제사지내는 대상인 조상, 시조

林＋示＝禁

(수풀림)　(보일시)　(금할금)

함부로 다치지 못함 금지하다.

米＋分＝粉

(쌀미)　(나눌분)　(가루분)

쌀을 잘게나누어 부순, 가루

禾＋火＝秋

(벼화)　(불화)　(가을추)

곡식을 태양에 익히고 거두어들임

禾＋少＝秒

(벼화)　(적을소)　(초침초)

가장 짧은시간의 초, 벼끝

禾＋斗＝科

(벼화)　(말두)　(과정과)

곡식이나 학문을 구별지은 과목

禾＋重＝種

(벼화)　(무거울중)　(씨종)

농사짓는데 중요한 씨앗

禾＋多＝移

(벼화)　(많을다)　(옮길이)

못자리벼를 옮겨심는다. 이전

禾＋責＝積

(벼화)　(많을책)　(쌓을적)

물건을 모아서 쌓아 둔다.

糸＋勺＝約

(실사)　(작을작)　(맺을약)

맺는다 약속하다 실로 맺다

糸＋氏＝紙

(실사)　(성씨)　(종이지)

헝겊조각 따위로 만든 종이

糸＋且＝組

(실사)　(많을저)　(짤조)

실을 합쳐 천을 짜냄

糸＋己＝紀

(실사)　(몸기)　(기록할기)

헝크러지지않고 기록함. 습관, 규율

糸＋扁＝編

(실사)　(작을편)　(책편)

엮어서 만듬 고쳐엮음 책

糸＋冬＝終

(실사)　(겨울동)　(마칠종)

마지막 끝내다. 최, 종

糸＋吉＝結

(실사)　(길할길)　(맺을결)

실로 맺는다. 과계을 맺음

糸＋泉＝線

(실사)　(샘천)　(줄선)

길게 이루어진 선. 줄친선

實用漢字 1,800字

東西

東 동녘 동 トウ(ひがし)
西 서녘 서 セイ(にし)

一 ｒ 亘 申 東 東　一 冂 両 西 西

東亞[동아] 동쪽 아시아.
東邦[동방] 동쪽에 있는 나라.
西洋[서양] 구라파의 여러 나라.
西海[서해] 서쪽 바다. 황해
東問西答[동문서답] 묻는 말에
　　대하여 대답이 아주 딴판임.

南北

南 남녘 남 ナン(みなみ)
北 북녘 북 ボク(きた)

十 古 両 南 南　｜ ｜ 기 北 北

南向[남향] 남쪽을 향함.
南國[남국] 남쪽에 있는 나라.
南極[남극] 지축의 남쪽 끝.
北端[북단] 북쪽 끝.
北伐[북벌] 북쪽을 치는 일
北進[북진] 북쪽으로 나아감.

春夏

春 봄 춘 シュン(はる)
夏 여름 하 カ、ゲ(なつ)

三 夫 春 春　一 百 頁 夏 夏

春耕[춘경] 봄갈이.
春光[춘광] 봄 볕.
春風[춘풍] 봄 바람.
夏穀[하곡] 여름에 거두는 곡식.
夏期[하기] 여름의 시기.
夏節[하절] 여름 철.

秋冬

秋 가을 추 シュウ(あき)
冬 겨울 동 トウ(ふゆ)

二 千 禾 秋 秋　ノ ク 冬 冬 冬

秋霜[추상] 가을 서리.
秋風落葉[추풍낙엽] 가을 바람에
　　떨어지는 나무 잎과 같이
　　떨어져 흩어지는 모양.
冬季[동계] 겨울 철.
冬服[동복] 겨울 옷.
冬寒[동한] 겨울의 추위.

寒來

寒 찰 한 カン(さむい)
來 올 래 ライ(くる)

宀 宜 審 寒 寒　一 쬬 來 來 來

寒冷[한랭] 몹시 추움.
寒心[한심] 딱하게 여기는 마음.
寒村[한촌] 가난한 마을.
來訪[내방] 남이 찾아 옴.
來賓[내빈] 식장이나 회장에 찾
　　아온 손님.
來往[내왕] 오고 감.

暑往

暑 더울 서 ショ(あつい)
往 갈 왕 オウ(ゆく)

日 早 昇 暑 暑　ノ 彳 疒 什 往

暑氣[서기] 더위.
暑毒[서독] 더위의 독.
暑退[서퇴] 더위가 물러감.
往年[왕년] 지난 해.
往訪[왕방] 가서 찾아봄.
往診[왕진] 의사가 환자의 집에
　　가서 진찰함.

擧皆 擧皆 擧皆

手14 擧 들 거 キョ(あげる)	白4 皆 다 개 カイ(みな)

F 臼 臾 與 與 擧 — 上 比 比 皆 皆

擧皆[거개] 모두.
擧事[거사] 큰 일을 일으킴.
擧行[거행] 의식을 치름.
皆勤[개근] 빠짐 없이 출근함.
皆兵[개병] 국민이 다 군인이 됨.
皆學[개학] 빠짐 없이 모두 배움.

疑問 疑問 疑問

疋9 疑 의심할의 ギ(うたがう)	口8 問 물을 문 モン(とう)

ヒ 髦 髦 舜 疑 丨 冂 門 門 問

疑問[의문] 의심스러운 일.
疑心[의심] 마음에 이상히 여김.
疑獄[의옥] 복잡한 죄상.
問病[문병] 앓는 이를 위문함.
問安[문안] 어른의 안부를 물음.
問喪[문상] 죽음을 위문함.

見本 見本 見本

見0 見 볼 견 나타날 현 ケン(みる)	木1 本 근본 본 ホン(もと)

冂 月 目 貝 見 一 十 才 木 本

見本[견본] 본 보기.
見聞[견문] 보고 들음.
見學[견학] 실지로 보고 배움.
本能[본능] 본래의 성능.
本質[본질] 본 바탕.
本末[본말] 처음과 끝.

比較 比較 比較

比0 比 견줄 비 ヒ(くらべる)	車6 較 비교할교 コウ, カク(くらべる)

一 上 上 比 亘 車 軒 軘 較

比較[비교] 견주어 봄.
比例[비례] 비교하여 봄.
比肩[비견] 서로 비슷함.
比辭[비사] 비유로 쓰는 말.
比類[비류] 서로 견줄만한 물건.
比率[비율] 비례의 율.

寶石 寶石 寶石

宀17 寶 보배 보 ホウ(たから)	石0 石 돌 석 セキ(いし)

宀 岁 窑 寶 寶 一 丆 石 石

寶石[보석] 보배의 옥돌.
寶庫[보고] 귀한 재산을쌓아둔곳.
寶鑑[보감] 모범이 될 사물.
石造[석조] 돌로 만듦.
石窟[석굴] 바위에 뚫린 굴.
石壁[석벽] 돌로 쌓은 벽.

拾得 拾得 拾得

手6 拾 주울 습 열 십 ジュウ(とお)	彳8 得 얻을 득 トク(える)

扌 扒 抡 拾 彳 俨 得 得 得

拾得[습득] 주워 얻음.
拾級[습급] 계급이 차례로 오름.
拾遺[습유] 잃어버린 물건을 줌.
得男[득남] 아들을 낳음.
得失[득실] 얻음과 잃음.
得票[득표] 투표에서 표를 얻음.

撞纓

撞 手(扌)12 두드릴딩 부딪칠당 トウ(つく)
纓 糸17 갓끈 영 エイ(むながい)

扌扩护揎撞 糸 緗緗纓

撞球[당구] 유희의 일종.
撞棒[당봉] 당구 치는 막대기.
撞着[당착] 모순. 어긋남.
纓帽[영모] 옛날 귀족들이 쓰던
　　　모자.
纓絡[영락] 술.
馬纓[마영] 말 안장 끈.

閃套

閃 門2 언뜻볼섬 번쩍할섬 セン(ひらめく)
套 大7 전례 투 껍질 토 トウ(かさねる)

丨尸門門閃 六本本套套

閃光[섬광] 번쩍이는 빛.
閃亮[섬량] 번쩍이는 빛.
閃電[섬전] 번쩍이는 전기 불.
閃眼[섬안] 번쩍이는 눈 빛.
套語[투어] 신통하지 못한 예사로
　　　운 말.

督促

督 目8 살필 독 감독할독 トク(みる)
促 人(イ)7 재촉할촉 촉박할촉 ソク(うながす)

卜广オ叔督 亻伫伃伃促

督促[독촉] 재촉함.
督勵[독려] 재촉하여 힘쓰게 함.
督戰[독전] 싸움을 재촉함.
促成[촉성] 빨리 이루어지게 함.
促迫[촉박] 기일이 바싹 가깝게 닥
　　　쳐 옴. = 촉급[促急]

振刷

振 手(扌)7 떨칠 진 シン(ふる)
刷 刀(刂)6 고칠 쇄 인쇄할쇄 サツ(する)

扌扩护抧振 尸尸吊刷

振刷[진쇄] 정신을 차려 일으킴.
振興[진흥] 정신을 차려 일어남.
振起[진기] 진쇄.
刷新[쇄신] 묵고 낡은 것을 버리
　　　고 새롭게 함.
刷子[쇄자] 옷 먼지를 터는 솔.

其他

其 八6 그 기 キ(その)
他 人(イ)3 다를 타 남 타 タ(ほか)

一卄甘甘其 亻仂仲他

其他[기타] 그 외.
其實[기실] 사실. 실로.
其餘[기여] 그 나머지.
他力[타력] 남의 힘.
他界[타계] ① 다른 세계.
　　　② 귀인이 죽음.

次項

次 戈2 버금 차 차례 차 ジ(つぎ)
項 頁3 목덜미항 조목 항 コウ(うなじ)

冫冫次次 エ厂頂項項

次項[차항] 다음 번 항목.
次期[차기] 다음 번 시기.
次例[차례] 돌아 오는 순서.
項目[항목] 조목.
項羽[항우] 초 한 때 장수. 기운이
　　　썩 센 사람을 가리키는 말.

假 量

假 人(イ)9 거짓 가 / 빌 가 — カ(かり)
量 里 5 헤아릴량 — リョウ(はかる)

亻 亻 作 作 假 口 旦 昌 昌 量 量

假量[가량] ……쯤 (어림).
假面[가면] 탈. 거짓 얼굴.
假想[가상] 어림치고 생각함.
假飾[가식] 거짓으로 꾸밈.
量器[양기] 양을 되는 도구.
量宜[양의] 잘 헤아림.

制 壓

制 刀(刂)6 법도 제 / 마를 제 — セイ(さだめる)
壓 土 14 누를 압 — アツ(おさえる)

ノ ヒ 午 制 制 厂 厈 盾 厭 壓

制壓[제압] 억지로 억누름.
制度[제도] 마련한 법도.
制霸[제패] 으뜸 세력을 차지함.
壓倒[압도] 눌러 거꾸러뜨림.
壓力[압력] 물체를 누르는 힘.
壓迫[압박] 누르고 구박함.

段 落

段 殳 5 층계 단 / 조각 단 — ダン(きざはし)
落 艸(艹)9 떨어질락 — ラク(おちる)

「 丨 丨 段 段 艹 芀 莈 落 落

段落[단락] 일이 다 된 결말.
段階[단계] 층계.
落選[낙선] 선거에서 떨어짐.
落札[낙찰] 입찰에 뽑힘.
落鄕[낙향] 서울 사람이 시골로
　　　이사함.

催 賴

催 人(イ)11 재촉할최 — サイ(うながす)
賴 貝 9 믿을 뢰 / 힘입을뢰 — ライ(たのむ)

亻 𠈌 俳 俳 催 口 束 剌 輺 賴

催告[최고] 재촉하는 뜻의 통지.
催流彈[최류탄] 눈을 자극하여 눈
　　　물을 나게 하는 가스탄환.
賴子[뇌자] 염치 없는 사람.
信賴[신뢰] 믿고 의뢰함.
依賴[의뢰] 남에게 부탁함.

所 謂

所 戶 4 바소 / 곳소 — ショ(ところ)
謂 言 9 이를 위 — イ(いう)

厂 戶 斤 所 所 言 訂 訂 謂 謂

所謂[소위] 이른 바.
所期[소기] 기대하는 바.
所在[소재] 있는 곳.
所産[소산] 그 곳에서 나는 물건.
可謂[가위] 그 뜻에 가까운 말르
　　　말하자면.

奇 蹟

奇 大 5 기이할기 — キ(めづらしい)
蹟 足 11 사적 적 — セキ(あと)

一 大 杏 杏 奇 𧾷 跡 跻 蹟 蹟

奇蹟[기적] 사람의 생각과 힘으
　　　로 할 수 없는 기이한 일.
奇襲[기습] 뜻밖에 습격함.
奇妙[기묘] 기이하고 묘함.
古蹟[고적] ① 남아 있는 옛물건
　　　② 옛 물건이 있던 자리.

鯨芳　鯨芳　鯨芳

魚8 **鯨** 고래 경　(艸)4 **芳** 꽃다울 방
ゲイ(くじら)　ホウ(かんばしい)

ク 魚 魚 魿 鯨　一 艹 艻 芳 芳

鯨尾[경미] 고래의 꼬리.
捕鯨[포경] 고래를 잡음.
捕鯨船[포경선] 고래잡이 배.
芳香[방향] 꽃다운 향기.
芳名[방명] 남의 이름의 존칭.
芳氣[방기] 꽃다운 향기.

菖鴉　菖鴉　菖鴉

艸(艹)8 **菖** 창포 창　鳥4 **鴉** 갈가마귀 아, 검을 아
ショウ(しょうぶ)　ア(からす)

艹 芇 莒 菖 菖　匚 牙 邪 雅 鴉

菖蒲[창포] 오월 단오 때 머리 감는 풀꽃.
鴉片[아편] 양귀비 열매의 진.
鴉靑[아청] 검은 빛을 띈 푸른 빛.
烏鴉[오아] 까마귀.

吹奏　吹奏　吹奏

口4 **吹** 불 취　大6 **奏** 아뢸 주, 풍류 주
スイ(ふく)　ソウ(かなでる)

口 吖 吹 吹　三 丰 夫 奏 奏

吹奏[취주] 관악기로 연주함.
吹込[취입] 음악을 레코드판에 옮김.
吹雪[취설] 눈보라.
奏達[주달] 임금에게 아뢰는 일.
奏樂[주악] 음악을 연주하는 일 또는 연주하는 음악.
奏案[주안] 상주하는 문안.

喇叭　喇叭　喇叭

口9 **喇** 나팔 라　口2 **叭** 입벌릴팔, 나팔 팔
ラツ　ハツ(くちがあく)

口 吓 呮 喇 喇　丨 冂 叭 叭

喇叭[나팔] 금속으로 만들어진 관악기의 한 종류.
喇叭管[나팔관] 중이의 고실로부터 조금 아래로 향하여 인두까지 길게 통한 관.
喇叭手[나팔수] 나팔을 부는 사람
喇叭蟲[나팔충] 나팔 벌레.

胡笛　胡笛　胡笛

肉(月)5 **胡** 어찌 호, 오랑캐호　竹5 **笛** 피리 적
コ(なんぞ, えびす)　テキ(ふえ)

十 古 古 胡 胡　𥫗 竺 笁 笛 笛

胡弓[호궁] 북방의 활 이름.
胡馬[호마] 중국 북방의 좋은 말.
胡麻仁[호마인] 참깨나 검은 깨.
笛手[적수] 대금을 불던 세 악수의 하나.
大笛[대적] 큰 호적.
草笛[초적] 풀 피리.

竹杖　竹杖　竹杖

竹0 **竹** 대 죽　木3 **杖** 지팡이장
チク(たけ)　ジョウ(つえ)

丿 𠂉 𠂆 竹 竹　十 木 杧 杖 杖

竹杖[죽장] 대로 만든 지팡이.
竹筍[죽순] 대나무 순.
竹竿[죽간] 대 장대.
短杖[단장] 짧은 지팡이. 지팡이.
杖策[장책] 채찍.
杖頭[장두] 두목. 우두머리.

鋒 刃

| 金7 鋒 | 칼날 봉
끝 봉 | 刀1 刃 | 칼날 인 |

ホウ(ほこさき)　　ジン(は)

金 釒 鉾 鎽 鋒　丿 刀 刃

鋒鎬[봉호] 창끝과 살촉.
先鋒[선봉] 맨 앞장.
鋒刃[봉인] 날카로운 칼.
兵刃[병인] 무기.
刀刃[도인] 칼날.
白刃[백인] 흰 칼날.

駕 輿

| 馬5 駕 | 수레 가
멍에 가 | 車10 輿 | 수레바탕
어
천지 여 |

ガ(のりもの)　　ヨ(こし)

力 加 枷 駕 駕　𦥑 車 𦥑 𦥑 輿

駕馬[가마] 집모양으로 생긴 수레
駕車[가차] 수레.
駕崩[가붕] 왕이 돌아가심.
輿梁[여량] 마차가 통행할 수 있는
　　　　　나무 다리.
輿論[여론] 사회 대중의 공통된
　　　　　의견.

棍 棒

| 木8 棍 | 곤장 곤 | 木8 棒 | 몽둥이 봉 |

コン(たばねる)　　ボウ(ぼう)

十 木 桿 棍 棍　木 栏 棒 棒 棒

棍棒[곤봉] 몽둥이.
棍杖[곤장] 매치는 막대기.
棍騙[곤편] 속임.
棒槌[봉추] 나무 망치.
棒球[봉구] 야구.
棒打[봉타] 몽둥이로 침.

鞍 裝

| 革6 鞍 | 안장 안 | 衣7 裝 | 행장 장
꾸밀 장 |

アン(くら)　　ソウ(よそおう)

艹 苩 革 靯 鞍　丨 爿 娤 娤 裝

鞍裝[안장] 말, 나귀들의 등에 얹
　　　　　는 가죽으로 만든 물건. 사
　　　　　람이 탈 때 깔고 앉는 것.
鞍具[안구] 말 안장에 딸린 여러
　　　　　가지 기구.
鞍傷[안상] 안장에 마찰되어 생긴
　　　　　상처.
裝甲[장갑] 갑옷을 입고 투구를
　　　　　갖춤.

鋤 罐

| 金7 鋤 | 호미 서 | 缶18 罐 | 물동이관
양철통관 |

ジョ(すき)　　カン(つるべ)

厶 金 鉬 鋤 鋤　亠 午 缶 罐 罐

鎌鋤[겸서] 낫과 호미.
茶罐[차관] 찻물을 끓이는 그릇.
鋤草[서초] 김을 맴.
鋤刨[서포] 땅을 파헤침.
鋤地[서지] 땅을 팜.
鋤頭[서두] 괭이.

茫 匣

| 艸(艹)6 茫 | 물 질펀할
망
막연 할망 | 匚5 匣 | 궤 갑 |

茫鞋[망혜] 짚신.
茫然[망연] 넓고 멀어 아득함.
茫無限[망무한] 끝없이 막막함.
匣子[갑자] 갑.
煙匣[연갑] 담배갑.
一匣[일갑] 한 갑.

紫薔 紫薔 紫薔

糸5 紫 자주빛자 艸(艹)13 薔 장미 장

シ(むらさき) ショク(みずたで)

ト 止 此 紫紫 艹 뷪 甚 薔薔

紫色[자색] 자주 색.
紫陌[자맥] 도성의 큰 길.
紫雲[자운] 자줏빛의 노을 구름.
薔薇[장미] 장미꽃.
薔薇花[장미화] 장미꽃.
薔薇酒[장미주] 장미꽃으로 빚은 술.

鴻雁 鴻雁 鴻雁

鳥6 鴻 기러기홍 큰 홍 隹4 雁 기러기안

コウ(おおとり) ガン(かり)

氵 江 沖 鴻鴻 厂 厈 厈 雁 雁

鴻毛[홍모] 아주 가벼운 사물의 비유.
鴻業[홍업] 나라를 세우는 큰 사업.
鴻恩[홍은] 넓고 큰 은덕.
鴻雁[홍안] 큰 기러기와 작은 기러기.
雁行[안항] 남의 형제의 존칭.
雁信[안신] 편지. 소식.

玄燕 玄燕 玄燕

玄0 玄 검을 현 火(灬)12 燕 제비 연

ゲン(くろ) エン(つばめ)

丶 亠 亠 玄玄 一 甘 莊 燕燕

玄妙[현묘] 심오하고 미묘함.
玄月[현월] 음력 9월.
玄學[현학] 현묘한 노장의 학문.
燕雀[연작] 제비와 참새.
燕翼[연익] 조상이 그 자손을 편안하게 도움.

犬猫 犬猫 犬猫

犬0 犬 개 견 犬(犭)9 猫 고양이묘

ケン(いぬ) ビョウ(ねこ)

一 ナ 大 犬 犭 犳 狇 猫猫

犬馬之勞[견마지로] 자기의 심력을 다함.
犬齒[견치] 송곳니.
犬吠[견폐] 개가 짖음.
猫叫[묘규] 고양이가 울음.
猫狸[묘리] 들 고양이. 살기.
猫眼[묘안] 고양이 눈.

馴鹿 馴鹿 馴鹿

馬3 馴 길들일순 鹿0 鹿 사슴 록

シュン(なれる) ロク(しか)

厂 厈 馬 馴馴 广 庐 唐 鹿鹿

馴良[순량] 짐승이 길이 들어서 양순함.
馴致[순치] 짐승을 길들임. 차차 어면 상태에 이르게 됨.
馴服[순복] 길들어 복종함.
鹿角[녹각] 사슴의 뿔.
鹿茸[녹용] 사슴의 새로 돋은 연한 뿔. 보약으로 씀.
鹿皮[녹피] 사슴의 가죽.

蜂蝶 蜂蝶 蜂蝶

虫7 蜂 벌 봉 虫9 蝶 나비 접

ホウ(はち) チョウ(ちょう)

口 虫 蚞 蜂蜂 虫 虻 蚪 蝴蝶

蜂蜜[봉밀] 꿀.
蜂腰[봉요] 벌의 허리처럼 잘룩하게 생긴 허리.
蜂起[봉기] 떼를 지어 일어남.
蝶蝀[접동] 무지개.
蝴蝶[호접] 나비.
飛蝶[비접] 나는 나비.

禽獸 禽獸 禽獸

禽 새 금 内8 キン(とり)
獸 짐승 수 犬15 ジュウ(けもの)

八 今 禽 禽 禽　開 置 嘼 獸 獸

家禽[가금] 집에서 기르는 새의 종류.
禽獸[금수] 짐승.
獸慾[수욕] 짐승처럼 음란한 욕심·
獸肉[수육] 짐승의 고기.
獸醫[수의] 가축병을 고치는 의사

狩獵 狩獵 狩獵

狩 사냥 수 / 순행할수 犬(犭)6 シュ(かり)
獵 사냥 렵 犬(犭)15 リョウ(かり)

犭 犭 犳 狩 狩　犭 犭 獵 獵 獵

狩獵[수렵] 사냥.
巡狩[순수] 순행하여 보살핌.
獵犬[엽견] 사냥개.
獵銃[엽총] 사냥총.
獵奇[엽기] 이상한 것을 남달리 좋아하는 것.

芭莖 芭莖 芭莖

芭 파초 파 艸(艹)4 バ(ばしょう)
莖 줄기 경 艸(艹)7 ケイ(くき)

艹 芒 芑 芑 芭　艹 芒 苤 莖 莖

芭椒[파초] 천초.
芭蕉[파초] 파초.
芭蕉實[파초실] 바나나.
莖根[경근] 땅줄기 뿌리.
土莖[토경] 땅속 줄기.
木莖[목경] 나무 줄기.

茂蔭 茂蔭 茂蔭

茂 무성할무 艸(艹)5 モ(しげる)
蔭 덮을 음 / 그늘 음 艸(艹)11 イン(かげ)

艹 艹 芧 茂 茂　艹 艹 萨 陸 蔭

茂盛[무성] 우거지고 성함.
茂繁[무번] 성하고 번화함.
蔭室[음실] 쉬는 방.
蔭凉[음량] 서늘하고 음산함.
蔭鬱[음울] 음침하고 울창함.
蔭德[음덕] 숨은 덕.

槿蝸 槿蝸 槿蝸

槿 무궁화근 木11 キン(むくげ)
蝸 달팽이와 虫9 カ(かたつむり)

木 栌 椿 榑 槿　口 虫 蚵 蝸 蝸

槿花[근화] 무궁화.
槿域[근역] 무궁화가 많은 지역.
槿籬[근리] 무궁화 울타리.
槿花鄉[근화향] 근역.
蝸屋[와옥] 와려와 같음.
蝸牛[와우] 달팽이.

慈櫻 慈櫻 慈櫻

慈 사랑 자 心10 ジ(いつくしむ)
櫻 앵두 앵 木17 オウ(さくら)

艹 玆 兹 慈 慈　木 栂 椤 櫻 櫻

慈悲[자비] 사랑하고 가엾게 여김
慈善[자선] 불쌍한 사람을 도와줌
仁慈[인자] 인후하고 자애함.
櫻桃[앵도] 앵두 나무의 열매.
櫻實[앵실] 앵두 나무의 열매.
櫻花[앵화] 앵두 나무 꽃. 벚꽃.

胃濯 胃濯 胃濯	襤吐 襤吐 襤吐

胃 肉(月) 5 밥통 위
イ(いぶくろ)

濯 水(氵) 14 빨 탁
タク(あらう)

口口田田胃胃氵沪濯濯濯

胃腸[위장] 밥통과 창자.
胃散[위산] 위병에 쓰는 가루 약.
胃癌[위암] 위 속에 생기는 암종.
胃弱[위약] 위가 약함.
濯足[탁족] 발을 씻음.
濯汚[탁오] 더러움을 씻음.

襤 衣(衤) 14 옷해질람
ラン(ぼろ)

吐 口 3 토할 토
ト(はく)

衤衤褌襠襤丨口叶叶吐

襤褸[남루] 때문고 추함.
襤色[남색] 색갈이 더러워짐.
襤衣[남의] 옷이 때가 묻고 낡음.
吐血[토혈] 피를 토함.
吐瀉[토사] 토하고 설사함.

膏懷 膏懷 膏懷	羞裳 羞裳 羞裳

膏 肉(月) 10 기름질고
명치끝고
コウ(あぶら)

懷 心(忄) 16 생각할회
품을 회
カイ(ふところ、なつく)

亠亠肓膏膏忄忄怀懷懷

膏血[고혈] 기름과 피.
膏土[고토] 기름진 땅.
膏雉[고치] 살전 꿩.
膏肥[고비] 살이 찜.
姙産[임산] 애를 배고 낳는 일.
姙娠[임신] 아이를 뱀.

羞 羊(至) 5 부끄러울 수
음식 수
シュウ(はじる)

裳 衣 8 치마 상
ジョウ(もすそ)

䒑羊荖荖羞䒑䒑堂嘗嘗裳

羞恥[수치] 부끄러움.
羞辱[수욕] 수치와 욕됨.
羞態[수태] 부끄러운 태도.
衣裳[의상] 의복.
繡裳[수상] 수 놓은 치마.
衫裳[삼상] 위옷 치마.

鴛鴦 鴛鴦 鴛鴦	鳳凰 鳳凰 鳳凰

鴛 鳥 5 원앙 원
エン(おしどり)

鴦 鳥 5 원앙 앙
オウ(おしどり)

夕夕夗智鴛亠央耷耷鴦

鴛鴦[원앙] 원앙새 짝.
鴛鴦衾[원앙금] 원앙새를 수놓은 이불.
鴛鴦枕[원앙침] 원앙을 수놓은 베개.
鴛鴦藤[원앙등] 겨우살이 덩굴.
鴛鴦菊[원앙국] 바곳.

鳳 鳥 3 새 봉
봉황새 봉
ホウ(ほうおう)

凰 几 9 암봉황새황
オウ(ほうおう)

几凢風凰凰几凢凰凰凰

鳳駕[봉가] 왕이 타는 수레.
鳳梨[봉리] 파인애플.
鳳帶[봉대] 공주의 허리띠.
鳳凰紋[봉황문] 봉황을 새긴 무늬.
鳳凰吟[봉황음] 나라 잔치 때 학춤에 부르는 노래.
鳳凰座[봉황좌] 남천의 성좌.

杜鵑 杜鵑 杜鵑

木
3 **杜** 막을 두　鳥
7 **鵑** 두견새견
ド(ふさぐ)　　ケン(ほととぎす)

十 木 朴 朴 杜 〃 月 馸 馸 鵑

杜鵑〔두견〕소쩍새.
杜鵑花〔두견화〕진달래 꽃.
杜宇〔두우〕소쩍새.
杜門不出〔두문불출〕집안에만 들
　어 있고 세상에 나가지 않음.
杜康酒〔두강주〕술의 하나.

鸚鵡 鸚鵡 鸚鵡

鳥
17 **鸚** 앵무새앵　鳥
7 **鵡** 앵무새무
オウ(おうむ)　　ム(おうむ)

貝 賏 嬰 嬰 鸚 二 正 武 馿 鵡

鸚鵡〔앵무〕앵무새.
鸚歌〔앵가〕앵무새 노래.
鸚鵡石〔앵무석〕공작석의 한가지.
鸚鵡貝〔앵무패〕조개의 한가지.
鸚鵡衾〔앵무금〕좋은 이불.
鸚鵡枕〔앵무침〕부부가 베는 베개.

蝦螺 蝦螺 蝦螺

虫
9 **蝦** 새우 하
　두꺼비하　虫
11 **螺** 소라 라
カ(えび)　　ラ(にな)

虫 虰 虾 虾 蝦 虫 虷 蜎 螺 螺

蝦蛄〔하고〕갯 가재.
蝦炙〔하자〕새우구이.
蝦卵〔하란〕새우알.
螺絲〔나사〕우렁이 껍질같이 비틀
　린 물건.
螺絲釘〔나사정〕나사못.
螺鈿〔나전〕소라의 자개를 써서
　갖은 형상으로 그릇 거죽
　에 박아서 장식한 물건.

葛藤 葛藤 葛藤

艸(艹)
9 **葛** 칡 갈　艸(艹)
15 **藤** 등나무등
カツ(つる)　　トウ(ふじ)

艹 苫 莒 葛 葛 艹 疒 薜 薜 藤

葛根〔갈근〕칡뿌리.
葛巾〔갈건〕갈포로 만든 두건.
葛藤〔갈등〕일이 순조롭지 못하고
　뒤얽힘.
葛粉〔갈분〕칡뿌리를 말려서 간
　가루.
藤採〔등채〕옛날 무장의 하나로
　쓰던 채찍.

駱駝 駱駝 駱駝

馬
6 **駱** 약대 락　馬
5 **駝** 약대 타
ラク(らくだ)　　ダ(らくだ)

厂 厇 馬 馼 駱 〃 馬 馸 馿 駝

駱駝〔낙타〕동물 이름. 약대.
駱驛〔낙역〕왕래가 끊어진 모양.
駝背〔타배〕곱사등이.
駝鳥〔타조〕목이 긴 사막 지방의

駝酪〔타락〕우유.

麒麟 麒麟 麒麟

鹿
8 **麒** 기린 기　鹿
12 **麟** 기린 린
キ(きりん)　　リン(きりん)

广 声 麒 麒 麒 广 声 鹿 麐 麟

麒麟〔기린〕기린과에 속하는 동물
　로 포유 동물 중 가장 키가 커
　서 어깨 높이 3m, 머리끝까지
　의 높이 6m나 되는 큰 동물.
麒麟兒〔기린아〕재주와 지혜가 뛰
　어난 아이를 귀엽게 일컫는 말.
麒麟角〔기린각〕패왕수의 딴이름.
麒麟草〔기린초〕돌나물과에 속하
　는 다년초.

水泳 水泳 水泳

水 물 수
スイ(みず)
丿 丁 水 水

泳 헤엄칠 영
エイ(およぐ)
氵 氵 氵 泳 泳 泳

水泳〔수영〕헤엄.
水畓〔수답〕물 논.
水利〔수리〕물의 이용.
水軍〔수군〕바다를 지키는 군사.
水力〔수력〕물의 힘.
水運〔수운〕뱃길로 운반함.

距離 距離 距離

距 상거 거
キョ(へだたる)
ロ ア 距 距 距

離 떠날 리
リ(はなれる)
ナ 商 商 離 離 離

距離〔거리〕서로 떨어진 사이.
距今〔거금〕지금까지.
距躍〔거약〕뛰어 오름.
離別〔이별〕서로 따로 떨어짐.
離鄕〔이향〕고향을 떠남.
離任〔이임〕맡은 임무에서 떠남.

漁郎 漁郎 漁郎

漁 고기잡을 어
ギョ(すなどる)
氵 沔 沔 漁 漁

郎 사내 랑
ロウ(おとこ)
ㄱ ㅋ 良 郎 郎

漁期〔어기〕고기를 잡는 시기.
漁具〔어구〕고기잡이에 쓰는 도구
漁民〔어민〕어업에 종사하는 사람
郎君〔낭군〕아내가 남편을 부르
　　　는 말.
郎才〔낭재〕신랑감.
新郎〔신랑〕새 서방.

不歸 不歸 不歸

不 아니 불
フ(いな)
一 ア 不 不

歸 돌아올 귀
キ(かえる)
丨 自 歸 歸 歸

不歸〔불귀〕돌아오지 못함.
不良〔불량〕착하지 못함.
不絶〔부절〕끊어지지 않음.
歸鄕〔귀향〕고향에 돌아옴.
歸結〔귀결〕끝이 남.
歸順〔귀순〕싸우던 마음을 버리
　　　고 돌아옴.

天下 天下 天下

天 하늘 천
テン(そら)
一 二 チ 天

下 아래 하
カ, ゲ(した)
一 丁 下

天下〔천하〕세상.
天幸〔천행〕하늘이 준 행복.
天道〔천도〕하늘의 자연한 도리.
下車〔하차〕차에서 내림.
下手〔하수〕솜씨가 낮음.
下世〔하세〕어른이 세상을 떠남.

賢哲 賢哲 賢哲

賢 어질 현
ケン(かしこい)
丨 臣 臤 腎 賢

哲 밝을 철
テツ(あきらか)
扌 扩 折 哲 哲

賢哲〔현철〕지혜가 깊고 사리에
　　　밝음.
賢母〔현모〕어진 어머니.
賢明〔현명〕어질고 사리에 밝음.
哲理〔철리〕철학의 이치.
哲人〔철인〕어질고 밝은 사람.
哲婦〔철부〕어질고 밝은 여자.

把握 把握 把握	恢弘 恢弘 恢弘
手(扌)4 把 잡을 파 ハ(とる) / 手(扌)9 握 움큼 악 · 줌 악 アク(にぎる)	心(忄)6 恢 넓을 회 · 넓힐 회 カイ(ひろい) / 弓2 弘 클 홍 コウ(ひろい)
丁 扌 扌 扩 把 扌 扩 护 护 握	忄 忄 忙 恢 恢 ㄱ ㄱ 弓 弘 弘

把握[파악] 속 내용을 잘 끄집어 냄.
把捉[파착] 마음을 단단히 정하고 늦추지 아니함.
把持[파지] 잡아 유지함.
握手[악수] 손을 잡는 것.
握力[악력] 손아귀로 쥐는 힘.

恢復[회복] 쇠퇴하여진 국세를 이전의 상태로 만들어 놓음.
恢然[회연] 넓음.
恢宏[회굉] 너그럽고 큰 모양.
恢弘[회홍] 너그럽고 큼.
弘益[홍익] 널리 이롭게 함.
弘達[홍달] 넓고 원대함.

膠漆 膠漆 膠漆	迦殃 迦殃 迦殃
肉(月)11 膠 아교 교 コウ(にかわ) / 水(氵)11 漆 옻나무 칠 シツ(うるし)	辵(辶)5 迦 부처이름 가 カ / 歹5 殃 재앙 앙 オウ(わざわい)
月 胅 胲 膠 膠 氵 泮 泰 漆 漆	フ カ カ 加 迦 一 歹 列 殃 殃

膠接[교접] 꼭 붙게 함.
膠質[교질] 아교와 같은 성질의 물질.
膠劑[교제] 아교와 같이 진득진득한 약.
漆工[칠공] 칠쟁이.
漆門[칠문] 형벌의 한 가지.
漆室之憂[칠실지우] 제 분수에 넘치는 일에 근심함.

釋迦[석가] 석가모니.
釋迦塔[석가탑] 석가를 모신 탑.
釋迦世尊[석가세존] 석가.
殃禍[앙화] 재앙.
殃運[앙운] 좋지 않은 재액을 받을 운.
災殃[재앙] 천변으로 생긴 사고.

夢醒 夢醒 夢醒	刹那 刹那 刹那
夕11 夢 꿈 몽 ム(ゆめ) / 酉9 醒 술깰 성 · 깨달을성 セイ(さめる)	刀(刂)6 刹 절 찰 セツ(てら) / 邑(阝)4 那 어찌 나 ナ(なんぞ)
艹 苗 苺 夢 一 西 酉 醒 醒	乂 乖 杀 刹 刹 フ 刁 尹 那 那

夢寐[몽매] 잠자면서 꿈을 꿈.
夢想[몽상] 헛된 생각. 실현될 가능성이 없는 생각.
夢兆[몽조] 꿈자리.
醒鍾[성종] 경시종(警時鍾).
醒酒湯[성주탕] 해장국.
覺醒[각성] 깨달아 정신을 차림.

刹那[찰나] 지극히 짧은 순간. 손가락 한번 튀기는 시간.
刹土[찰토] 불교에서 국토를 이르는 말.
羅刹[나찰] 사람을 잡아 먹는 악귀.
那間[나간] 언제.
那邊[나변] ①그곳. ②어디.

各個　各個　名個

各 口3 각각 각　**個** 人8 낱 개
カク(おのおの)　コ(ひとつ)

ノクタ各各　イ　イ们們個個

各個[각개] 낱낱.
各各[각각] 저마다 따로 따로.
各種[각종] 여러 가지 종류.
個性[개성] 사람마다 다른 성격
個個[개개] 낱낱.
個體[개체] 낱낱의 물체.

性格　性格　性格

性 心5 성품 성　**格** 木6 격식 격
セイ(さが)　カク(のり)

ハ忄忄忄忄性性　十木木杦杦格

性格[성격] 개인의 성질.
性癖[성벽] 버릇.
性行[성행] 성품과 행실.
格式[격식] 일정한 방식.
格言[격언] 본보기가 될 만한 말.
格納庫[격납고] 비행기 따위의 창
　　　고.

圓滿　圓滿　圓滿

圓 口10 둥글 원　**滿** 水11 찰 만
エン(まるい)　マン(みちる)

冂冋冑圓圓　氵氵泮満満満

圓滿[원만] 모나지 않고 좋음.
圓形[원형] 둥근 모양.
圓滑[원활] 거침이 없음.
滿開[만개] 활짝 핌.
滿月[만월] 둥근 달. 보름달.
滿朔[만삭] 해산할달. 달이 찬 것.

先導　先導　先導

先 儿4 먼저 선　**導** 寸13 인도할 도
セン(さき)　ドウ(みちびく)

ノ　ㅏ生生先　首首道導導

先導[선도] 앞에서 이끄는 것.
先生[선생] 스승.
先鋒[선봉] 맨 앞에 서는 사람.
導入[도입] 이끌어 들이는 것.
導火線[도화선] 사건 발생의 원인.
導水管[도수관] 물을 끌어 들이
　　　는 관.

貞潔　貞潔　貞潔

貞 貝2 곧을 정　**潔** 水12 정결할 결
テイ(ただしい)　ケツ(いさぎよい)

一ㅗ占卢貞貞　氵沪洯潔潔

貞潔[정결] 곧고 개끗함.
貞操[정조] 여자의 곧은 절개.
貞淑[정숙] 지조가 곧고 얌전함.
潔白[결백] 깨끗하고 흰 것.
潔癖[결벽] 깨끗함을 즐기는 성격
潔廉[결렴] 결백하고 청렴함.

讓步　讓步　讓步

讓 言17 사양할 양　**步** 止3 걸음 보
ジョウ(ゆずる)　ホ(あるく)

言訂訂諏讓讓　ㅣㅏ止止步

讓步[양보] 남에게 자리를 내 줌.
讓渡[양도] 남에게 넘겨 줌.
讓受[양수] 남에게서 넘겨 받음.
步道[보도] 걸어 다니는 길.
步行[보행] 걸어서 가는 것.
步兵[보병] 육군 병종의 하나.

爲親 爲親 為親	康寧 康寧 康寧

爪(爫)8 **爲** 하위 위할 위
위할 위

見9 **親** 친할 친

イ(なす, ため)　シン(おや, したしい)

一ハ爫爲爲　亠辛亲親親

爲親[위친] 부모를 위함.
爲國[위국] 나라를 위함.
爲始[위시] 비롯함.
親戚[친척] 일가붙이.
親書[친서] 손수 쓴 글씨.
親交[친교] 가까운 교제.

广8 **康** 편안할강

宀11 **寧** 편안할녕

コウ(やすい)　ネイ(やすい)

广戸庚康康　亠心宻寍寧

康寧[강녕] 건강하고 편안함.
康健[강건] 기력이 튼튼함.
康旺[강왕] 건강하고 기력이 왕
　　성함.
寧日[영일] 편안한 날.
寧居[영거] 편안히 살음.
寧息 영식] 편안히 쉼.

故鄕 故鄕 故郷	舊宅 舊宅 旧宅

攴(攵)5 **故** 예고
연고 고

邑(阝)10 **鄕** 마을 향

コ(ゆえ)　キョウ(さと)

十古书故故　纟绅绅绅鄕

故鄕[고향] 태어난 고장.
故國[고국] 본국. 태어난 나라
故意[고의] 일부러 하는 마음.
鄕村[향촌] 시골 마을.
鄕土[향토] 고향 땅.
鄕愁[향수] 고향을 그리는 마음.

臼12 **舊** 옛구
친구 구

宀3 **宅** 집 택

キュウ(ふるい)　タク(すまい)

艹艻萑舊舊　宀宀宀宅

舊宅[구택] 여러 대로 살던 집.
舊習[구습] 옛 습관.
舊情[구정] 옛정 전부터 사귄 정.
宅內[댁내] 남의 집안의 존칭.
宅居[택거] 집에 거처함.
宅地[택지] 집 터.

孝孫 孝孫 孝孙	幸福 幸福 幸福

子4 **孝** 효도 효

子7 **孫** 손자 손

コウ(こう)　ソン(まご)

十土耂孝孝　了孑孖孫孫

孝孫[효손] 효행있는 손자녀.
孝子[효자] 효행 있는 아들.
孝道[효도] 부모를 잘 섬기는 일.
孫子[손자] 아들의 아들.
孫女[손녀] 아들의 딸.
孫婦[손부] 손자의 아내.

干5 **幸** 다행 행

示9 **福** 복 복

コウ(さいわい)　フク(さいわい)

十土赤赤幸　礻礻礻福福

幸福[행복] 만족한 마음의 상태.
幸運[행운] 좋은 운수.
幸甚[행심] 매우 다행함.
福利[복리] 행복과 이익.
福音[복음] 기쁜 소식.
福祉[복지] 행복.

仁德

仁 어질 인 人(イ)2 ジン(なさけ)
德 큰 덕 彳12 トク(とく)

ノイ仁仁　彳袢德德德

仁德[인덕] 어질고 덕이 있음.
仁慈[인자] 어질고 남을 사랑함.
仁術[인술] 의술.
德行[덕행] 어진 행실.
德望[덕망] 어진 명망.
德分[덕분] 좋은 일을 베푸는 것.

恩惠

恩 은혜 은 心6 オン(めぐみ)
惠 은혜 혜 心8 ケイ(めぐむ)

门冈因恩恩　戸車車惠惠

恩惠[은혜] 베풀어 주는 혜택.
恩德[은덕] 은혜와 덕.
恩師[은사] 직접 가르친 스승.
惠澤[혜택] 은혜와 덕택.
惠書[혜서] 남의 편지의 존칭.
惠念[혜념] 보살펴 주는 생각.

人之

人 사람 인 人0 ジン,ニン(ひと)
之 갈 지 ノ3 シ(ゆく,の)

ノ人　ゝラ之

人格[인격] 사람의 품격.
人生[인생] 사람의 한 평생.
人倫[인륜] 사람이 지켜야 할 일.
之東之西[지동지서] 줏대가 없음.
之南之北[지남지북] 之東之西.
之次[지차] 다음. 버금.

常道

常 항상 상 / 떳떳할상 巾8 ジョウ(つね)
道 길 도 辵(辶)9 ドウ(みち)

丷屵尚常常　丷首首道道

常道[상도] 떳떳한 도리.
常習[상습] 늘 하는 버릇.
常情[상정] 떳떳한 인정.
道義[도의] 정당한 의리.
道德[도덕] 행실의 표준.
道具[도구] 연장.

宗派

宗 마루 종 宀5 ソウ(むね)
派 물갈래파 / 보낼 파 水(氵)6 ハ(わかれる)

宀宀宇宗宗　氵沪沠派派

宗派[종파] 일가의 원 갈래.
宗家[종가] 일가의 근본되는 집.
宗山[종산] 조상의 무덤.
派生[파생] 갈리어 나옴.
派遣[파견] 사람을 보냄.
派送[파송] 파견.

儀範

儀 모양의 / 법도의 人(イ)13 ギ(のり)
範 법 범 竹9 ハン(のり)

伊倅俤儀儀　^ ^^ 筥範範

儀範[의범] 모범이 될만한 몸가짐
儀節[의절] 예의의 절차.
儀式[의식] 예의의 정한 방식.
範圍[범위] 제한한 구역의 언저리
範疇[범주] 부분에 따라서 나누는 종류.
範唱[범창] 모범을 뵈려고 노래함

30

姻戚 姻戚 姻戚

女6 姻 혼인할 인 戈7 戚 겨레 척

イン(よめいり)　セキ(みうち)

女 女 如 姻 姻 丿 厂 戚 戚 戚

姻戚〔인척〕처가와 외가의 붙이.
姻家〔인가〕인척의 집.
姻親〔인친〕사돈.
戚黨〔척당〕다른 성의 겨레 붙이.
戚分〔척분〕겨레의 정분.
戚然〔척연〕슬픈 모양.

伯季 伯季 伯季

人(イ)5 伯 맏 백 季 끝 계 / 사철 계

ハク(おさ)　キ(すえ)

亻 亻' 亻' 伯 伯 一 二 千 禾 季 季

伯父〔백부〕큰 아버지.
伯氏〔백시〕남의 맏형.
伯仲〔백중〕맏형과 둘째 형.
季父〔계부〕아버지의 끝 동생.
季世〔계세〕말세.
季節〔계절〕기후. 절기.

叔氏 叔氏 叔氏

又6 叔 아재비숙 氏0 氏 성 씨 / 땅이름지

シュク(おじ)　シ(うじ)

上 才 未 叔 叔 一 亻 斤 氏

叔氏〔숙씨〕남의 형제에 대한 높임말.
叔父〔숙부〕아버지의 동생.
叔母〔숙모〕숙부의 아내.
氏名〔씨명〕성명.
氏族〔씨쪽〕혈족.
氏〔씨〕성명에 붙여 존대를 뜻함

慶祝 慶祝 慶祝

心11 慶 경사 경 示5 祝 빌 축

ケイ(よろこび)　シュク(いわう)

广 严 严 慶 慶 亻 亣 祀 祀 祝

慶祝〔경축〕축하함.
慶事〔경사〕기쁜 일.
慶日〔경일〕경사가 있는 날.
祝賀〔축하〕경사를 빌고 치하함.
祝婚〔축혼〕결혼을 치하함.
祝福〔축복〕앞길의 행복을 빌음.

配偶 配偶 配偶

酉3 配 짝 배 人(イ)9 偶 짝지을우 / 뜻밖에우

ハイ(つれあい)　グウ(つれあい)

冂 酉 酉 配 亻 俱 偶 偶 偶

配偶〔배우〕부부로서의 알맞는 짝
配給〔배급〕별러서 나누어 줌.
配當〔배당〕몫몫이 별러 나눔.
偶然〔우연〕뜻밖에 저절로 되는일
偶發〔우발〕우연히 발생함.
偶像〔우상〕나무 돌따위로 만든상

因緣 因緣 因緣

囗3 因 인할 인 糸9 緣 인연 연

イン(よる)　エン(ゆかり)

冂 冃 冈 冈 因 糸 紵 紵 緣 緣

因緣〔인연〕연분.
因果〔인과〕원인과 결과.
因襲〔인습〕전례대로 함.
緣故〔연고〕인연. 관계.
緣由〔연유〕일의 까닭.
緣分〔연분〕하늘에서 마련한 인연.

某孃

某孃 某孃 宋孃

木5 某 아무 모
ボウ(それがし)

女17 孃 어미 양
아씨 양
ジョウ(むすめ)

一 卄 甘 草 某　女 妗 嬶 嬢 孃

某孃[모양] 어떤 미혼 여자.
某官[모관] 어떠한 벼슬.
某處[모처] 아무 곳.
孃 [양] 여자의 성명 아래 붙여
　처녀의 뜻을 나타내는 말.
　* 朴孃 崔孃 등.

係戀

係戀 係戀 係戀

人(亻)7 係 맬 계
이을 계
ケイ(かかる)

心19 戀 사모할련
レン(こい)

亻 亠 俉 俉 係　言 絲 絲 絲 戀

係戀[계련] 사랑에 끌려 잊지 못
　함.
係員[계원] 사무를 갈라 맡은 한
　계에서 일 보는 사람.
戀愛[연애] 남녀의 애틋한 사랑.
戀人[연인] 사랑하는 사람.
戀情[연정] 그리워하는 마음.

冠婚

冠婚 冠婚 冠婚

冖7 冠 갓 관
カン(かんむり)

女8 婚 혼인할혼
コン(えんぐみする)

一 亠 冝 冠 冠 冠　女 妖 妖 娇 婚

冠婚[관혼] 관례와 혼례.
冠帶[관대] 예전의 의관.
冠童[관동] 어른과 아이.
婚事[혼사] 혼인에 관한 일.
婚姻[혼인] 결혼.
婚談[혼담] 혼인에 관해서 오가는
　말.

喪祭

喪祭 喪祭 喪祭

口9 喪 상사 상
잃을 상
ソウ(うしなう)

示6 祭 제사 제
サイ(まつり)

十 亠 亜 亜 喪　ク タ タ � 祭

喪祭[상제] 상례와 제례.
喪失[상실] 잃어 버림.
喪輿[상여] 시체를 운반하는 제구
祭壇[제단] 제사를 지내는 단.
祭祀[제사] 신령께 정성을 드리는
　의식.
祭物[제물] 제사에 쓰는 물건.

錦衣

錦衣 錦衣 錦衣

金8 錦 비단 금
キン(にしき)

衣0 衣 옷 의
イ(ころも)

牟 金 鋁 錩 錦　亠 ナ 才 衣 衣

錦衣[금의] 비단 옷.
錦繡[금수] 비단과 繡.
錦地[금지] 귀지(貴地).
衣服[의복] 옷.
衣食[의식] 입는 것과 먹는 것.
衣裝[의장] 옷 차림.

周旋

周旋 周旋 周旋

口5 周 두루 주
シュウ(まわり)

方7 旋 돌릴 선
주선할선
セン(めぐる)

冂 月 月 用 周　方 方 扩 斿 旋

周旋[주선] 일이 잘 되도록 서둘음
周知[주지] 두루 앎.
周密[주밀] 일에 빈 틈이 없음.
旋回[선회] 빙빙 돌아 감.
旋風[선풍] ①회오리 바람 ②갑자
기 큰 영향을 일으키는 사건.

富貴 부귀

富 부자 부
フウ, フ(とみ)

貴 귀할 귀
キ(とうとい)

宀宀宫宫富 口中卑貴貴貴

富貴〔부귀〕 재산 많고 지위 높음.
富國〔부국〕 재물이 넉넉한 나라.
富者〔부자〕 재물이 넉넉한 사람.
貴重〔귀중〕 귀하고 중합.
貴下〔귀하〕 남을 높여 일컫는 말.
貴賤〔귀천〕 귀합과 천합.

尊敬 존경

尊 높을 존
ソン(とうとい)

敬 공경할경
ケイ(うやまう)

八合酋尊尊 芍苟敬敬

尊敬〔존경〕 높이어 공경합.
尊貴〔존귀〕 높고 귀합.
尊卑〔존비〕 귀합과 천합.
敬意〔경의〕 공경하는 뜻.
敬禮〔경례〕 공손하게 절함.
敬老〔경로〕 노인을 공경합.

元旦 원단

元 으뜸 원
ゲン(もと)

旦 아침 단 / 새벽 단
タン(あした)

一二テ元 丨冂日日旦

元旦〔원단〕 설날 아침.
元兇〔원흉〕 못된 사람의 두목.
元首〔원수〕 한 나라의 주권자.
元老〔원로〕 나이 많고 덕망 높은 이.
旦夕〔단석〕 아침과 저녁.
旦朝〔단조〕 이른 아침.

希望 희망

希 바랄 희
キ(ねがう)

望 바랄 망 / 보름달망
ボウ(のぞむ)

メチ矛希希 亡明明望望

希望〔희망〕 앞 일에 대한 소망.
希求〔희구〕 바라서 요구합.
希願〔희원〕 희망.
望鄕〔망향〕 고향을 바라고 생각합.
望見〔망견〕 멀리 바라봄.
望拜〔망배〕 멀리 바라보고 하는 절.

端午 단오

端 끝 단 / 바를 단
タン(はし)

午 낮 오
ゴ(ひる)

立 立 严 端端 ノ 丄 二午

端午〔단오〕 음력 오월 초닷새.
端正〔단정〕 얌전합.
端緖〔단서〕 일의 처음 실머리.
午餐〔오찬〕 낮에 대접하는 음식.
午睡〔오수〕 낮 잠.
午正〔오정〕 낮 열 두 시.

名節 명절

名 이름 명
メイ(な)

節 마디 절
セツ(ふし)

ノクタ名名 竹節節節節

名節〔명절〕 명일.
名望〔명망〕 명성과 인망.
名物〔명물〕 유명한 물건.
節約〔절약〕 아끼어 씀.
節制〔절제〕 알맞게 합.
節操〔절조〕 절개와 지조.

忘年

忘 心3 잊을 망　ボウ(わすれる)
年 干3 해 년　ネン(とし)

亠亡亡忘忘　丿上午年年

忘年[망년] 그 해의 괴로움을 잊음.
忘却[망각] 잊어버림.
忘我[망아] 자기 자신을 잊음.
年齡[연령] 나이.
年輩[연배] 나이가 비슷한 사람.
年少[연소] 나이가 젊음.

歲拜

歲 止9 해 세　セイ(とし)
拜 手5 절 배　ハイ(おがむ)

屵屵歲歲歲　一三手扞拜

歲拜[세배] 정초에 하는 예.
歲月[세월] 흘러가는 시간.
歲歲[세세] 해마다.
拜禮[배례] 절을 하는 예.
拜見[배견] 절하고 뵘.
拜讀[배독] 남의 편지를 읽음.

靈魂

靈 雨16 신령 령　レイ(たましい)
魂 鬼4 혼 혼 / 넋 혼　コン(たましい)

一雫霏霛靈　动神魂魂

靈魂[영혼] 넋.
靈柩[영구] 시체를 담은 관.
靈前[영전] 죽은 사람의 영혼 앞.
魂靈[혼령] 넋.
魂魄[혼백] 넋.
魂衣[혼의] 관에 담은 생시의 옷.

奉承

奉 大5 받들 봉　ホウ(たてまつる)
承 手4 이을 승 / 받들 승　ショウ(うけたまわる)

三夫夫奏奉了孑承承承

奉承[봉승] 어른의 뜻을 이어받음
奉受[봉수] 삼가 받음.
奉職[봉직] 공무에 종사함.
承諾[승낙] 청하는 바를 허락함.
承認[승인] 사실을 인정함.
承接[승접] 위를 받아 이어 줌.

悽愴

悽 心(忄)8 슬플 처　セイ(いたむ)
愴 心(忄)10 슬플 창　ソウ(いたむ)

忄忶悽悽悽　忄忴愴愴愴

悽然[처연] 바람이 몹시 불고 쓸쓸함.
悽雨[처우] 몹시 차고 세차게 내리는 비.
悽絶[처절] 더할 나위 없이 애처로움.
悽愴[처창] 애처롭고 불쌍함.
愴然[창연] 몹시 슬퍼함.
愴恨[창한] 슬프게 한탄함.

腦溢

腦 肉(月)9 머릿골 뇌　ノウ(のう)
溢 水(氵)10 넘칠 일 / 찰 일　イツ(あふれる)

月朦腦腦腦　氵沙浐浴溢

腦裏[뇌리] 머릿속.
腦膜[뇌막] 두개골 안에 뇌를 싸고 있는 얇은 껍질.
腦力[뇌력] 정신을 써서 생각하는 힘.
腦溢血[뇌일혈] 동맥 경화증으로 말미암아 뇌동맥이 터져 뇌 속에 출혈하는 병.
充溢[충일] 가득 차 흐름.

34

嘲 희롱할조 口12
ㅁ 網(罒)10 罵 꾸짖을매
チョウ(あざける)　バ(ののしる)

ㅁ ㅁᐟ ㅁ生 啁 嘈 嘲 罒 严 胃 罪 罵

嘲笑[조소] 비웃음.
嘲哂[조서] 비웃고 놀림.
嘲罵[조매] 비웃고 욕함.
罵名[매명] 나쁜 이름.
罵人[매인] 남을 마구 욕함.

敏 민첩할민 攴(攵)7
手(扌)8 捷 이길 첩
ビン(すばやい)　ショウ(かつ)

亠 乍 每 毎 敏 敏 扌 扌 捗 捷 捷

敏捷[민첩] 재빠르고 날램.
敏慧[민혜] 재빠르고 슬기로움.
敏智[민지] 민첩한 지혜.
捷徑[첩경] 지름길.
捷速[첩속] 민첩하고 빠름.
捷報[첩보] 전쟁에 이긴 소식.

聾 귀머거리롱 耳16
口8 啞 벙어리아
ロウ(つんぼ)　ア(おし)

育 龍 龍 聾 聾 ㅁ 吖 咺 啞 啞

聾兒[농아] 귀머거리.
聾盲[농맹] 귀머거리와 장님.
聾啞[농아] 귀머거리와 벙어리.
盲啞[맹아] 장님과 벙어리.
啞然[아연] 입을 벌려 놀란 표정.
啞鈴[아령] 철제로 양쪽 끝을 공
　　　　모양으로 만든 운동 기구.

拍 칠박 手(扌)5
手8 掌 손바닥장
ハク(うつ)　ショウ(てのひら)

十 扌 扌 拍 拍 ⺌ 掌 堂 堂 掌

拍手[박수] 손벽을 침.
拍門[박문] 문을 두드림.
拍掌[박장] 손바닥을 침.
掌內[장내] 자기가 맡아보는 일의
　　　　　범위.
掌握[장악] 손아귀에 넣음.
車掌[차장] 차안의 안내자.

克 이길극 儿5
肉(月)3 肖 닮을초
コク(かつ)　ショウ(にる)

一 十 古 古 克 ㅣ ⺌ ⺌ 肖 肖

克己[극기] 자기의 사욕·사감을
　　　　자기의 이지나 양심으로
　　　　누르는 것.
克服[극복] 적을 이기어 굴복시
　　　　키는 것.
克復[극복] 본디의 형편으로 돌아
　　　　가는 것.
肖像[초상] 어떤 사람의 용모를
　　　　본떠서 그린 화상.

姦 간사할간 女6
간음할간
水(氵)8 淫 음란할음
カン(よこしま)　イン(みだら)

人 乆 女 姦 姦 氵 汃 浮 浮 淫

姦通[간통] 남녀의 불의의 사봉.
姦凶[간흉] 간악하고 흉악함.
姦盜[간도] 간악한 도적.
淫貪[음탐] 음란한 것을 탐함.
淫蕩[음탕] 음란하고 방탕함.
淫慾[음욕] 음탕한 욕심.

惱 / 煩

惱 心(忄)9 번뇌할뇌 ノウ(なやむ)
煩 火9 번거로울번 ハン(わずらわしい)

忄 忄 忄 悩 悩 悩 " 火 灯 煩 煩

煩惱[번뇌] 마음이 시달려 피로움.
煩雜[번잡] 번거롭고 복잡함.
頻煩[빈번] 도수가 잦아 복잡함.
惱殺[뇌세] 몹시 괴롭힘.
惱神[뇌신] 정신을 어지럽게 함.
惱悶[뇌민] 몹시 걱정하고 번민함.

奢 / 侈

奢 大9 사치할사 シャ(おごる)
侈 人(亻)6 사치할치 シ(おごる)

大 杏 奓 奢 奢 亻 伃 侈 侈 侈

奢侈[사치] 자기의 신분에 지나친 치장.
好奢[호사] 옷을 잘 입음.
華奢[화사] 화려하게 꾸밈.
侈濫[치람] 지나치게 사치하여 분수에 넘침.
侈心[치심] 사치를 좋아하는 마음.
侈傲[치오] 우쭐하고 거만함.

咸 / 恨

咸 口6 다함 カン(みな)
恨 心(忄)6 한할한 コン(うらむ)

ノ 后 咸 咸 咸 忄 忄 忖 恨 恨

咸告[함고] 빼놓지 않고 다 일러 바침.
咸氏[함씨] 남의 조카의 경칭.
咸池[함지] 해가 진다고 하는 큰 못.
恨死[한사] 원통한 죽음
恨事[한사] 한탄할 일.
恨嘆[한탄] 원통한 일이나 뉘우침이 있을 때 한숨짓는 탄식.

凍 / 餓

凍 冫8 얼동 トウ(こおる)
餓 食(飠)7 주릴아 ガ(うえる)

冫 冫 冱 冴 凍 飠 飣 飣 餓 餓

凍餓[동아] 춥고 배고픔.
凍死[동사] 얼어 죽음.
凍傷[동상] 얼어서 피붓병이 남.
凍結[동결] 얼어 붙음.
餓死[아사] 굶어 죽음.
饑餓[기아] 굶주림.

疲 / 斃

疲 疒5 피곤할피 ヒ(つかれる)
斃 攴(攵)14 죽을폐 ヘイ(たおれる)

广 扩 疒 疒 疲 冃 甪 敝 斃 斃

疲斃[피폐] 기운이 없어 거꾸러짐.
疲弊[피폐] 낡고 쇠약하여짐.
疲癃[피륭] 오래된 노인의 병.
疲勞[피로] 피곤하고 힘 없음.
斃死[폐사] 넘어져 죽음.

懺 / 悔

懺 心(忄)17 뉘우칠참 ザン(くいる)
悔 心(忄)7 뉘우칠회 カイ(くいる)

忄 忏 忏 懺 懺 忄 忙 悔 悔 悔

懺悔[참회] 과거의 잘못을 뉘우침.
懺悔錄[참회록] 과거 잘못을 자백한 기록.
懺洗[참세] 참회하여 마음을 깨끗이 함.
悔過[회과] 잘못한 허물을 뉘우침.
悔改[회개] 전의 잘못을 뉘우치고 고침.
悔悟[회오] 뉘우치고 깨달음.

匡顧 匡顧 匡顧

匡 [口 4] 바를 광 キョウ(ただす)
顧 [頁 12] 돌아볼고 コ(かえりみる)

一 二 三 丁 王 匡 厂 戶 戽 雇 顧

匡救[광구] 잘못을 바로 잡음.
匡正[광정] 바르게 고침.
匡改[광개] 올바르게 다시 고침.
顧助[고조] 잘 도와주고 보아줌.
顧瞻[고첨] 두루 돌아봄.
回顧[회고] 뒷일을 돌이켜 생각함.

剔肢 剔肢 剔肢

剔 [刀(刂) 8] 뼈 바를 척 テキ(とく)
肢 [肉(月) 4] 팔다리지 シ(てあし)

日 另 易 剔 剔 月 肝 肚 肢 肢

剔出[척출] 뽑아냄.
剔抉[척결] 샅샅이 적발함.
剔骨[척골] 매우 수척함.
肢解[지해] 팔다리를 찢어 내는 형벌.
肢體[지체] 몸을 구성하는 각 부분.
肢骨[지골] 손발의 뼈.

浩蕩 浩蕩 浩蕩

浩 [水(氵) 7] 넓을 호 コウ(ひろい)
蕩 [艸(艹) 12] 넓고클탕 방탕할탕 トウ(ひろい)

氵 氵 汁 沣 浩 艹 萝 萬 蕩 蕩

浩大[호대] 썩 넓음.
浩博[호박] 크고 넓음.
浩然[호연] 확 트이고 넓음.
蕩竭[탕갈] 재물을 다 써 없앰.
蕩客[탕객] 방탕한 사람.
蕩心[탕심] 방탕한 마음.

伶俐 伶俐 伶俐

伶 [人(亻) 5] 영리할령 악공 령 レイ(さとい)
俐 [人(亻) 7] 영리할리 リ(さとい)

亻 伫 伶 伶 伶 亻 仠 俏 俐 俐

伶俐[영리] 영리한 광대.
伶人[영인] 악공과 배우.
伶優[영우] 배우.
伶長[영장] 음악의 지휘자.
伶樂[영악] 광대가 연주하는 음악.

侍婢 侍婢 侍婢

侍 [人(亻) 6] 모실 시 ジ(はべる)
婢 [女 8] 계집종비 ヒ(はしため)

亻 仕 侍 侍 侍 女 妇 妒 婢 婢

侍講(시강) 왕을 모시고 경전을 강의함.
侍立[시립] 웃 어른을 모시고 섬.
侍奉[시봉] 부모를 모시고 있음.
婢僕[비복] 계집종과 사내종.
婢子[비자] 계집종.
婢賤[비천] 천한 종.

廚庖 廚庖 廚庖

庖 [广 5] 푸줏간포 부엌 포 ホウ(くりや)
廚 [广 12] 부엌 주 チュウ(くりや)

广 广 庀 庖 庖 广 严 厨 廚 廚

廚房[주방] 부엌.
廚芥物[주개물] 부엌에서 나오는 쓰레기.
庖丁[포정] 백정.
庖漢[포한] 백정.
庖稅[포세] 가축을 도살하는 데 물리는 세금.
庖廚[포주] 푸주간.

狡猾　狡猾　狡猾

狡　犬(犭)6　간교할교　　猾　犬(犭)10　교활할활
コウ(わるがしこい)　　カツ(わるがしこい)
丿 丬 犭 犭 狡 狡　犭 犭 犭 猾 猾

狡惡[교악] 교활하고 간악함.
狡智[교지] 교활한 지혜.
狡兎[교토] 교활한 토끼.
猾計[활계] 교활한 계교.
猾吏[활리] 교활한 관리.
猾翔[활상] 새가 날개를 놀리지 않고 나는 모양.

尤懲　尤懲　尤懲

尤　尢1　더욱우 탓할우　　懲　心15　징계할징
ユウ(もっとも)　　チョウ(こらす)
一 ナ 尤 尤　彳 得 徨 徵 懲

尤極[우극] 더욱.
尤物[우물] 가장 좋은 물건
尤甚[우심] 더욱 심함.
懲戒[징계] 부정에 대하여 제재를 가함.
懲習[징습] 못된 버릇을 징계함.
懲治[징치] 징계하여 다스림.

泣哭　泣哭　泣哭

泣　水(氵)5　울읍　　哭　口7　울곡
キュウ(なく)　　コク(なく)
氵 氵 沪 泣 泣　口 吅 甼 哭 哭

泣諫[읍간] 울면서 간함.
泣訴[읍소] 울며 호소함.
泣請[읍청] 울며 청함.
哭聲[곡성] 울음 소리.
哭臨[곡림] 왕이 죽은 신하를 몸소 조문함.
痛哭[통곡] 소리치며 우는 것.

嗚咽　嗚咽　嗚咽

嗚　口10　탄식할오　　咽　口6　목멜 열 삼킬 연 목구멍인
オ(ああ)　　イン(のど)
口 叮 吒 嗚 嗚　口 叩 呵 咽 咽

嗚咽[오열] 목메어 흐느낌.
嗚呼[오호] 슬프다. 아아.
嗚嗚[오오] 울며 느낌.
咽喉[인후] 목구멍.
咽喉之地[인후지지] 진요한 땅.
咽喉痛[인후통] 목구멍이 아픈 것.

凄潰　凄潰　凄潰

凄　水8　찰처 심할처　　潰　水(氵)12　무너뜨릴궤
セイ(すごい)　　カイ(つぶれる)
氵 厂 尸 凄 凄　氵 沪 津 漕 潰

凄涼[처량] 쓸쓸한 마음.
凄雨[처우] 쓸쓸한 비.
凄愴[처창] 쓸쓸하고 슬픈 모양.
潰決[궤결] 무너져 갈라짐.
潰散[궤산] 무너져 흩어짐.
潰裂[궤열] 헤어져 갈라짐.

慙愧　慙愧　慙愧

慙　心11　부끄러울참　　愧　心(忄)10　부끄러울괴
サン(はずかしい)　　キ(はじる)
亘 車 軒 斬 慙　忄 怐 怐 愧 愧

慙色[참색] 부끄러워하는 기색.
慙死[참사] 부끄러워 죽을 지경임.
慙羞,慙愧[참수,참괴] 부끄러움.
愧色[괴색] 부끄러워하는 얼굴 빛.
愧心[괴심] 부끄러워하는 마음.
愧赧[괴난] 부끄러워 낯 붉힘.

38

吝嗇 吝嗇 吝嗇	恭遜 恭遜 恭遜

吝 아낄 린 **嗇** 아낄 색
リン(おしむ)　ショク(おしむ)
亠亽文产吝 一十夲夲嗇

吝嗇[인색] 체면이 없이 재물만
　　아낌.
吝惜[인석] 아까워함.
吝愛[인애] 아까워함.
嗇夫[색부] 인색한 사내.
嗇言[색언] 인색한 말.
省嗇[성색] 매우 아낌.

恭 공순할공 **遜** 겸손할손
キョウ(うやうやしい)　ソン(ゆずる)
一共恭恭恭 孑孫孫孫遜

恭遜[공손] 공경하고 겸손함.
恭順[공순] 공손하고 온순함.
恭讓[공양] 잘 받드는 것.
遜志[손지] 겸손한 뜻.
遜讓[손양] 남에게 양보함.
謙遜[겸손] 남을 높이고 자기를
　　낮춤.

虔悌 虔悌 虔悌	瘦瘠 瘦瘠 瘦瘠

虔 공경할건 정성 건 **悌** 공경할제
ケン(つつしむ)　テイ(すなお)
广卢虍虔 忄忄忸悌悌

虔心[건심] 공경스런 마음.
虔誠[건성] 공경스럽고 정성스러
　　움.
敬虔[경건] 공경하는 마음.
悌友[제우] 형제간의 공손함.
悌重[제중] 무게가 있는 것.
孝悌[효제] 효도스럽고 공경스럼.

瘦 파리할수 **瘠** 파리할척
ソウ(やせる)　セキ(やせる)
疒疖疸瘦瘦 广广疒疾瘠

瘦瘠[수척] 몹시 마르고 파리함.
瘦弱[수약] 마르고 약함.
瘠骨[척골] 몹시 야위어 뼈만 앙
　　상함.
瘠地[척지] 기름지지 못한 땅.
瘠土[척토] 기름지지 못한 땅.

嫁娶 嫁娶 嫁娶	曖昧 曖昧 曖昧

嫁 시집갈가 떠넘길가 **娶** 장가들취
カ(よめ,とつぐ)　シュ(めとる)
女妒嫁嫁 厂耳取娶娶

嫁娶[가취] 시집가고 장가드는것.
嫁期[가기] 시집갈 나이.
嫁罪[가죄] 죄를 남에게 덮어 씌
　　움.
娶妻[취처] 아내를 맞아 들임.
娶禮[취례] 혼례(婚禮).
娶親[취친] 혼인함.

曖 희미할애 **昧** 어두울매
アイ(うすくらい)　マイ(くらい)
日旳晲曖曖 日旷眛眛昧

曖昧[애매] 희미하여 분명하지 못
　　함.
昧死[매사] 죽기를 맹세하고 말함.
昧事[매사] 사리에 어두움.
昧者[매자] 어리석고 둔한 사람.
昧爽[매상] 먼동이 틀 무렵.
愚昧[우매] 어리석고 몽매함.

愚鈍　愚鈍　愚鈍

心9 愚 어리석을 우　グ(おろか)
金4 鈍 노둔할둔　무딜 둔　ドン(にぶい)

曰 昌 禺 禺 愚　夲 金 釕 鈍 鈍

愚見 [우견] 자기의 의견.
愚男 [우남] 어리석은 남자
愚論 [우론] 어리석은 의논.
愚昧 [우매] 어리석고 몽매함.
鈍感 [둔감] 무딘 감각.
鈍質 [둔질] 우둔한 재질.

剛毅　剛毅　剛毅

刀(刂)8 剛 굳셀 강　ゴウ(つよい)
殳11 毅 굳셀 의　キ(つよい)

冂 冂 冋 岡 剛　亠 豪 豙 豙 毅

剛健 [강건] 씩씩하고 튼튼함.
剛氣 [강기] 굳센 기상.
剛果 [강과] 굳세고 과감함.
剛斷 [강단] 강기 있게 결단함.
毅然 [의연] 의지가 굳고 과단한
　　　　　모양.
毅宗　　　고려의 제18 대 임금.

嫂眉　嫂眉　嫂眉

女10 嫂 형수 수　ソウ(あによめ)
目4 眉 눈썹 미　ビ, ミ(まゆ)

女 姆 姆 娉 嫂　コ コ 尸 屑 眉

兄嫂 [형수] 형의 처.
嫂叔 [수숙] 형제와 아내와 남편
　　　　　의 형제.
弟嫂 [제수] 동생의 처.
眉間 [미간] 눈썹과 눈썹 사이.
娥眉 [아미] 아름다운 눈썹. 미인
　　　　　을 가리키는 것.
眉目 [미목] 눈과 눈섭.

輔弼　輔弼　輔弼

車7 輔 도울 보　ホ(たすける)
弓9 弼 도울 필　ヒツ(たすける)

車 軒 軒 輔 輔　ユ 弓 弝 弜 弼

輔助 [보조] 도와 줌.
輔充 [보충] 모자람을 더 보탬.
輔償 [보상] 남의 손해를 채워줌.
弼匡 [필광] 도와서 바로잡음.
弼寧 [필녕] 보필하여 편하게 함.
弼成 [필성] 도와서 이루게 함.

戮屍　戮屍　戮屍

戈11 戮 죽일 륙　リク(ころす)
尸6 屍 주검 시　シ(しかばね)

羽 羽 翏 戮 戮　コ 尸 尸 屍 屍

戮力 [육력] 서로 힘을 모아 합함.
戮辱 [육욕] 큰 치욕.
戮屍 [육시] 이미 죽은 사람의 시
　　　　　체.
屍身 [시신] 이미 죽은 몸.
屍體 [시체] 송장.
屍臭 [시취] 송장 썩는 냄새.

奴僕　奴僕　奴僕

女2 奴 종 노　ド(やっと)
人(亻)12 僕 종 복　ボク(しもべ)

乚 乜 女 奴 奴　亻 亻 亻″ 俥 僬 僕

奴輩 [노배] 남을 욕으로 부르는
　　　　　말.
奴僕 [노복] 사내 종.
奴婢 [노비] 사내 종과 계집 종의
　　　　　총칭.
奴隷 [노예] 자유를 속박 당하고 남
　　　　　에게 부림 당하는 사람.
僕役 [복역] 노복의 일.
僕夫 [복부] 종으로 부리는 남자.

雇傭

雇 隹4 머슴 고·품팔 고 コ(やとう)
傭 人(イ)11 머슴 용·삯 용 ヨウ(やとう)

厂戶戽屏雇亻广庐倩傭

雇工[고공] 머슴. 품팔이.
雇用[고용] 삯을 주고 사람을 부림.
雇員[고원] 관청에서 관리의 사무를 돕는 직원.
雇傭[고용] 삯을 받고 남의 일을 하여 줌.
傭兵[용병] 지원자에게 봉급을 주고 병역에 복무케 하는 일.

唯戟

唯 口8 오직 유 ユイ(ただ)
戟 戈8 갈래진창 극 ゲキ(ほこ)

口叮吣咻唯卣卓卓軏戟

唯識[유식] 모든 제법은 오직 마음 속에 있음.
唯心[유심] 오직 한 마음.
唯一[유일] 오직 하나.
唯唯[유유] 시키는 대로 공손하게 순종함.
戟架[극가] 연장.
戟手[극수] 분개한 모양의 손.

娑婆

娑 女7 세상 사 シャ(まう)
婆 女8 할머니 파 バ(ばば)

氵沙沙娑娑氵沪波婆婆

娑婆[사바] 이 세상. 속세. 사바 세계.
娑婆世界[사바세계] 고충이 심한 중생의 현실 세계.
老婆[노파] 늙은 여자.
老婆心[노파심] 쓸데 없는 늙은이의 근심.
婆羅門[바라문] 인도의 4성 가운데 가장 높은 승족의 귀위.

凱謁

凱 几10 싸움이긴 개·풍류 개 カイ(かちどき)
謁 言9 아뢸 알 エツ(まみえる)

屵豈豈剴凱言訶謁謁謁

凱旋[개선] 싸움에 이기고 돌아옴.
凱歌[개가] 승리 축하의 노래.
凱旋門[개선문] 개선하고 돌아온 군사를 환영하고 전승을 기념하기 위하여 세운문.
謁廟[알묘] 사당에 참묘함.
謁者[알자] 뵘을 청하는 자.
謁見[알현] 지혜가 높은 사람을 찾아 뵘.

慷慨

慷 心(忄)11 강개할 강 コウ(なげく)
慨 心(忄)11 분할 개 ガイ(なげく)

忄忾恬悻慷忄怕怕愷慨

慷慨[강개] 정의감에 북바쳐 슬프고 원통함.
慷愍[강민] 슬프고 불쌍함.
慨嘆[개탄] 한탄하고 한숨짐.
慨世[개세] 세상을 개탄함.
慨然[개연] 분개함.
慨歎[개탄] 분하게 여겨 탄식함.

寬恕

寬 宀12 너그러울 관 カン(ひろい)
恕 心6 용서할 서·어질 서 ジョ(ゆるす)

宀宀宇審寬夕女如恕恕

寬恕[관서] 너그럽게 용서함.
寬大[관대] 너그럽고 큼.
寬人[관인] 마음이 넓은 사람.
寬容[관용] 너그럽게 덮어 줌.
恕罪[서죄] 죄를 용서함.
容恕[용서] 죄나 잘못을 꾸짖거나 벌하지 않음.

劫畏 劫畏 劫畏

劫 力5 겁 겁
겁탈할겁
キョウ(おびやかす)
十 土 去 劫 劫

畏 田4 두려울외
イ(おそれる)
冂 甲 里 里 畏

劫迫[겁박] 위세로 협박함.
劫奪[겁탈] 남의 것을 폭력으로 빼앗음.
劫年[겁년] 액운의 해.
畏兄[외형] 친구끼리 상대방을 점잖게 이르는 말.
畏寒[외한] 추위를 두려워함.
畏服[외복] 남이 두려워 복종함.

兇猛 兇猛 兇猛

兇 儿4 흉할흉
사나울흉
キョウ(わるい)
ノ メ 区 凶 兇

猛 犬(犭)8 날랠맹
사나울맹
モウ(たけし)
犭 犭 犷 猙 猛

兇家[흉가] 흉한 집.
兇相[흉상] 흉한 모양.
猛犬[맹견] 사나운 개.
猛省[맹성] 크게 반성함.
猛獸[맹수] 성질이 사나운 짐승.
猛將[맹장] 용맹스러운 장수.

杞憂 杞憂 杞憂

杞 木3 산버들기
개버들기
キ
十 木 杧 杞 杞

憂 心11 근심 우
ユウ(うれい)
一 百 直 慐 憂

杞憂[기우] 턱없는 근심.
枸杞[구기] 산구기자 나무.
憂身[우신] 근심 걱정이 많음.
憂心[우심] 걱정하는 마음.
憂時[우시] 시국이 언짢음을 근심함.
憂人[우인] 근심스런 사람.

誕辰 誕辰 誕辰

誕 言7 속일탄
탄생할탄
タン(いつわる,うまれる)
言 訑 証 誕 誕

辰 辰0 별 진
날 신
シン(たつ)
一 厂 戶 辰 辰

誕辰[탄신] 생일.
誕生[탄생] 출생.
誕降[탄강] 임금이나 성인의 출생.
辰告[신고] 때때로 알림.
辰時[진시] 오전 7시에서 9시까지.
日辰[일진] 하루의 간지(干支).

痙攣 痙攣 痙攣

痙 疒7 경련 경
ケイ(ひきつる)
广 疒 疒 痙 痙

攣 手19 맬 련
レン(ひきつる)
言 紝 緣 戀 攣

痙攣[경련] 근육이 오그라드는 병.
攣毛[연모] 머리털이 꼬불꼬불함.
攣曲[연곡] 곱슬곱슬함.
攣其手足[연기수족] 경련이 일어나 손발이 오그라짐.
攣腰[연요] 허리가 꼬부라짐.

御牌 御牌 御牌

御 彳8 모실 어
마부 어
ギョ(おん)
彳 徉 徍 御 御

牌 片8 방붙일패
호패 패
ハイ(ふだ)
片 片 牜 牉 牌 牌

御駕[어가] 왕의 수레.
御街[어가] 대궐로 통하는 길.
御庫[어고] 왕이 쓰는 곡간.
牌旨[패지] 높은 지위.
牌招[패초] 왕명으로 신하를 부름.
門牌[문패] 문에 다는 명패.

控腔 控腔 控腔

手(扌)8 控 당길 공　コウ(ひかえる)

肉(月)8 腔 창자 강　속빌 강　コウ(から)

扌扩控控控　月旷腔腔腔

控除[공제] 깎아 제함.
控訴[공소] 상급 법원에 복심을
　　　　구함.
控割[공할] 공제하고 할인함.
腔調[강조] 목소리의 음성.
腔腸[강장] 빈 창자.
口腔[구강] 입안의 빈 곳.

透誦 透誦 透诵

走(辶)7 透 통할 투　トウ(とおる)

言7 誦 욀 송　ショウ(となえる)

二禾禾秀透　言訂訟誦誦

透視[투시] 막힌 물체를 틔워봄.
透水[투수] 물이 스며듦.
透徹[투철] 사리가 밝고 확실함.
誦經[송경] 경을 외우는 것.
口誦[구송] 입으로 외우는 것.
暗誦[암송] 외우는 것.

妹詞 妹詞 妹词

女5 妹 누이 매　マイ(いもうと)

言5 詞 말 사　글 사　シ(ことば)

乚乚女奸妹　言言訂詞詞

姉妹[자매] 여자 형제.
姉妹篇[자매편] 서로 관련된 두책
妹氏[매씨] 남의 누이의 존칭.
詞客[사객] 시문을 쓰는 사람.
詞林[사림] 시문을 짓는 사람의
　　　　사회.

憐旨 憐旨 憐旨

心(忄)12 憐 불쌍할 련　レン(あわれむ)

旨 뜻 지　맛 지　シ(むね)

忄忄忾憐憐　一匕上旨旨

憐憫[연민] 불쌍하고 가련함.
憐恕[연서] 불쌍히 여겨 용서함.
憐惜[연석] 불쌍히 여겨 아낌.
旨酒[지주] 맛 좋은 술.
旨肴[지효] 맛 있는 안주.
趣旨[취지] 의향. 뜻.

卿吟 卿吟 卿吟

卩10 卿 벼슬 경　ケイ(くげ)

口4 吟 읊을 음　ギン(うそぶく)

丿卯卯卿卿　口吟吟吟

吟味[음미] 읊어 감상함.
吟詠[음영] 노래를 읊음.
吟風[음풍] 풍월을 읊음.
卿相[경상] 높은 벼슬에 있는 사
　　　　람.
卿士[경사] 수상.
卿大夫[경대부] 벼슬 이름.

孔妾 孔妾 孔妾

子1 孔 구멍 공　コウ(あな)

女5 妾 첩 첩　ショウ(めかけ)

了了子孔　亠立妾妾妾

孔雀[공작] 공작새.
孔德[공덕] 큰 덕.
孔明[공명] 아주 밝음.
婢妾[비첩] 비천한 여자.
小妾[소첩] 젊은 첩.
賤妾[천첩] 종이나 기생으로 첩
　　　　이 된 여자.

鬱嬉 鬱嬉 欝婖

鬱 (19) 답답할울 / 막힐 울
ウツ(しげる)

嬉 (女 12) 즐거울희 / 희롱할희
キ(たのしむ)

* 柚 欝 欝鬱 女 妌婑嬉嬉嬉

鬱麓[울록] 울창한 산 기슭.
鬱症[울증] 마음이 답답한 병.
鬱悶[울민] 답답하고 피로운 것.
鬱寂[울적] 쓸쓸하고 갑갑한 것.
嬉樂[희락] 즐거워함.

胸賓 胸賓 胸賓

胸 (肉(月) 6) 가슴 흉
キョウ(むね)

賓 (貝 7) 손 빈
ヒン(まろうど)

月 月 肑 胸 胸 宀宀宎宎賓賓

胸膈[흉격] 가슴.
胸廓[흉곽] 가슴의 골격.
胸襟[흉금] 품고 있는 마음.
賓旅[빈려] 외국에서 온 나그네.
賓客[빈객] 손님.
賓啓[빈계] 왕에게 아뢰는 일.

一位 一位 一位

一 (一 0) 하나 일
イチ, イツ(ひとつ)

位 (人(イ) 5) 자리 위
イ(くらい)

一
亻 伫 位 位

一位[일위] 첫째 자리.
一家[일가] 한 집안.
一刻[일각] 매우 짧은 시간.
位置[위치] 놓여 있는 곳.
位品[위품] 관직의 품계.
位爵[위작] 벼슬.

二雙 二雙 二雙

二 (二 0) 두 이
ニ(ふたつ)

雙 (隹 10) 둘 쌍 / 짝 쌍
ソウ(ふた)

一 二
彳 什 隹 雔 雙

二世[이세] '이세국민'의 준말.
二級[이급] 돌째의 등급.
二心[이심] 두 가지 마음.
雙方[쌍방] 양 편.
雙童[쌍동] 한 꺼번에 낳은 두 애.
雙手[쌍수] 두 손.

壹錢 壹錢 壹錢

壹 (士 9) 하나 일 / 한결 일
イチ(ひとつ)

錢 (金 8) 돈 전
セン(ぜに)

士 声 壹 壹 壹 钅 金 釒 錢 錢 錢

壹 [일] 금액, 수량을 적을때 쓰는 '一'의 대용사.
壹錢[일전] 일 환의 백분의 일.
錢主[전주] 밑천을 대는 사람.
錢濁[전탁] 돈이 잘 돌지 않음.
錢荒[전황] '전갈'과 같음.

貳坪 貳坪 貳坪

貳 (貝 5) 두 이
ニ(ふたつ)

坪 (土 5) 벌판 평 / 평수 평
ヘイ(つぼ)

一 三 亖 貳 貳 土 圹 圷 坪 坪

貳 [이] 금액, 수량을 적을 때 쓰는 '二'의 대용사.
貳坪[이평] 두 평.
坪[평] 땅 넓이의 단위. 사방 여섯 자.
坪數[평수] 땅의 넓이.
坪當[평당] 한 평에 대한 율.

三升 三升 三升

三 (一 2) 석 삼
サン(みっつ)

升 (十 2) 되 승 / 오를 승
ショウ(ます)

一 二 三 　 ノ ニ 千 升

三升〔삼승〕 서 되.
三角〔삼각〕 세 모.
三間〔삼간〕 세 칸. 아주 적음.
升 〔승〕 부피의 단위. 되. 한 되는 열홉. 한 말의 십분의 일.

四貫 四貫 四贯

四 (口 2) 넉 사
シ(よっつ)

貫 (貝 4) 꿸 관 / 관향 관
カン(つらぬく)

丨 冂 冂 四 四 　 ㄴ 口 毌 貫 貫

四貫〔사관〕 네 관.
四角〔사각〕 네 모.
四街〔사가〕 네 거리.
貫〔관〕 무게의 단위. 천 몸메.
貫徹〔관철〕 끝까지 해 냄.
貫通〔관통〕 맞 뚫음.

五斤 五斤 五斤

五 (二 2) 다섯 오
ゴ(いつつ)

斤 (斤 0) 근 근 / 날 근
キン(はかり)

一 丆 五 五 　 一 厂 斤 斤

五斤〔오근〕 다섯 근.
五更〔오경〕 오전 네 시 전 후.
五福〔오복〕 사람의 다섯 가지 복.
斤〔근〕 무게의 단위. 열 여섯 냥.
斤量〔근량〕 물건의 무게.
斤重〔근중〕 '근량'과 같음.

六斗 六斗 六斗

六 (八 2) 여섯 륙
ロク(むっつ)

斗 (斗 0) 말 두
ト(ます)

丶 亠 六 六 　 丶 ⺀ 斗

六斗〔육두〕 여섯 말.
六旬〔육순〕 육십 세.
六法〔육법〕 여섯 가지 법률.
斗〔두〕 부피의 단위. 열 되.
斗屋〔두옥〕 적은 집.
斗酒〔두주〕 말 술.

七枚 七枚 七枚

七 (一 1) 일곱 칠
シチ(ななつ)

枚 (木 4) 줄기 매 / 낱 매
マイ(みき)

一 七 　 十 木 朴 枚 枚

七枚〔칠매〕 일곱 장.
七夕〔칠석〕 음력 七월 七일.
七星〔칠성〕 '북두칠성'의 준말.
枚〔매〕 종이를 셀 때 씀. 장.
枚擧〔매거〕 낱낱이 들어 말함.
枚數〔매수〕 장 수.

八卷 八卷 八卷

八 (八 0) 여덟 팔
ハチ, ハツ(やっつ)

卷 (卩(㔾) 6) 책권 권 / 굽을 권
ケン(まく)

ノ 八 　 丷 䒑 关 关 卷

八卷〔팔권〕 여덟 권.
八字〔팔자〕 한 평생의 운수.
八卦〔팔괘〕 여덟 가지 괘.
卷〔권〕 책을 셀 때 씀.
卷頭〔권두〕 책의 첫 머리.
卷煙〔권연〕 '궐련'의 원말.

秒 針

秒 禾4 초침 초 / 벼까락 묘 ビョウ(のぎ)
針 金2 바늘 침 シン(はり)

二 禾 利 秒 秒　金 金 針

秒[초] 일 분의 육십 분의 일.
秒針[초침] 초를 가리키는 시계 바늘.
針線[침선] 바늘과 실. 바느질.
針孔[침공] 바늘 귀.
針母[침모] 삯바느질하는 여자.
針工[침공] 바느질. 바느질 삯.

寸 尺

寸 寸0 치 촌 / 마디 촌 スン(すこし)
尺 尸1 자 척 セキ(ものさし)

一 十 寸　コ 尸 尺

寸尺[촌척] 자와 치. 얼마 안 됨.
寸陰[촌음] 짧은 시간.
寸志[촌지] 작은 뜻.
尺度[척도] 자. 계획의 표준.
尺地[척지] 가까운 땅. 적은 땅.
尺土[척토] '척지'와 같음.

甲 乙

甲 갑옷 갑 コウ(よろい)
乙 乙0 새 을 / 천간이름 을 オツ(きのと)

冂 日 日 甲　乙

甲富[갑부] 첫째 가는 부자.
甲種[갑종] 으뜸 가는 종류.
甲板[갑판] 배 위의 평평한 바닥.
乙夜[을야] 밤 열 시 쯤.
乙方[을방] 남쪽에서 조금 동쪽 방위.
乙種[을종] 갑종 다음 가는 종류.

丙 丁

丙 4 남녘 병 / 천간 병 ヘイ(ひのえ)
丁 1 네째청간 정 / 고무래정 テイ(ひのと)

一 丆 丙 丙 丙　一 丁

丙舍[병사] 묘막.
丙枕[병침] 왕이 침소에 드는시각
丙科[병과] 과거 성적등급의 하나
丁抹[정말] 나라 이름. 덴마아크.
丁銀[정은] 품질이 좋지 못한 은.
丁寧[정녕] 틀림없이 꼭.

九 十

九 乙 아홉 구 キュウ,ク(ここのつ)
十 十0 열 십 ジュウ(とお)

ノ 九　一 十

九天[구천] 높은 하늘.
九泉[구천] 저승.
九秋[구추] 9월.
十干[십간] 천간(天干).
十戒[십계] 불교의 열가지 경계.
十五夜[십오야] 음력 8월 15일.

百 千

百 白1 일백 백 ヒャク(もも)
千 十1 일천 천 セン(ち)

一 丆 丙 百 百　一 二 千

百姓[백성] 겨레.
百花[백화] 온갖 꽃.
百計[백계] 여러 가지의 계교.
千秋[천추] 오래고 긴 세월.
千古[천고] 아주 먼 옛적.
千金[천금] 아주 많은 돈.

萬 壽

萬 일만 만 艸(廾)9　　壽 목숨 수 士11
マン(よろず)　　ジュ(ことぶき)

艹 苩 萬 萬 萬　士 声 壽 壽 壽

萬壽[만수] 썩 오래 삶.
萬古[만고] 아주 먼 옛적.
萬人[만인] 많은 사람.
壽命[수명] 목숨.
壽夭[수천] 오래 삶과 일찍 죽음.
壽宴[수연] 장수를 축하하는 잔치

前 後

前 앞 전 刀(刂)7　　後 뒤 후 彳6
ゼン(まえ)　　ゴ(のち)

丷 广 前 前 前　夕 彳 彳 徉 後 後

前後[전후] 앞과 뒤.
前景[전경] 앞에 보이는 경치.
前面[전면] 앞 면.
後輩[후배] 같은 학교를 자기보
　　　　다 늦게 나온 사람.
後繼[후계] 뒤를 이음

左 右

左 왼편 좌 工2　　右 오른편 우 口2
サ(ひだり)　　ユウ, ウ(みぎ)

一 ナ 左 左 左　丿 ナ 右 右 右

左右[좌우] 왼쪽과 오른쪽.
左側[좌측] 왼쪽.
左派[좌파] 좌익의 무리.
右翼[우익] 오른 편에 있는 군대.
右方[우방] 오른 편.
右職[우직] 현직보다 높은 벼슬.

高 底

高 높을 고 高0　　底 밑 저 广5
コウ(たかい)　　テイ(そこ)

亠 亠 高 高 高　广 庐 庐 底 底

高低[고저] 높고 낮음.
高見[고견] 뛰어난 의견.
高尙[고상] 품은 뜻이 높고 깨끗
　　　　함.
低能[저능] 지능이 보통보다 낮음
低廉[저렴] 값이 쌈.
低下[저하] 낮아 짐.

長 短

長 긴 장 長0　　短 짧을 단 矢7
チョウ(ながい)　　タン(みじかい)

丨 巨 長 長 長　丿 矢 矢 短 短 短

長短[장단] 길음과 짧음.
長久[장구] 오래.
長成[장성] 자람.
短命[단명] 명이 짧음.
短點[단점] 잘못하는 점.
短篇[단편] 단편 소설의 준말.

遠 近

遠 멀 원 辵(辶)10　　近 가까울 근 辵(辶)4
エン(とおい)　　キン(ちかい)

土 吉 袁 遠 遠　厂 斤 斤 沂 近

遠近[원근] 멀고 가까움.
遠大[원대] 생각 따위가 멀고 큼.
遠征[원정] 먼 곳을 치러 감.
近年[근년] 가까운 해.
近來[근래] 가까운 요즈음.
近方[근방] 근처.

深淺 深淺 深淺

深 水(氵)8 깊을 심
シン(ふかい)

淺 水(氵)8 얕을 천
セン(あさい)

氵氵沪沪深氵浅浅浅

深淺[심천] 깊음과 얕음.
深重[심중] 마음이 깊고 무거움.
深刻[심각] 깊이 새김.
淺見[천견] 변변치 못한 견문.
淺短[천단] 지식따위가 얕고 짧음
淺露[천로] 얕아서 들어남.

都市 都市 都市

都 邑(阝)9 도읍 도
도무지도
ト(みやこ)

市 巾2 저자 시
シ(いち)

土尹者都都 一广方市

都市[도시] 도회지.
都合[도합] 전부를 다한 셈.
都邑[도읍] 서울.
市街[시가] 도시의 큰 길거리.
市民[시민] 시의 주민.
市井[시정] 시가(市街).

農村 農村 農村

農 辰6 농사 농
ノウ(たづくり)

村 木3 마을 촌
ソン(むら)

口曲曹農農 十オ村村

農村[농촌] 농사를 짓는 마을.
農夫[농부] 농사 짓는 사람.
農具[농구] 농사에 쓰는 기구.
村落[촌락] 마을.
村野[촌야] 시골 마을과 들.
村中[촌중] 온 마을.

隣邑 隣邑 隣邑

隣 阜(阝)12 이웃 린
リン(となり)

邑 邑0 고을 읍
ユウ(むら)

阝阽陜陜隣 口马马吕邑

隣邑[인읍] 가까운 이웃 읍내.
隣接[인접] 이웃하여 있음.
隣國[인국] 이웃 나라.
邑內[읍내] 고을 안.
邑豪[읍호] 읍내의 부자.
邑村[읍촌] 읍내와 촌락.

洞里 洞里 洞里

洞 水(氵)6 골 동
ドウ(ほら)

里 里0 마을 리
リ(さと)

氵汩汩洞洞 口曰甲里里

洞里[동리] 마을.
洞察[통찰] 환하게 살핌.
洞窟[동굴] 속이 넓은 굴.
里數[이수] 길의 거리.
里程[이정] 이수. 길의 거리.
里民[이민] 동리 사람.

居留 居留 居留

居 尸5 살 거
キョ(いる)

留 田5 머무를 류
リュウ(とどまる)

コ尸尸居居 ㇉ 幻幻留留

居留[거류] 일시적으로 그곳에 삶.
居住[거주] 살고 있음.
居間[거간] 흥정을 붙이는 일.
留宿[유숙] 나그네로 묵고 있음.
留置[유치] 유치장에 가두어 둠.
留意[유의] 마음에 둠.

區域

區域 區域 區域

口9 區 구역 구 ・ 土8 域 지경 역
ク(しきり) ・ イキ(さかい)

一ㄱ吊品品區 ・ 土圹域域域

區域[구역] 갈라 놓은 지경.
區別[구별] 가지를 따라 갈라놓음
區分[구분] 따로따로 갈라 나눔.
域內[역내] 지정한 구역 안.
區內[구내] 구역 안.
區劃[구획] 공간의 간막이.

家屋

家屋 家屋 家屋

宀7 家 집 가 ・ 尸6 屋 집 옥
カ(いえ) ・ オク(いえ)

宀宀宁宇家家 ・ ﾌ尸尸尼屋

家屋[가옥] 집.
家庭[가정] 한 집안.
家産[가산] 집안 살림.
屋內[옥내] 집안. 실내.
屋上[옥상] 양옥 지붕 위.
屋外[옥외] 집 밖.

灰壁

灰壁 灰壁 灰壁

火2 灰 재 회 ・ 土13 壁 바람벽 벽
カイ(はい) ・ ヘキ(かべ)

一ナナ灰灰 ・ 尸甲辟辟壁

灰壁[회벽] 석회로 바른 벽.
灰色[회색] 잿빛.
灰燼[회신] 불탄 나머지.
壁報[벽보] 벽에 쓰거나 붙여, 여러 사람에게 알리는 글.
壁畵[벽화] 벽에 그린 그림.

郡廳

郡廳 郡廳 郡廳

邑(阝)7 郡 고을 군 ・ 广22 廳 관청 청 대청 청
グン(こおり) ・ チョウ(やくしょ)

ㄱㅋ君君郡郡 ・ 广府府府廳廳

郡廳[군청] 한 군의 행정을 맡아 보는 관청.
郡守[군수] 군의 우두머리.
郡勢[군세] 고을의 형세.
廳舍[청사] 관청의 집.
廳規[청규] 관청의 내규.

講堂

講堂 講堂 講堂

言10 講 강론할 강 익힐 강 ・ 土8 堂 집 당 당당할 당
コウ(とく) ・ ドウ(たかどの)

言許許講講 ・ 堂堂堂

講堂[강당] 의식 따위를 하는 큰 방.
講習[강습] 학예를 배우고 익힘.
講和[강화] 전쟁을 그치고 화의함.
堂內[당내] 팔촌 이내의 일가.
堂叔[당숙] 아버지의 사촌 형제.
堂姪[당질] 사촌 형제의 아들.

別館

別館 別館 別館

刀(刂)5 別 나눌 별 분별할 별 ・ 食(飠)8 館 객사 관 집 관
ベツ(わかれる) ・ カン(やかた)

ㅁㅁ另別別 ・ 飠飠飠館館

別館[별관] 본관 밖에 세운 집.
別故[별고] 뜻밖의 사고.
別世[별세] 세상을 떠남.
館長[관장] 미술관이나 박물관 따위의 우두머리.
館舍[관사] 외국 사신을 머물게 하는 집.

增築

增 土12 더할 증　築 竹10 쌓을 축
ゾウ(ふえる)　チク(きずく)

土 圵 垆 增 增 ㄠ 竺 筑 筑 築

增築[증축] 집을 늘이어 지음.
增加[증가] 더하여 많아짐.
增强[증강] 더하여 강하게 함.
築臺[축대] 높이 쌓은 터.
築城[축성] 성을 쌓음.
築堤[축제] 둑을 쌓아 만들음.

寺院

寺 寸3 절 사　院 阜(阝)7 집 원
　　 내관 시
ジ(てら)　イン(てら, いえ)

十 士 吉 寺 寺 ㄱ 阝 阼 院 院

寺院[사원] 절간.
寺刹[사찰] 절.
寺田[사전] 절에 딸린 밭.
院外[원외] 민·참의원의 외부.
院落[원락] 굉장히 큰 집.
院長[원장] 원의 우두머리.

井欄

井 二2 우물 정　欄 木17 난간 란
セイ(いど)　ラン(てすり)

二 丯 井 ㄴ 杆 柵 欄 欄 欄

井水[정수] 우물의 물.
井蛙[정와] 우물 안의 개구리.
井間[정간] 가로 세로 그은 줄.
欄干[난간] 가장자리를 막은 물
건.
欄檻[난함] '난간'과 같음.

孤城

孤 子6 외로울고　城 土7 재 성
コ(ひとり)　ジョウ(しろ)

了 孑 孖 孤 孤 ㅣ 圹 圹 城 城 城

孤城[고성] 고립된 성.
孤兒[고아] 부모 없는 아이.
孤立[고립] 원조가없이 외톨로됨.
城壁[성벽] 성의 담.
城廓[성곽] 성의 둘레.
城主[성주] 성의 임자.

黃菊

黃 黃0 누를 황　菊 艸(艹)8 국화 국
コウ(きいろい)　キク(きく)

艹 芒 苦 莆 黃 ㅣ 艹 芍 莉 菊

黃菊[황국] 빛이 누런 국화.
黃昏[황혼] 해가 질 무렵.
黃泉[황천] 저승.
菊花[국화] 꽃 이름.
菊日[국일] 음력 9월의 딴 이름.
菊版[국판] 서적 판형의 이름.

鐘閣

鐘 金12 쇠북 종　閣 門6 다락집각
ショウ(かね)　カク(たかどの)

金 鈩 鐘 鐘 鐘 ㅣ 門 門 閉 閣

鐘閣[종각] 종을 매단 집.
鐘聲[종성] 종 소리.
鐘路[종로] 서울의 거리 이름.
閣下[각하] 벼슬이 높은 자의 존칭.
閣僚[각료] 내각의 각 장관.
閣議[각의] 내각의 회의.

層臺 層臺 層臺

層 尸 12 겹 층 / 층 층
ソウ(かさなる)

臺 至 8 대 대
ダイ(うてな)

二 尸 屖 屋 層 一 吉 直 臺 臺

層臺[층대] 층층 다리.
層下[층하] 다른 것보다 낮음.
層閣[층각] 층계로 지은 집.
臺本[대본] 연극, 영화의 각본.
臺帳[대장] 장부.
臺詞[대사] 연극, 영화의 사설.

白梅 白梅 白梅

白 白 0 흰 백 / 아뢸 백
ビャク(しろい)

梅 木 7 매화나무 / 매
バイ(うめ)

' 亻 白 白 木 朾 栴 梅 梅 梅

白雪[백설] 흰 눈.
白骨[백골] 죽은 사람의 뼈.
白馬[백마] 흰 색갈의 말.
梅花[매화] 꽃 이름.
梅實[매실] 매화 나무의 열매.
梅毒[매독] 성병의 하나.

桃李 桃李 桃李

桃 木 6 복숭아도
トウ(もも)

李 木 3 오얏 리
リ(すもも)

木 朾 朾 桃 桃 一 十 木 李 李

桃李[도리] 복숭아 꽃과 오얏 꽃.
桃花[도화] 복숭아 꽃.
桃色[도색] 남녀간의 애정.
李花[이화] 오얏 꽃.
李成桂[이성계] 이조의 첫 임금.
李白[이백] 당 나라의 시인.

紅輪 紅輪 紅輪

紅 糸 3 붉을 홍
コウ(くれない)

輪 車 8 바퀴 륜
リン(わ)

幺 幺 糸 紅 紅 亘 車 軡 軡 輪

紅葉[홍엽] 단풍 잎.
紅顏[홍안] 소년의 얼굴.
紅潮[홍조] 붉어진 얼굴 빛.
輪轉[윤전] 둥글게 돌음.
輪禍[윤화] 교통 사고.
輪番[윤번] 차례로 순번을 돌림.

梨花 梨花 梨花

花 艸(卄) 4 꽃 화
カ(はな)

梨 木 7 배나무리
リ(なし)

一 艹 艿 花 花 二 禾 利 梨 梨

梨花[이화] 배꽃.
梨木[이목] 배나무.
梨園[이원] 배나무를 심은 동산·
花草[화초] 꽃과 풀.
花園[화원] 화초를 심은 동산.
花甲[화갑] 회갑의 별칭.

庭園 庭園 庭園

庭 广 7 뜰 정
テイ(にわ)

園 囗 10 동산 원
エン(その)

广 庐 庄 庭 庭 門 門 園 園 園

庭園[정원] 뜰. 뜰 앞의 동산.
庭球[정구] 운동의 하나. 테니스.
庭訓[정훈] 가정의 가르침.
園兒[원아] 유치원 어린이.
園藝[원예] 식물을 기르는 일.
園丁[원정] 정원을 가꾸는 인부.

蘭草 蘭草 蘭草

蘭 艸(卄) 17 난초 란
ラン(らん)

草 艸(卄) 6 풀 초
サウ(くさ)

广 門 門 蘭 蘭 一 艹 芦 苩 草

蘭草[난초] 풀 이름.
蘭秋[난추] 음력 7월.
蘭客[난객] 좋은 친구.
草木[초목] 풀과 나무.
草書[초서] 흘려 쓴 글씨.
草案[초안] 초 잡은 서류.

清州 清州 清州

清 水(氵) 8 맑을 청
セイ(きよい)

州 《川》 3 고을 주
シュウ(しま)

氵氵 清 清 清 丶 丿 少 州 州

清州[청주] 충북 도청 소재지.
清潔[청결] 아주 맑고 깨끗함.
清貧[청빈] 성품이 깨끗하여 살림이 매우 어려움.
清白[청백] 청렴하고 결백함.
州 [주] 신라 지방 행정 구역의 하나.

巡視 巡視 巡視

巡 《川》 4 돌 순
순행할순
ジュン(めぐる)

視 見 5 볼 시
シ(みる)

⟨ 《 《《 巡 巡 丁 礻 礼 祖 視

巡視[순시] 돌아다니며 보살핌.
巡察[술찰] 돌아다니며 살핌.
巡警[순경] 경관의 가장 낮은계급
視力[시력] 눈으로 보는 힘.
視覺[시각] 눈에 일어나는 감각.
視線[시선] 눈이 가는 길.

好姓 好姓 好姓

好 女 3 좋을 호
コウ(このむ)

姓 女 5 성씨 성
セイ(みょうじ)

乚 女 奵 好 女 女 妒 姅 姓

好期[호기] 좋은 시기.
好機[호기] 좋은 기회.
好事[호사] 좋은 일.
好名[호명] 명예를 좋아함.
姓名[성명] 이름.
姓氏[성씨] 성에 대한 높임말.

兼彩 兼彩 兼彩

兼 八 8 겸할 겸
ケン(かねる)

彩 彡 8 채색 채
무늬 채
サイ(いろどる)

八 刍 乌 乗 兼 ⺈ 罒 平 采 彩

兼職[겸직] 겸해 맡은 직책.
兼務[겸무] 아울러 보는 사무.
兼床[겸상] 마주 차린 밥상.
彩墨[채묵] 채색을 뭉친 그림.
彩色[채색]여러 가지의 고운 빛갈.
彩票[채표] 노름의 한 가지.

亦是 亦是 亦是

亦 亠 4 또 역
エキ(また)

是 日 5 이 시
옳을 시
ゼ(これ)

亠 丿 亣 亦 口 日 旦 吊 是

亦是[역시] 또한.
是日[시일] 이 날.
是正[시정] 잘못을 바로잡음.
是非[시비] 잘 잘못.
是認[시인] 옳다고 인정함.

52

閑暇 閑暇 閑暇	靑柳 靑柳 青柳
門4 閑 한가할 한 日9 暇 한가할가 겨를 가	靑0 靑 푸를 청 木5 柳 버들 류
カン(しずか) カ(ひま)	セイ(あおい) リュウ(やなぎ)
冂冂門門閑日日旷旷旷暇	十主靑靑靑木枂枂枂柳
閑暇[한가] 할 일이 별로 없음. 閑談[한담] 심심풀이로 하는 이야기. 閑良[한량] 아직무과를 못한 사람 閑靜[한정] 한가하고 편안함. 暇隙[가극] 겨를. 여가. 暇日[가일] 틈 있는 날.	靑柳[청류] 푸른 버드나무. 靑年[청년] 나이가 젊은 사람. 靑春[청춘] 인생의 젊은 나이. 靑雲[청운] 높은 이상을 말함. 柳綠[유록] 남과 노랑의 중간 빛. 柳京[유경] 평양의 별칭.

赤松 赤松 东松	銅像 銅像 铜像
赤0 赤 붉을 적 木4 松 소나무송	金6 銅 구리 동 人(亻)12 像 형상 상
セキ(あかい) ショウ(まつ)	ドウ(あかがね) ゾウ(かたち)
十丆圥赤赤十木杉松松	牟金金釖銅亻俛俛像像
赤松[적송] 소나무의 일종. 赤貧[적빈] 몹시 가난함. 赤手[적수] 맨주먹. 松蟲[송충] 소나무를 먹는 벌레. 松林[송림] 솔 숲. 松津[송진] 소나무에서 나는 끈끈한 액체.	銅像[동상] 구리로 만들어 놓은 사람의 모양. 銅綠[동록] 구리의 녹. 銅錢[동전] 구리로 만든 돈. 像意[상의] 생각나는 대로. 像本[상본] 천신의 모상.

到處 到處 玉复	野遊 野遊 野遊
刀(刂)6 到 이를 도 虍5 處 곳 처	里4 野 들 야 辵(辶)9 遊 놀 유
トウ(いたる) ショ(ところ)	ヤ(の) ユウ(あそぶ)
一云至至到亠广虍虘處	日野里野野方放游游遊
到處[도처] 이르는 곳마다. 到達[도달] 목적한 곳에 다달음. 到着[도착] 도달. 處理[처리] 일을 다스려 감. 處女[처녀] 결혼안한 나이찬 여자 處罰[처벌] 형벌에 붙임.	野遊[야유] 들 놀이. 野心[야심] 큰 욕심을 이루려는 마음. 野黨[야당] 정부에 붙좇이 않고 반대의 자리에 있는 정당. 遊覽[유람] 돌아다니며 구경함. 遊動[유동] 마음대로 움직임.

觀覽

見18 觀 볼관　見14 覽 볼람
カン(みる)　　ラン(みる)

艹 萉 萉 觀 觀　罒 臣 臨 臂 覽

觀覽[관람] 영극, 영화를 구경함.
觀察[관찰] 사물을 자세히 살핌.
觀客[관객] 구경하는 사람.
觀望[관망] 형세를 멀리서 바라봄
觀念[관념] 마음.
覽畢[남필] 두루 보기를 마침.

幼枝

幺2 幼 어릴유　木4 枝 가지 지
ヨウ(おさない)　　シ(えだ)

〻 玄 幻 幼　十 木 朾 枝 枝

幼枝[유지] 어린 나무 가지.
幼年[유년] 어린 나이.
幼時[유시] 어린 시절.
枝葉[지엽] 가지와 잎.
枝幹[지간] 가지와 줄기.
枝節[지절] 나무 가지와 마디.

飛鳥

飛0 飛 날비　鳥0 鳥 새 조
ヒ(とぶ)　　チョウ(とり)

飞 飞 飛 飛 飛　亻 冂 鳥 鳥 鳥

飛鳥[비조] 나르는 새.
飛行[비행] 공중으로 날아다님.
飛散[비산] 날아 흩어짐.
鳥人[조인] 비행사.
鳥籠[조롱] 새장.
鳥銃[조총] 새 총. 엽총.

省察

日4 省 살필 성 / 생략할생　宀11 察 살필 찰
セイ(はぶく)　　サツ(しる)

丿 小 少 省 省　夕 癶 宓 穸 察

省察[성찰] 자기 마음을 살펴 봄.
省墓[성묘] 조상의 산소를 살핌.
省略[생략] 덜어서 줄임.
察知[찰지] 살피고 밝혀 앎.
察照[찰조] 자세히 살펴 봄.
察按[찰안] 자세히 조사함.

昨今

日5 昨 어제 작　人2 今 이제 금
サク(きのう)　　コン(いま)

丨 日 旷 旷 昨　丿 人 今 今

昨今[작금] 어제와 오늘. 요즈음.
昨秋[작추] 지난 가을.
昨年[작년] 지난 해.
今日[금일] 오늘.
今明[금명] 오늘 내일
今後[금후] 이 뒤.

景致

日8 景 빛 경 / 경치 경　至3 致 이를 치
ケイ(ひかげ)　　チ(いたす)

日 旦 昙 景 景　一 厶 至 到 致

景致[경치] 산수의 아름다운현상.
景勝[경승] 경치가 대단히 좋음.
景品[경품] 상품에 따르는 물건.
致命[치명] 죽을 지경에 이름.
致富[치부] 부자가 됨.
致賀[치하] 기쁜 뜻을 표함.

54

雅淡　雅淡　雅淡

^隹₄ 雅 바를 아
떳떳할아
ガ(みやびやか)

^{水(氵)}₈ 淡 물맑을담
싱거울담
タン(あわい)

エ 牙 邪 邪 雅 氵 汁 沙 淡 淡

雅淡[아담] 말쑥하고 담담함.
雅量[아량] 너그러운 도량.
雅樂[아악] 옛날 궁중 음악.
淡色[담색] 진하지 않은 빛.
淡白[담백] 욕심이 없고 깨끗함.
淡水[담수] 짜지 않은 맑은 물.

趣味　趣味　趣味

^走₈ 趣 뜻 취
シュ(おもむく)

^口₅ 味 맛 미
ミ(あじ)

土 走 赴 趣 趣 口 마 吽 味 味

趣味[취미] 즐겨하는 것.
趣旨[취지] 근본되는 뜻.
趣向[취향] 마음이 쏠림.
未來[미래] 장차. 장래.
未婚[미혼] 아직 혼인하지 않음.
未備[미비] 아직 갖추지 못함.

征服　征服　征服

^彳₅ 征 칠 정
セイ(ゆく)

^月₄ 服 옷 복
입을 복
フク(きもの)

彳 行 彳 征 征 月 月 朋 肌 服

征服[정복] 쳐서 항복 받음.
征伐[정벌] 적군을 치는 일.
征夫[정부] 전쟁에 가는 군사.
服從[복종] 하라는 대로 따름.
服務[복무] 직무에 힘씀.
服裝[복장] 옷차림.

純朴　純朴　純朴

^糸₄ 純 순수할순
ジュン(もっぱらまじりない)

^木₂ 朴 진실할박
등걸 박
ボク(すなお)

幺 糸 紅 紃 純 十 才 木 朴 朴

純眞[순진] 순박하고 진실함.
純潔[순결] 아주 깨끗함.
純粹[순수] 섞인 것이 없음.
朴素[박소] 꾸밈이 없고 검소함.
朴彭年[박팽년] 사육신의 한 사람.
朴堧[박연] 세종 때의 음악가.

感興　感興　感興

^{心(忄)}₉ 感 느낄 감
カン(かんずる)

^臼₉ 興 일어날흥
コウ(おこる)

厂 咸 咸 咸 感 f 用 開 開 興

感興[감흥] 느끼어 일어난 흥취.
感激[감격] 마음에 깊이 느낌.
感銘[감명] 느끼어 명심함.
興味[흥미] 재미.
興亡[흥망] 일어남과 망함.
興業[흥업] 산업을 일으킴.

異風　異風　異風

^田₇ 異 다를 이
イ(ことなる)

^風₀ 風 바람 풍
フウ(かぜ)

口 田 甲 昇 異 丿 几 凡 風 風

異風[이풍] 풍속이 다름.
異論[이론] 다른 의견.
異端[이단] 옳은 도리가 아님.
風說[풍설] 떠도는 말.
風波[풍파] 바람과 물결.
風景[풍경] 경치.

55

檀君 檀君 檀君

檀 木13 박달나무 단 ダン(まゆみ)

君 口4 임금 군 クン(きみ)

木 栌 栒 檀 檀　ㄱ ㅋ ㅋ 尹 君

檀君[단군] 우리 나라의 시조.
檀木[단목] 박달나무.
君臣[군신] 임금과 신하.
君子[군자] 덕행이 높은 사람.
君國[군국] 임금과 나라.
君主[군주] 임금.

降臨 降臨 降臨

降 阜(阝)6 내릴 강 항복할항 コウ(ふる, おりる)

臨 臣11 임할 림 リン(のぞむ)

阝 阝 阽 陉 降　丨 阝 臣 卧 臨 臨

降臨[강림] 신이 하늘에서 내려옴
降雪[강설] 눈이 내림.
降伏[항복] 적에게 굴복함.
臨迫[임박] 시기가 닥쳐 옴.
臨機[임기] 시기에 다달음.
臨終[임종] 숨이 끊일 때.

廷臣 廷臣 廷臣

廷 廴4 조정 정 テイ(やくしょ)

臣 臣0 신하 신 シン(けらい)

二 千 壬 廷 廷　丨 厂 臣 臣 臣

廷臣[정신] 조정에서 일보는 신하.
廷議[정의] 조정의 의논.
廷爭[정쟁] 조정 안의 말다툼.
臣民[신민] 벼슬아치와 백성.
臣下[신하] 임금을 섬기며 벼슬
　　　　하는 사람.

團結 團結 團結

團 口11 둥글 단 단체 단 ダン(まるい)

結 糸6 맺을 결 ケツ(むすぶ)

冂 同 團 團 團　ㄠ 糸 紅 結 結

團結[단결] 많은 사람이 마음을
　　　　한가지로 뭉침.
團樂[단락] 친근하게 두루 즐김.
結果[결과] 어떤 원인으로 말미암
　　　　아 맺어지는 상태
結末[결말] 일을 마무르는 끝.

綱紀 綱紀 綱紀

綱 糸8 벼리 강 법 강 コウ(つな)

紀 糸3 벼리 기 법 기 キ(しるす)

纟 糸 紉 網 綱　ㄠ 纟 糸 紀 紀

綱紀[강기] 사물의 근본. 국가의
　　　　정치. 국가의 중요한 법.
綱領[강령] 일에 으뜸되는 줄거리
紀念[기념] 오래 잊지 아니함.
紀錄[기록] 사실을 적는 일.
紀元[기원] 나라를 세운 첫 해.

從容 從容 從容

從 彳8 따를 종 좇을 종 ジュウ(したがう)

容 宀7 얼굴 용 용납할용 ヨウ(いれる)

彳 從 彷 徉 從　宀 宎 突 容 容

從容[종용] 침착하고 고요함.
從前[종전] 이전부터의 그대로.
從來[종래] 이전부터.
容易[용이] 어렵지 아니함.
容納[용납] 너그러운 마음으로 남
　　　　의 말을 받아들임.

倍達 倍達 倍達

人(イ)8 **倍** 곱 배
バイ(ます)

走(辶)9 **達** 통달할달
タツ(とおる)

イ 广 伴 倍 倍　土 去 幸 幸 達

倍達民族 [배달민족] 우리 나라 민
　　　　족을 역사상으로 일컫는 말.
倍加 [배가] 갑절되는 보탬.
倍量 [배량] 갑절이 되는 양.
達筆 [달필] 빠르고 잘 쓴 글씨.
達見 [달견] 사물에 밝은 의견.

同族 同族 同族

口3 **同** 한가지동
ドウ(おなじ)

方7 **族** 겨레 족
ゾク(やから)

｜ 冂 冂 同 同　亠 方 扩 折 族

同族 [동족] 같은 겨레.
同胞 [동포] 같은 나라 사람.
同志 [동지] 뜻이 서로 같은 사람.
族屬 [족속] 같은 성의 겨레붙이.
族黨 [족당] 족속.
族長 [족장] 한 무리의 우두머리.

使命 使命 使命

人(イ)6 **使** 부릴 사
하여금사
シ(つかう)

口5 **命** 목숨 명
メイ(いのち)

イ 广 戸 使 使　人 人 合 命 命

使命 [사명] 맡은 바의 구실.
使用 [사용] 물건, 사람을 부림.
使節 [사절] 나라의 대표로 남의
　　　　나라로 가는 사람.
命令 [명령] 내리는 분부.
命中 [명중] 쏘아 맞힘.

忠誠 忠誠 忠誠

心4 **忠** 충성 충
チュウ(まごころ)

言7 **誠** 정성 성
セイ(まこと)

口 中 忠 忠　訁 訂 試 誠 誠

忠誠 [충성] 마음에서 우러나는 정
　　　　성.
忠告 [충고] 착한 길로 권고함.
忠孝 [충효] 충성과 효도.
誠意 [성의] 정성스러운 뜻.
誠心 [성심] 정성스러운 마음.
誠實 [성실] 정성스럽고 참됨.

責任 責任 責任

貝4 **責** 꾸짖을책
맡을 책
セキ(せめる)

人(イ)4 **任** 맡길 임
ニン(まかせる)

十 主 青 責 責　イ 仁 仟 任

責任 [책임] 맡아 해야 할 임무.
責務 [책무] 직책과 임무.
責問 [책문] 나무람하여 물음.
任務 [임무] 맡은 사무.
任命 [임명] 직무를 맡김.
任意 [임의] 마음대로 합.

完遂 完遂 完遂

宀4 **完** 완전할완
カン(まったい)

走(辶)9 **遂** 이를 수
スイ(とげる)

宀 宀 宇 完　八 � 豕 家 遂

完遂 [완수] 목적을 완전히 이룸.
完成 [완성] 완전히 이룸.
完備 [완비] 빠짐없이 모두 갖춤.
完快 [완쾌] 병이 완전히 나음.
遂行 [수행] 마음먹은 대로 행합.
遂意 [수의] 뜻을 이룸.

大韓 大韓 火幹	健兒 健児 健児
大(0) 큰 대 / 韓(8) 나라이름 한	人(亻)(9) 健 굳셀 건 / 儿(6) 兒 아이 아
タイ(おおきい) / カン(くにのな)	ケン(すこやか) / ジ(こ)
一 ナ 大 / 古 卓 幹 韓 韓	亻 亻亻 伊 律 健 健 / 「 F 臼 臼 兒

大韓[대한] 우리 나라의 국호.
大膽[대담] 담이 큰 것.
大器[대기] 큰 그릇.
韓國[한국] 우리 나라의 이름.
韓人[한인] 한국 사람.
韓族[한족] 한국 민족.

健兒[건아] 혈기 왕성한 청년.
健康[건강] 몸이 튼튼함.
健忘[건망] 잘 잊어버림.
兒童[아동] 어린이.
兒名[아명] 아잇적 이름.
兒女子[아녀자] 아이와 여자.

祖國 祖國 祖國	守護 守護 守護
示(5) 祖 할아비조 / 口(8) 國 나라 국	宀(3) 守 지킬 수 / 言(14) 護 호위할호
ソ(じじ) / コク(くに)	シュ(まもる) / ゴ(まもる)
丁 示 初 祖 祖 / 門 同 國 國 國	宀 宀 守 守 / 言 許 詳 詳 護 護

祖國[조국] 조상적부터 사는 나라
祖孫[조손] 할아버지와 손자.
祖父[조부] 할아버지.
國民[국민] 나라의 백성.
國力[국력] 나라의 힘.
國恥[국치] 나라의 부끄러운 일.

守護[수호] 지키고 보호함.
守節[수절] 절개를 지킴.
守備[수비] 지키어 방비함.
護國[호국] 나라를 보호함.
護衛[호위] 보호하여 지킴.
護身[호신] 몸을 보호함.

柱礎 柱礎 柱礎	堅固 堅固 堅固
木(5) 柱 기둥 주 / 石(13) 礎 주춧돌초	土(8) 堅 굳을 견 / 口(5) 固 굳을 고 고집할고
チュウ(はしら) / ソ(いしずえ)	ケン(かたい) / コ(かたい)
十 木 柃 柞 柱 / 石 矿 礎 礎 礎	丨 臣 臣 臤 堅 / 丨 冂 冂 固 固

柱礎[주초] 기둥에 받치는 돌.
柱石[주석] 기둥과 주추.
柱聯[주련] 기둥에 붙이는 시구.
礎石[초석] 주춧돌.
礎段[초단] 기둥 따위의 아래쪽을
　　　　　넓게 만든 부분.

堅固[견고] 굳고 튼튼함.
堅實[견실] 튼튼하고 착실함.
堅忍[견인] 굳게 참고 견딤.
固有[고유] 특히 그 것에만 있음.
固執[고집] 의견을 굳게 내 세움.
固體[고체] 형체가 일정한 물체.

中央 中央 中央

³中 가운데중	²央 가운데앙
チュウ(なか)	オウ(なかば)

丨 口 口 中　　丨 口 央 央

中央[중앙] 사방의 중심이 되는곳
中止[중지] 중도에 그침.
中伏[중복] 삼복의 하나.
中間[중간] 가운데.
中年[중년] 사십 세 전후의 나이.
震央[진앙] 지진의 중심점.

政府 政府 政府

⁴政 정사 정	⁵府 고을 부 곳집 부
セイ(まつりごと)	フ(くら)

丁 下 正 政 政　广 广 庐 府 府

政府[정부] 행정 기관.
政治[정치] 나라를 다스림.
政策[정책] 시정 방책.
府君[부군] 조상에 대한 높임말.
府尹[부윤] 옛날 부 행정의 으뜸.
府廳[부청] 옛날 부제하의 관청.

叛逆 叛逆 叛逆

⁷叛 배반할반	⁶逆 거스를역
ハン(そむく)	ギャク(さからう)

ソ 半 扑 扴 叛　丷 屰 屰 逆 逆

叛逆[반역] 배반하여 모역함.
叛賊[반적] 모반한 역적.
叛旗[반기] 모반인이 세우는 기.
逆軍[역군] 역적의 군사.
逆流[역류] 물이 거슬러 흐름.
逆命[역명] 어명을 어김.

滅亡 滅亡 滅亡

¹⁰滅 멸망할멸	¹亡 망할 망 도망할망
メツ(ほろびる)	ボウ(ほろびる)

氵 沪 減 滅 滅　丶 亠 亡

滅亡[멸망] 망하여 아주 없어짐.
滅殺[멸살] 죄다 죽임.
滅種[멸종] 종자를 끊어 버림.
亡命[망명] 남의 나라로 도망함.
亡父[망부] 죽은 아버지.
亡魂[망혼] 죽은 사람의 혼.

期於 期於 期於

⁸期 기약할기	⁴於 어조사어 탄식할오
キ(あう)	オ(おいて)

廿 甘 其 期 期　亠 亍 方 於 於

期於[기어] 이 ─ 바라던 대로.
期間[기간] 시간을 정한 동안.
期待[기대] 앞날을 기약하여 바람
於焉間[어언간] 모르는 동안.
於心[어심] 마음 속.
於相半[어상반] 비슷함.

進展 進展 進展

⁸進 나아갈진	⁷展 펼 전
シン(すすむ)	テン(のびる)

亻 什 隹 進 進　コ 尸 屏 屛 展

進展[진전] 일이 진보하고 발전함
進擊[진격] 앞으로 나아가며 침.
進陟[진척] 일이 잘 되어감.
展開[전개] 활짝 폄.
展覽[전람] 벌리어 놓고 봄.
展望[전망] 멀리 바라 봄.

憲法

憲法 憲法 憲法

心 12 **憲** 법 헌　　水(氵)5 **法** 법 법

ケン(のり)　　ホウ(のり)

宀宔宔害害憲　氵汁汀沽法

憲法[헌법] 국가의 기본 법.
憲章[헌장] 국내, 국제적으로 어
　　떠한 약속을 이행하기 위한규범.
法律[법률] 나라에서 정하여 백성
　　이 지키도록 한 규율.
法規[법규] 법률로써 정한 규정.

依據

依據 依據 依據

人(亻)6 **依** 의지할의　手(扌)13 **據** 의지할거 / 웅거할거

イ,エ(よる)　　キョ(よる)

亻亇佐佟依依　扌护护掳掳據

依據[의거] 증거에 따름.
依賴[의뢰] 남에게 부탁함.
依願[의원] 원함에 따름.
據點[거점] 근거로 하는 곳.
據理[거리] 이치에 비추어 봄.
據實[거실] 사실에 비추어 봄.

論爭

論爭 論爭 論爭

言 8 **論** 말할 론 / 의논할론　爪(爫)4 **爭** 다툴 쟁

ロン(とく)　　ソウ(あらそう)

言計診論論　爫𠂉爭爭

論爭[논쟁] 말로써 다툼.
論駁[논박] 잘못을 공격함.
論客[논객] 변론을 잘 하는 사람.
爭奪[쟁탈] 다투어 빼앗음.
爭覇[쟁패] 지배자가 되려고 다툼.
爭論[쟁론] 다투어 가며 논박함.

受諾

受諾 受諾 受諾

又 6 **受** 받을 수　言 9 **諾** 허락할낙

ジュ(うける)　　ダク(うべなう)

爫爫受受　言計訏訪諾

受諾[수락] 승낙함.
受難[수난] 고난을 겪음.
受賂[수뢰] 뇌물을 먹음.
受理[수리] 받아 정리함.
承諾[승낙] 청하는 바를 허락함.
許諾[허락] 청하는 일을 들어줌.

民主

民主 民主 民主

氏 1 **民** 백성 민　　**主** 주인 주 / 임금 주

ミン(たみ)　　シュ(あるじ)

𠃌𠃌𠃌民民　亠十丰主

民主[민주] 한 나라의 주권이 백
　　성에게 있음.
民族[민족] 겨레.
主張[주장] 의견을 내 세움.
主權[주권] 가장 중요한 권리.
主客[주객] 주인과 손님.

獨立

獨立 獨立 獨立

犬(犭)13 **獨** 홀로독　立 0 **立** 설 립

ドク(ひとり)　　リツ(たつ)

犭狆犵獨獨　亠立立立

獨立[독립] 남에게 의지하지 않고
　　스스로 섬.
獨裁[독재] 주권자가 자기 마음
　　대로 정치를 함.
立身[입신] 세상에 나가 출세함.
立場[입장] 당하는 처지.

世界 世界 も男

世^一₄ 인간 세　界^田₄ 지경 계
セイ セ(よ)　カイ(さかい)

一 十 卅 世 世　口 田 田 界 界

世界[세계] 온 세상.
世人[세인] 세상 사람.
世情[세정] 세상 형편.
世間[세간] 세상.
世襲[세습] 대대로 물려 받음.
界限[계한] 땅의 경계.

平和 平和 乎和

平^干₂ 평탄할평　和^口₅ 화목할화
ヘイ(たいら)　ワ(なごむ)　합할 화

一 六 平 平　二 千 禾 和 和

平和[평화] 화합하고 고요함.
平均[평균] 다름이 없이 고름.
平生[평생] 일생.
和暢[화창] 기후가 온화하고 맑음
和議[화의] 화해하는 의논.
和樂[화락] 사이 좋게 즐김.

均等 均等 均乐

均^土₄ 고를 균　等^竹₆ 무리 등
キン(ひとしい)　トウ(ひとしい)　등급 등

十 土 圴 均 均　ハ 竺 笁 等 等

均等[균등] 고르고 차별이 없음.
均排[균배] 고르게 몫몫이 나눔.
均一[균일] 한결같이 고름.
等級[등급] 차례를 가르는 등수.
等量[등량] 같은 양.
等神[등신] 어리석은 사람을 말함

社會 社會 礼会

社^示₃ 모일 사　會^日₉ 모을 회
シャ(やしろ)　단체 사　カイ(あう)

亍 示 礻 社 社　ハ 合 命 命 會

社會[사회] 뭇 사람이 사는 세상.
社交[사교] 사람과 사귀는 것.
社說[사설] 사의 주장을 쓴 논설.
會戰[회전] 어우러져 싸움.
會見[회견] 서로 만나 봄.
會議[회의] 여럿이 모여 의논함.

協助 協助 協助

協^十₆ 화할협　助^力₅ 도울 조
キョウ(かなう,やわらぐ)　도울협　ジョ(たすける)

十 忄 忙 協 協　川 月 目 助 助

協助[협조] 힘을 모아 서로 도움.
協力[협력] 서로 도움.
協商[협상] 여럿이 일을 의논함.
助成[조성] 도와서 이루게 함.
助長[조장] 힘을 도와서 자라게함
助興[조흥] 흥치를 도움.

隆盛 隆盛 隆盛

隆^{阜(阝)}₉ 성할 륭　盛^皿₇ 성할 성
リュウ(さかん)　セイ(さかん)

了 阝 隆 隆 隆　丿 厂 成 成 盛

隆盛[융성] 매우 기운차게 성함.
隆興[융흥] 기운차게 일어남.
隆昌[융창] 일이 잘 되어감.
盛衰[성쇠] 성함과 망함.
盛大[성대] 크고 훌륭함.
盛況[성황] 성대한 상황.

宇宙 宇宙 宇宙

宇 집 우 ⌒3

ウ(いえ)

宙 집 주 ⌒5

チュウ(そら)

丶 宀 宀 宇　　宀 宀 宙 宙 宙

宇宙[우주] 천지 사방.
宇宙船[우주선] 우주 공간을 돌아
　　　다닐 수 있는 물체.
宇宙人[우주인] 우주선을 타고 우
　　　주 공간을 돈 사람.
宇宙線[우주선] 지구 밖 다른 천
　　　체에서 오는 방사선.
廟宇[묘우] 묘당 집.

堯舜 堯舜 堯舜

堯 요임금요 土9 높을 요

ギョウ(たかい)

舜 舛6 순임금순 무궁화순

シュン(むくげ)

一 圭 垚 垚 堯　　爫 四 严 夅 舜

堯舜[요순] 요왕과 순왕.
堯王[요왕] 요 임금.
舜王[순왕] 순 임금.
堯舜禹[요순우] 요왕·순왕·우왕.
舜治[순치] 순 임금의 치세.
舜王太平[순왕태평] 순 임금의 태
　　　평 시대.

后稷 后稷 后稷

后 왕비 후 口3 임금 후

コウ(きさき)

稷 사직 직 禾10 곡신 직

ショク(きび)

厂 厂 斤 后 后　　禾 秆 稦 稝 稷

后稷[후직] 농사 관장의 관리.
后妃[후비] 임금의 아내.
王后[왕후] 왕의 아내.
后宮[후궁] 후비의 궁전.
稷神[직신] 곡식을 맡은 신령.
社稷[사직] 한 왕조의 기초.

嗣裔 嗣裔 嗣裔

嗣 이을 사 口10 자손 사

シ(つぐ)

裔 衣7 후손 예

エイ(すえ)

口 月 吊 嗣 嗣　　亠 亠 衣 裔 裔

嗣子[사자] 대를 이을 사람. 맏아
　　　들.
嗣孫[사손] 대를 이을 자손.
嗣法[사법] 법사에게 심법을 이어
　　　받음.
裔胄[예주] 먼 후손.
後裔[후예] 댓수가 먼 후손.

衡越 衡越 衡越

衡 저울 형 行10

コウ(はかり)

越 넘을 월 走5

エツ(こえる)

彳 彳 衙 衡 衡　　走 起 起 越 越

衡器[형기] 물건의 무게를 다는
　　　기구.
平衡[평형] 저울대가 평평한 것.
詮衡[전형] 인물의 됨됨이나 재능
　　　을 시험해서 뽑음.
越權[월권] 자기의 권한 밖의 권
　　　리 행사를 하는 것.
越冬[월동] 겨울을 지냄.

縣塾 縣塾 縣塾

縣 매달릴현 糸10 고을 현

ケン(あがた)

塾 글방 숙 土11

ジュク(へや)

目 旦 県 縣 縣　　亠 享 孰 孰 塾

縣監[현감] 이조 때 작은 골의 원.
縣令[현령] 신라 때 현의 으뜸 벼
　　　슬.
塾師[숙사] 글방 선생
塾門[숙문] 궁 바깥 문
私塾[사숙] 글방.
家塾[가숙] 집안 학교.

彷徨 彷徨 彷徨

彳4 彷 방황할방
비슷할방
ホウ (さまよう)

彳9 徨 방황할황
コウ (さまよう)

彳 彳ノ 彳ニ 行 彷 彳 彳ヘ 徨 徨 徨

彷徨[방황] 일정한 방향 없이 떠
　　돌아 다니는 것.
彷徉[방양] 배회하는 것.
彷彿[방불] 그럴 듯하게 비슷한
　　것.
徊徊惶惶[회회황황] 결단력 없이
　　우물쭈물하는 것.

紂桀 紂桀 紂桀

木6 桀 찢을 걸
　　왕이름걸
ケツ (はりつけ)

糸3 紂 말고삐주
　　왕이름주
チュウ (しりがい)

タ ヌ 舛 奔 桀 桀 幺 糸 糸 紂 紂

桀紂[걸주] 고약한 임금. 걸왕과
　　주왕.
桀驁[걸오] 사나운 말이 아직 길
　　들지 않음.
桀惡[걸악] 사납고 못된 것.
紂王[주왕] 중국의 폭군인 주왕.
紂棍[주곤] 말채.
紂辛[주신] 주왕.

詔勅 詔勅 詔勅

言5 詔 조서 조
　　가르칠조
ショウ (みことのり)

力7 勅 칙령 칙
チョク (みことのり)

言 言 訂 訒 詔 ヒ 束 束 勅 勅

詔勅[조칙] 임금의 선지를 적은
　　문서. 조서.
詔書[조서] 임금의 말을 쓴 글발.
詔命[조명] 임금의 명령.
勅答[칙답] 임금의 대답.
勅令[칙령] 임금의 명령.
勅書[칙서] 조서(詔書)와 같음.

玩巷 玩巷 玩巷

玉(王)4 玩 희롱할완
　　보배 완
ガン (もてあそぶ)

己6 巷 거리 항
コウ (ちまた)

丁 王 玕 玩 玩 一 艹 共 巷 巷

翫巷[완항] 여염.
閭巷間[여항간]
巷間[항간] 보통 인민의 사이.
巷談[항담] 세상의 풍설.
巷謠[항요] 항간에 돌아다니는 노
　　래.

俚諺 俚諺 俚諺

人(亻)7 俚 속될 리
リ (いやしい)

言9 諺 상말 언
ゲン (ことわざ)

亻 俨 俚 俚 俚 言 言 訐 諺 諺

俚諺[이언] 속담.
俚語[이어] 속어.
俚歌[이가] 속된 노래.
諺教[언교] 왕후의 교서.
諺文[언문] 한글의 속칭.
諺譯[언역] 국역(國譯).

魅惑 魅惑 魅惑

鬼5 魅 도깨비매
ミ (もののけ)

心8 惑 미혹할혹
ワク (まどう)

白 由 鬼 鬼 魅 丆 或 或 或 惑

魅力[매력] 마음을 호리어 끄는
　　힘.
魅惑[매혹] 혹하게 어지럽힘. 흐
　　리멍덩히 함.
惑亂[혹란] 매혹되어 어지러움.
惑溺[혹익] 매혹되어 빠짐.
惑說[혹설] 여러 사람을 매혹시키
　　는 말.
惑嗜[혹기] 어떤 것을 몹시 즐김.

殷衷　殷衷　殷衷

殷 융성할은　殳6　イン(さかん)
衷 가운데충 정성충　衣4　チュウ(まこと)

厂厂厃肎殷　亠吉吏吏衷

殷鑑[은감] 거울삼아 경계해야 할 전례(前例).
殷盛[은성] 번화하고 성함.
衷曲[충곡] 심곡(心曲).
衷情[충정] 속에서 우러나는 참된 정.
衷款　충심.

衙邸　衙邸　衙邸

衙 마을 아　行7　ガ(やくしょ)
邸 사처 저　邑(阝)5　テイ(やしき)

彳彳徉徛衙　氏氏邸邸

衙吏[아리] 관리.
衙門[아문] 관공서.
衙役[아역] 순경.
邸宅[저택] 고관들의 집.
邸下[저하] 왕세자.
私邸[사저] 개인 주택.

爵昭　爵昭　爵昭

爵 벼슬 작　爪(爫)14　シャク(さかずき)
昭 밝을 소 소명할　日5　ショウ(あきらか)

爫爫罒爵爵爵　日旷旷昭昭

爵祿[작록] 관직과 봉급.
爵位[작위] 관직과 품위.
男爵[남작] 벼슬 이름.
昭光[소광] 밝게 반짝이는 빛.
昭代[소대] 태평 시대.
昭明[소명] 어린 아이의 눈이 밝고 영리함.

魁皇　魁皇　魁皇

魁 으뜸 괴 괴수 괴　鬼4　カイ(かしら)
皇 임금 황　白4　コウ,オウ(きみ)

鬼鬼鬼魁魁　宀白白阜皇

魁首[괴수] 못된 짓을 하는 무리의 두목.
魁酋[괴추] 괴수.
魁帥[괴수] 무뢰배의 장수.
皇帝[황제] 임금.
皇陵[황릉] 왕의 능.
皇室[황실] 황제의 집안.

特殊　特殊　特殊

特 특별할특　牛(牜)6　トク(ことに)
殊 다를 수 죽을 수　歹6　シュ(こと)

牛牛牮特特　歹歹殄殊殊

特殊[특수] 특별히 다름.
特權[특권] 특별한 권리.
特色[특색] 보통의 것과 다른 점.
特級[특급] 특별한 등급.
殊常[수상] 보통과 달리 괴이 함.
殊遇[수우] 특별 대우.

權利　權利　權利

權 권세권　木18　ケン(おもり)
利 이로울리　刀(刂)5　リ(えきする)

木权栌樺權　二千禾利利

權利[권리] 권력과 이익.
權力[권력] 억지로 따르게 하는힘
權勢[권세] 권력과 세력.
利己[이기] 자기 이익만 차림.
利得[이득] 이익을 얻음.
利用[이용] 유리하게 씀.

執務　執務　执務

土8 執 잡을 집　力9 務 힘쓸 무
シツ(とる)　ム(つとめる)
土 卆 軐 執 執 ㄱ 予 矛 秼 務

執務[집무] 사무를 봄.
執行[집행] 일을 잡아서 행함.
執筆[집필] 글을 씀.
執念[집념] 잊지 아니 하려고 정
　　　신을 차림.
務望[무망] 힘써서 바람.

監査　監査　毕査

皿9 監 볼 감　木5 査 조사할사
　　　감독할감
カン(みる)　サ(しらべる)
l 臣 卧 監 監 十 木 杏 杏 査 査

監査[감사] 보살피고 조사함
監督[감독] 보살피어 거느림.
監獄[감옥] 징역살이하는 곳.
査察[사찰] 조사하여 살핌.
査照[사조] 사실에 비추어 조사함
査實[사실] 사실을 조사함.

幹部　幹部　枠部

干10 幹 줄기 간　邑(阝)8 部 거느릴부
　　　몸둥이간　　　나눌 부
カン(みき)　ブ(くみ)
十 卓 軡 幹 幹 ᅩ 立 音 部 部

幹部[간부] 단체의 임원.
幹線[간선] 철도 등의 중요한 선.
幹事[간사] 일을 맡아 처리하는
　　　사람.
部隊[부대] 한 부분의 군대.
部門[부문] 구별한 부류.
部類[부류] 구별한 종류.

委員　委員　委員

女5 委 맡길 위　口7 員 관원 원
　　　　　　　등글 원
イ(ゆだねる)　イン(かず)
二 禾 秃 委 委 ㅁ 月 目 員 員

委員[위원] 일을 위임 맡은 사람.
委任[위임] 일과 권리를 맡김.
委託[위탁] 사물을 남에게 맡김
委囑[위촉] 위탁.
員數[원수] 인원의 수효.
員外[원외] 정한 사람의 수효 밖.

稅金　稅金　稅金

禾7 稅 세금 세　金0 金 쇠 금
　　　　　　　성 김
ゼイ(みつぎ)　キン(かね)
二 千 禾 稅 稅 ㅅ 仐 仐 金 金

稅金[세금] 조세의 돈.
稅關[세관] 항구에서 수출입세에
　　　관한 사무를 보는 관청.
金力[금력] 돈의 힘.
金字塔[금자탑] 훌륭하게 이루어
　　　놓은 물건이나 사업.

負擔　負擔　負擔

貝2 負 짐질 부　手(扌)13 擔 멜 담
　　　빚질 부
フ(まける,おう)　タン(になう)
ᄼ 个 负 負 負 扌 扩 扩 擔

負擔[부담] 일을 맡아서 책임짐.
負債[부채] 빚.
負荷[부하] 짐을 짐.
擔任[담임] 책임을 지고 맡음.
擔當[담당] 일을 넘겨 맡음.
擔保[담보] 물건을 잡힘.

公署

八2 公 공변될공	网(罒)9 署 쓸 서 / 관청 서
コウ(おおやけ)	ショ(やくしょ)
ノ 八 公 公	罒 罘 罘 罘 署

公共[공공] 여러 사람과 같이 함.
公正[공정] 공평하고 바름.
公立[공립] 공공단체에서 세움.
署員[서원] 서에서 일보는 사람.
署理[서리] 직무를 대리함.
署名[서명] 이름을 손수 씀.

募債

力11 募 뽑을 모	人(亻)11 債 빚질 채 / 빌릴 채
ボ(つのる)	サイ(かり)
艹 莒 莫 募 募	亻 什 侓 倩 債

募債[모채] 공채나 사채를 모음.
募集[모집] 널리 뽑아서 모음.
募兵[모병] 병정을 뽑음.
債權[채권] 돈을 받을 권리.
債務[채무] 돈을 갚을 의무.
債券[채권] 공사채의 채무를 증명한 증권.

差額

工7 差 어기어질 차	頁9 額 이마 액 / 수효 액
サ(さす)	ガク(ひたい)
丷 关 差 差 差	宀 客 客 額 額

差額[차액] 차이가 나는 액수.
差別[차별] 등급 지게 나눠 가름.
差異[차이] 서로 다름.
額面[액면] 일정한 돈의 액수.
額數[액수] 돈의 머릿수.
額字[액자] 현관에 쓰는 큰 글자.

規則

見4 規 법 규 / 그림쇠규	刀(刂)7 則 곧 즉 / 법칙 칙
キ(のり)	ソク(すなわち,のり)
二 ま 却 相 規	刂 目 貝 貝 則 則

規則[규칙] 정한 법칙.
規格[규격] 정한 격식.
規模[규모] 물건의 구조.
法則[법칙] 지켜야 할 규범.
細則[세칙] 자세한 규칙.
原則[원칙] 공통되는 법칙.

違反

辵(辶)9 違 어길 위	又2 反 돌이킬반
イ(ちがう)	ハン(かえる)
聿 皐 韋 違 違	一 厂 厃 反

違反[위반] 어김.
違法[위법] 법을 어김.
違約[위약] 약속을 어김.
反對[반대] 찬성하지 않음.
反駁[반박] 반대하여 공격함.
反感[반감] 반대의 감정.

脱黨

肉(月)7 脱 벗을 탈	黑8 黨 무리 당
ダツ(ぬぐ)	トウ(なかま)
刂 月 肌 胪 脱	尚 尚 尚 黨 黨

脱黨[탈당] 당적을 떠남.
脱稅[탈세] 세금을 내지 않음.
脱獄[탈옥] 감옥에서 빠져 나옴.
黨首[당수] 당의 우두머리.
黨派[당파] 당의 분파.
黨爭[당쟁] 당파의 싸움.

告示 告示 告示

告 고할 고 (口 4) — コク(つげる)
示 보일 시 (示 0) — シ, ジ(しめす)

一十牛告告　一二丁示示

告示[고시] 글로 써서 널리 알림.
告白[고백] 사실대로 말함.
告發[고발] 범인을 관청에 알림.
示威[시위] 위엄을 보임.
示範[시범] 모범을 보임.
示唆[시사] 암시하여 알려 줌.

失職 失職 失職

失 잃을 실 (大 2) — シツ(うしなう)
職 맡을 직 / 직분 직 (耳 12) — ショク(つとめ)

' ⺊ ⺊ 牛 失　⽿ 聀 職 職

失職[실직] 직장을 잃음.
失望[실망] 희망이 끊어짐.
失言[실언] 말을 잘 못합.
職業[직업] 생계를 위한 일.
職場[직장] 일하는 곳.
職權[직권] 직무상의 권리.

許多 許多 許多

許 허락할허 (言 4) — キョ(ゆるす)
多 많을 다 (夕 3) — タ(おおい)

⺀言許許　ノクタ多多

許多[허다] 수효가 많음.
許諾[허락] 소청을 들어 줌.
許婚[허혼] 혼인을 허락합.
多福[다복] 복이 많음.
多年[다년] 여러 해.
多大[다대] 많고 큼.

補缺 補缺 補缺

補 도울 보 (衣(衤) 7) — ホ(おぎなう)
缺 이지러질 결 (缶 4) — ケツ(かける)

⻂衤衤補補　⺊午缶缶缺

補缺[보결] 빈 곳을 채움.
補給[보급] 보태어 줌.
補佐[보좌] 일을 도와 줌.
缺席[결석] 출석하지 않음.
缺乏[결핍] 모자람.
缺陷[결함] 완전하지 못함. 흠.

被選 被選 被選

被 이불 피 / 덮힐 피 (衣(衤) 5) — ヒ(こうむる)
選 가릴 선 (辵(辶) 12) — セン(えらぶ)

衤衤衤衤被　⺱巽巽選選

被選[피선] 뽑힘.
被服[피복] 의복.
被告[피고] 소송을 당한 사람.
選出[선출] 뽑아 냄.
選任[선임] 뽑아서 직무를 맡김.
選定[선정] 뽑아서 정합.

緊迫 緊迫 緊迫

緊 급할 긴 / 요긴할긴 (糸 8) — キン(きびしい)
迫 핍박할박 (辵(辶) 5) — ハク(せまる)

⺺臤臤緊緊　⼁白白泊迫

緊迫[긴박] 몹시 급박함.
緊密[긴밀] 아주 밀접함.
緊要[긴요] 매우 필요함.
迫頭[박두] 가까이 닥쳐 옴.
迫害[박해] 심하게 굴음.
迫眞[박진] 진실감을 느끼게 함.

條件 條件 條件

木7 條 결가지조 / 가닥 조 ジョウ(えだ)
人(亻)4 件 조건 건 / 물건 건 チュウ(なか)

亻 仁 彳攵 修 條條 亻 亻 仁 仁 件

條件〔조건〕 일의 가닥.
條約〔조약〕 나라 사이의 계약.
條文〔조문〕 조목을 적은 글.
件數〔건수〕 사물의 가지 수.
件名〔건명〕 일이나 물건의 이름.
件件事事〔건건사사〕 온갖 일.

贊否 贊否 贊否

貝12 贊 도울 찬 サン(たすける)
口4 否 아니 부 / 막힐 비 ヒ(いな)

＋ 先 先先 贊贊 一 ア ア 不 否

贊否〔찬부〕 찬성과 불찬성.
贊同〔찬동〕 동의하여 찬성함.
贊助〔찬조〕 찬성하여 도움.
否認〔부인〕 인정하지 않음.
否定〔부정〕 '부인'과 같음.
否決〔부결〕 부정하는 결정.

再考 再考 再考

口4 再 두 재 サイ(ふたたび)
老(耂)2 考 상고할고 / 죽은아비 고 コウ(かんがえる)

一 丆 冊 再再 ＋ 土 耂 考 考

再考〔재고〕 다시 생각함.
再開〔재개〕 다시 열음.
再建〔재건〕 다시 일으켜 세움.
考察〔고찰〕 상고하여 살핌.
考案〔고안〕 생각하여 의견을 냄.
考慮〔고려〕 생각하여 봄.

内紛 内紛 内紛

入2 内 안 내 ナイ(うち)
糸4 紛 분잡할분 フン(まぎれる)

1 冂 内内 幺 糸 紅 紛紛

内紛〔내분〕 집안이나 나라안 다툼.
内閣〔내각〕 행정부의 중추합의체.
内務〔내무〕 나라 안의 정무.
紛失〔분실〕 잃어버림.
紛爭〔분쟁〕 분잡하게 다툼.
紛糾〔분규〕 어지럽고 말썽이 많음.

善遇 善遇 善遇

口9 善 착할 선 ゼン(よい)
走(辶)9 遇 만날 우 グウ(あう)

丷 羊 羊 羔 善 曰 月 禺 遇遇

善遇〔선우〕 잘 접대함.
善處〔선처〕 잘 처리함.
善導〔선도〕 잘 인도하여 줌.
遇害〔우해〕 해를 당함.
遇角〔우각〕 입체의 모서리 각.
遇發〔우발〕 일이 우연히 일어남.

口辯 口辯 口辯

口0 口 입 구 コウ(くち)
辛14 辯 말잘할변 ベン(じょうずにいう)

1 冂 口 亠 辛 羊 辯辯

口辯〔구변〕 말 솜씨.
口味〔구미〕 입맛.
口腔〔구강〕 입안의 빈 곳.
辯士〔변사〕 연설을 하는 사람.
辯護〔변호〕 남에게 이롭도록 변명함.
辯才〔변재〕 말 재주.

討議

言 3 討 칠 토
더듬을토
トウ(うつ)

言 13 議 의논할의
ギ(はかる)

言 言 言 計 討 許 諱 議 議 議

討議[토의] 토론하여 의논함.
討伐[토벌] 외적을 침.
討論[토론] 의논을 다투는 일.
議論[의논] 서로 일을 의합.
議決[의결] 의논하여 결정함.
議席[의석] 의원의 자리.

座席

广 7 座 지위 좌
자리 좌
ザ(すわる)

巾 7 席 자리 석
セキ(むしろ)

广 庀 应 应 座 广 庐 庐 席 席

座席[좌석] 앉는 자리.
座客[좌객] 자리에 앉은 손님.
座長[좌장] 어떤 자리의 우두머리
席次[석차] 앉은 자리의 차례.
席順[석순] '席次'와 같은 뜻.
席末[석말] 맨 끝 자리.

充當

儿 3 充 찰 충
ジュウ(あてる)

田 8 當 마땅할당
トウ(あたる)

亠 亠 圡 充 ⺌ 尚 尚 常 常 當

充當[충당] 모자라는 것을 채움.
充滿[충만] 가득하게 참.
充血[충혈] 피가 한 군데로 모임.
當場[당장] 그 자리에서 곧.
當面[당면] 일이 눈앞에 닥침.
當選[당선] 선거에 의하여 뽑힘.

諸般

言 9 諸 모두 제
ショ(もろもろ)

舟 4 般 일반 반
ハン(はこぶ)

言 計 諸 諸 諸 几 月 舟 舡 般

諸般[제반] 모든 것.
諸君[제군] '여러분'의 뜻.
諸賢[제현] 여러 점잖은 어른들.
般樂[반락] 놀면서 마음껏 즐김.
今般[금반] 이 번.
過般[과반] 지난 번.

保障

人(亻) 7 保 보전할보
도울 보
ホ(たもつ)

阜(阝) 11 障 막힐 장
ショウ(さわる)

亻 伫 伲 伴 保 阝 阝 阝 障 障 障

保障[보장] 거리낌없도록 보증함
保留[보류] 뒤로 미루어 둠.
保健[보건] 건강을 보전함.
障碍[장애] 거리껴서 거침.
障害[장해] 거리껴서 해가 됨.
障壁[장벽] 가리워 막은 벽.

陰謀

阜(阝) 8 陰 그늘 음
イン(かげ)

言 9 謀 꾀 모
ボウ(はかる)

阝 阝 阶 陰 陰 言 許 評 諱 謀

陰謀[음모] 남 모르게 일을 꾸미
는 꾀.
陰性[음성] 소극적인 성질.
陰陽[음양] 음기와 양기.
謀略[모략] 남을 해하고자 내는꾀
謀策[모책] 일을 처리할 꾀.
謀議[모의] 일을 꾀하고 의논함.

69

劃策 劃策 劃策

劃 刀(刂)12 그을 획　策 竹6 꾀 책
カク(かぎる)　サク(はかりごと)

ヨ キ 聿 書 畫 劃　ノ ケ ケケ 竺 笁 筇 策

劃策[획책] 일을 계획하는 꾀.
劃給[획급] 나눠서 줌.
劃期的[획기적] 시대를 가름하는 말
策略[책략] 꾀.
策動[책동] 남을 선동함.
策定[책정] 계획하여 정함.

罪惡 罪惡 罪忢

罪 网(罒)8 허물 죄　惡 心8 악할 악 미워할 오
ザイ(つみ)　アク(わるい)

冖 罒 罪 罪 罪　一 亜 亜 亞 惡

罪惡[죄악] 악한 행실.
罪囚[죄수] 옥에 갇힌 죄인.
罪悚[죄송] 허물이 있어서 두려움
惡感[악감] 나쁜 감정.
惡談[악담] 남을 해롭게 하는 말.
惡寒[오한] 오슬오슬 추운 증세.

可恐 可恐 可恐

可 口2 옳을 가　恐 心6 두려울 공
カ(よい)　キョウ(おそれる)

一 丁 ㄇ 可 可　工 玑 巩 恐 恐

可恐[가공] 두려워할만 함.
可觀[가관] 볼만한 것.
可憎[가증] 얄미움.
恐怖[공포] 두려움.
恐喝[공갈] 위협함.
恐慌[공황] 경제가 혼란한 상태.

訴訟 訴訟 訴訟

訴 言5 송사할 소　訟 言4 송사할 송
ソ(うったえる)　ショウ(うったえる)

言 訂 訴 訴 訴　言 言 訟 訟 訟

訴訟[소송] 재판을 걸음.
訴狀[소장] 재판을 청하는 서류.
訴願[소원] 호소하여 바람.
訟事[송사] 재판.
訟案[송안] 소송에 관한 기록.
訟庭[송정] 송사를 처리하는 곳.

刑罰 刑罰 刑罰

刑 刀(刂)4 형벌 형　罰 网(罒)9 벌줄 벌
ケイ(しおき)　バツ(ばっする)

二 于 开 刑　罒 罰 罰 罰

刑罰[형벌] 죄인에게 주는 벌.
刑期[형기] 형벌을 받는 기간.
刑法[형법] 형벌의 법규.
罰金[벌금] 돈을 내게 하는 형벌.
罰則[벌칙] 벌을 주는 규정.
罰酒[벌주] 벌로 마시게 하는 술.

裁判 裁判 裁判

裁 衣6 마름질할 재　判 刀(刂)5 판단할 판
サイ(たつ)　ハン(わける)

十 未 表 裁 裁　ハ ハ ギ 判 判

裁判[재판] 소송을 심판함.
裁決[재결] 옳고 그름을 결단함.
裁縫[재봉] 바느질.
判定[판정] 판별하여 확정함.
判明[판명] 사실이 드러남.
判異[판이] 아주 다름.

神聖 神聖 神聖　　虛僞 虛僞 虛僞

示5 神 귀신 신　耳7 聖 성스러울 성
シン(かみ)　　セイ(ひじり)
ニ 亍 亓 祁 神　丁 王 耳 聖 聖 聖

神聖[신성] 거룩하고 존엄함.
神童[신동] 재주가 뛰어난 아이.
神秘[신비] 이상한 비밀.
聖業[성업] 거룩한 사업.
聖人[성인] 이름난 착한 사람.
聖賢[성현] 성인과 현인.

忠6 虛 빌 허　人(イ)12 僞 거짓 위
キョ(むなしい)　ギ(いつわり)
广 虍 虛 虛 虛　亻 伫 佇 僞 僞

虛僞[허위] 거짓.
虛弱[허약] 기력이 약함.
虛心[허심] 아무 생각이 없음.
僞善[위선] 착한 체함.
僞造[위조] 진짜처럼 만드는 것.
僞證[위증] 거짓 증거를 댐.

介添 介添 介添　遺弊 遺弊 遺弊

人2 介 낄 개 / 딱지 개　水(氵)8 添 더할 첨
カイ(はさまる)　テン(そえる)
入 介 介　氵 沃 添 添 添

介入[개입] 끼어 들어감.
介意[개의] 마음에 둠.
介在[개재] 끼어 있음.
添加[첨가] 더 보태는 것.
添附[첨부] 덧붙임.
添增[첨증] 더하여 늘음.

辵(辶)12 遺 남을 유 / 끼칠 유　巾12 幣 폐백 폐 / 예물 폐
イ, ユイ(のこす)　ヘイ(ぬさ)
中 貴 貴 遺 遺　冂 敝 弊 幣 幣

遺憾[유감] 섭섭하게 생각함.
遺棄[유기] 내어 버림.
遺漏[유루] 새어 버림.
弊端[폐단] 괴롭고 번거로운 일.
弊習[폐습] 좋지 못한 풍습.
弊害[폐해] 해가 되는 일.

排抵 排抵 排抵　凡吏 凡吏 凡吏

手(扌)8 排 물리칠 배　手(扌)5 抵 닥뜨릴 저 / 대저 저
ハイ(おしのける)　テイ(あたる)
扌 扫 邦 抐 排　扌 扣 扺 抵 抵

排擊[배격] 남의 의견을 물리침.
排斥[배척] 물리침.
排除[배제] 물리쳐 덜어 버림.
抵當[저당] 대적함.
抵觸[저촉] 서로 부딪침.
抵抗[저항] 대항.

几1 凡 대강 범 / 무릇 범　口3 吏 아전 리 / 관리 리
ボン(およそ)　リ(つかさ)
丿 几 凡　一 亍 吏 吏 吏

凡骨[범골] 평범한 사람.
凡百[범백] 여러 가지 일.
凡節[범절] 모든 일을 하는 질차.
吏道[이도] 관리의 도리.
吏讀[이두] 한자를 처음으로 우리 나라 말처럼 읽던 맞춤법
吏判[이판] 이조 판서의 준 말.

威 身

威 위엄 위 女6
イ (たけし)

身 몸 신 身0
シン (み、からだ)

丿 厂 威 威 威　丿 勹 身 身 身

威信〔위신〕위엄과 신용.
威力〔위력〕권세의 힘.
威脅〔위협〕위엄으로 협박함.
身命〔신명〕몸과 목숨.
身世〔신세〕남에게 도움을 받거
나 괴로움을 끼침.

科 料

科 과정과 禾4
조목과
カ (しな)

料 헤아릴료 斗6
リョウ (はかる)

二 千 禾 禾 科　丷 半 米 料 料

科料〔과료〕죄과에 대한 벌금.
科罪〔과죄〕죄를 처단함.
科目〔과목〕학문의 구분.
料金〔요금〕수수료로 받는 돈.
料亭〔요정〕요릿집.
料量〔요량〕앞 일에 대한 짐작.

拘 束

拘 잡을 구 手(扌)5
거리낄구
コウ (かかわる)

束 묶을 속 木3
ソク (たば)

扌 扌 扚 扚 拘　一 ㄇ 宣 申 束

拘束〔구속〕자유롭지 못하게 함.
拘碍〔구애〕거리낌.
拘留〔구류〕죄인을 가두어 둠.
束手〔속수〕손을 묶음.
束縛〔속박〕자유롭지 못하게 묶음
束數〔속수〕다발의 수효.

證 明

證 증거 증 言12
ショウ (あかし)

明 밝을 명 日4
メイ (あかるい)

訁 訂 評 證 證　冂 日 明 明 明

證明〔증명〕증거로써 사물을 밝힘
證人〔증인〕증거하는 사람.
證據〔증거〕사실을 증명하는 근거
明朗〔명랑〕맑고 밝음.
明確〔명확〕명백하고 확실함.
明春〔명춘〕내년 봄.

檢 審

檢 교정할검 木13
ケン (しらべる)

審 살필 심 宀12
シン (つまびらか)

木 栌 檢 檢 檢　宀 宧 寀 審 審

檢審〔검심〕검사하고 살핌.
檢擧〔검거〕검속하려고 잡아 감.
檢問〔검문〕검속하여 물음.
審判〔심판〕잘못하는 것을 분별하
여 판단함.
審査〔심사〕자세히 조사함.

徹 底

徹 통할 철 彳12
사무칠철
テツ (とおる)

底 밑 저 广5
テイ (そこ)

彳 彿 徣 徹 徹　广 庁 庄 底 底

徹底〔철저〕깊이 속까지 이름.
徹頭徹尾〔철두철미〕처음부터 끝
까지 알뜰하게 함.
徹夜〔철야〕밤을 꼬박 새움.
底止〔저지〕목적물에 이르러 그
침.

指 摘

指 손가락 지 / 가리킬 지
手(扌)6 シ(ゆび)

摘 딸 적
手(扌)11 テキ(つむ)

才 扌 扩 扚 指　扌 扩 拍 摘 摘

指摘[지적] 들추어 냄.
指示[지시] 꼭 가리켜 보임.
指導[지도] 가리키어 인도함.
摘芽[적아] 나무 눈을 땀.
摘發[적발] 숨은 일을 들춰 냄.
摘要[적요] 요점을 뽑아 냄.

換 票

換 바꿀 환
手(扌)9 カン(かえる)

票 표 표
示6 ヒョウ(ふだ)

扌 扩 护 換 換　一 襾 覀 票 票

換票[환표] 표를 바꿈.
換言[환언] 알기 쉽게 바꿔 말함.
換算[환산] 단위가 다른 수량으
　　로 고치어 계산함.
票決[표결] 회의나 선거 때에 투
　　표로써 결정하는 일.

背 信

背 등 배
肉(月)5 ハイ(せ)

信 믿을 신
人(亻)7 シン(まこと)

丨 リ 北 北 背 背　亻 亻 信 信 信

背信[배신] 신의를 저버림.
背叛[배반] 등지고 돌아감.
背後[배후] 등 뒤. 뒷편.
信仰[신앙] 믿음.
信任[신임] 믿고 맡김.
信念[신념] 굳게 믿는 마음.

每 班

每 매양 매
毋3 マイ(ごとに)

班 벌려설 반 / 반차 반
玉(王)6 ハン(わける)

一 一 与 每 每　T 王 王 玗 班

每班[매반] 반마다.
每事[매사] 일마다.
每週[매주] 주일마다.
班列[반렬] 신분 계급의 차례.
班紋[반문] 얼룩얼룩한 무늬.
班白[반백] 흑백이 반섞인 머리털

戶 籍

戶 지게 호
戶0 コ(と)

籍 문서 적
竹14 セキ(ふみ)

一 厂 戶 戶　竹 笁 筈 籍 籍

戶籍[호적] 한 집의 가족 관계를
　　기록한 장부.
戶主[호주] 한 집의 주인.
戶口[호구] 집과 식구의 수.
戶數[호수] 호적상의 집 수.
籍沒[적몰] 죄인의 재산을 몰수함

勿 以

勿 말 물 / 없을 물
勹2 ブツ(なかれ)

以 써 이
人3 イ(もって)

丿 勹 匆 勿　ㅣ 以 以 以

勿驚[물경] 놀라지 말라.
勿論[물론] 말할 것도 없음.
勿問[물문] 내버려 두고 다시 묻
　　지 않음. 불문.
以南[이남] 어느 곳에서 남 쪽.
以往[이왕] 그 동안.

修訂 修訂 修訂

修 人(亻)8 닦을 수
シュウ(おさめる)

訂 言2 바로잡을 정
テイ(ただす)

亻 亻 伫 修 修 二 言 言 訂 訂

修訂[수정] 바르게 고침.
修養[수양] 품성과 지덕을 닦음.
修學[수학] 학문을 닦음.
修羅場[수라장] 여러 사람이 뒤범 벅이 되어 야단이난 곳.
訂正[정정] 잘 못된 것을 고침.

帳簿 帳簿 帳簿

帳 巾8 휘장 장 치부책장
チョウ(とばり)

簿 竹13 문서 부 치부 부
ボ(ちょうめん)

冂 巾 帳 帳 帳 竹 笁 簿 簿 簿

帳簿[장부] 치부 책.
帳幕[장막] 천막 또는 둘러치는 포장.
簿記[부기] 재산이 나가고 들어옴 을 적는 일.
置簿[치부] 재산의 드나듬을 적음

持久 持久 持久

持 手(扌)6 가질 지
ジ(もつ)

久 ノ2 오랠 구
キュウ(ひさしい)

十 扌 扩 持 持 ノ 夂 久

持久[지구] 오랫동안 버티어 감.
持續[지속] 길게 이어감.
持參[지참] 물건을 가지고 참석함
久遠[구원] 매우 오래됨.
久疾[구질] 오래된 병.
久留[구류] 오래 머무름.

困難 困難 困難

困 囗4 곤할 곤
コン(こまる)

難 隹11 어려울난
ナン(むづかしい)

丨 冂 囯 困 困 廿 堇 菓 蓳 難

困難[곤난] 어려움과 피로움.
困境[곤경] 어렵고 막한 처지.
困窮[곤궁] 어렵고 가난함.
難關[난관] 일의 어려운 고비.
難局[난국] 어려운 처지.
難處[난처] 처리하기 어려움.

卑賤 卑賤 卑賤

卑 十6 낮을 비
ヒ(いやしい)

賤 貝8 천할 천
セン(いやしい)

冂 白 皐 卑 貝 貯 賤 賤 賤

卑賤[비천] 낮고 천함.
卑怯[비겁] 낮고 겁이 많음.
卑屈[비굴] 용기가 없고 비겁함.
賤待[천대] 푸대접함.
賤視[천시] 천하게 봄.
賤見[천견] 변변치 못한 의견.

歎傷 歎傷 歎傷

歎 欠11 탄식할탄
タン(なげく)

傷 人(亻)11 다칠 상 근심 할상
ショウ(きず)

廿 堇 菓 歎 歎 亻 仒 俱 俱 傷

歎息[탄식] 한숨을 쉬며 한탄함.
歎願[탄원] 도와 주기를 바람.
歎服[탄복] 감탄하여 심복함.
傷心[상심] 마음을 태움.
傷處[상처] 다친 곳.
傷痍[상이] 부상한 상처.

74

悲哀 悲哀 悲哀	貧窮 貧窮 貧窮
悲 心8 슬플 비 ヒ(かなしみ)	哀 口6 서러울 애 アイ(かなしい)	貧 貝4 가난할 빈 ヒン(まずしい)	窮 穴10 궁할 궁 キュウ(きわめる)

ノ ヲ キ 非 悲　一 古 亨 哀 哀

悲哀[비애] 슬픔과 서러움.
悲運[비운] 슬픈 운수.
悲痛[비통] 몹시 슬픔.
哀樂[애락] 슬픔과 즐거움.
哀話[애화] 슬픈 이야기.
哀愁[애수] 슬픈 근심.

貝 分 符 貧 貧　穴 穷 窮 窮 窮

貧窮[빈궁] 살림이 구차함.
貧困[빈곤] 빈궁.
貧富[빈부] 가난함과 넉넉함.
窮乏[궁핍] 빈궁에 빠짐.
窮極[궁극] 극도에 달함.
窮境[궁경] 매우 어려운 처지.

救濟 救濟 救済	怪漢 怪漢 怪漢
救 攴(攵)7 구원할 구 キュウ(すくう)	濟 水(氵)14 건늘 제 제 サイ(すくう)	怪 心(忄)5 기이할 괴 カイ(あやしい)	漢 水(氵)11 한수 한 나라 한 カン

十 求 求 救 救　氵 浐 済 濟 濟

救濟[구제] 어려움을 구원함.
救援[구원] 곤난함을 건저냄.
救護[구호] 구원하여 보호함.
濟民[제민] 백성을 구제함.
濟世[제세] 세상을 구제함.
濟衆[제중] 모든 사람을 구제함.

丶 忄 忄 怪 怪　氵 汁 洴 漢 漢

怪漢[괴한] 행동이 괴상한 놈.
怪物[괴물] 괴상한 물건.
怪候[괴후] 괴상한 날씨.
漢學[한학] 중국의 학문.
漢詩[한시] 한문으로 지은 시.
漢方[한방] 한약 방문.

逃避 逃避 逃避	盜賊 盜賊 盜賊
逃 辵(辶)6 달아날 도 トウ(にげる)	避 辵(辶)13 피할 피 ヒ(さける)	盜 皿7 도적 도 훔칠 도 トウ(ぬすむ)	賊 貝6 도적 적 ゾク(ぬすびと)

ノ ヲ 北 兆 逃　コ 日 辟 辟 避

逃避[도피] 피하여 달아남.
逃亡[도망] 도피.
逃走[도주] 도망.
避難[피난] 재난을 피하기 위하
　　　　있는 곳을 옮김.
避暑[피서] 더위를 피함.

氵 汐 次 浻 盜　貝 貯 賍 賊 賊

盜賊[도적] 남의 물건을 훔침.
盜難[도난] 도둑을 맞은 재난.
盜取[도취] 훔쳐 가짐.
賊黨[적당] 도둑의 무리.
賊窟[적굴] 도둑의 소굴.
賊徒[적도] 도둑의 무리.

75

徒輩　徒輩　徒輩

彳7 **徒** 무리 도／걸어다닐 도
ト(ともがら)

車8 **輩** 무리 배／배출할배
ハイ(ともがら)

彳 彳 彳 徔 徒　ノ ヲ 非 輩 輩

徒輩[도배] 같은 무리. 패.
徒黨[도당] 떼를 지은 무리.
徒勞[도로] 애만 쓴 헛 수고.
徒食[도식] 놀고 먹음.
輩出[배출] 쏟아져 나옴.
輩行[배행] 나이가 비슷한 친구.

廢帝　廢帝　廢帝

广12 **廢** 폐할 폐
ハイ(すたれる)

巾6 **帝** 임금 제
テイ, オウ(みかど)

广 广 广 廃 廢　亠 亠 产 帝 帝

廢帝[폐제] 폐위된 임금.
廢棄[폐기] 못쓰게 되어 내버림.
廢物[폐물] 못쓰게 된 물건.
帝國主義[제국주의] 나라의 영토
　와 권력을 확장하려는 주
　의.
帝王[제왕] 황제와 국왕.

刺殺　刺殺　刺殺

刀(刂)6 **刺** 찌를 자／바늘 자
シ(さす)

殳7 **殺** 죽일 살／감할 쇄
サツ(ころす)

冂 市 束 刺 刺　乂 羊 柔 殺 殺

刺客[자객] 몰래 찔러죽이는 사람
刺戟[자극] 감정을 일으킴.
刺殺[척살] 찔러서 죽임.
殺生[살생] 산 동물을 죽임.
殺害[살해] 생명을 해침.
殺到[쇄도] 세차게 들어옴.

華麗　華麗　華麗

艸(艹)8 **華** 빛날 화
カ(はな)

鹿8 **麗** 고울 려
レイ(うつくしい)

亠 苹 莩 葦 華　冖 严 严 麗 麗

華麗[화려] 빛나고 고움.
華燭[화촉] 결혼의 예식.
華翰[화한] 남의 편지의 존칭.
麗艶[여염] 곱고 예쁜 것.
麗人[여인] 미인.
麗史[여사] 고려 때의 역사.

豪橫　豪橫　豪橫

豕7 **豪** 호걸 호
ゴウ(すぐれる)

木12 **橫** 가로 횡
オウ(よこ)

亠 亨 豪 豪 豪　木 朾 栟 橫 橫

豪奢[호사] 대단한 사치.
豪華[호화] 넉넉하고 번화함.
豪言[호언] 호기스럽게 하는 말.
橫斷[횡단] 가로 끊음.
橫財[횡재] 뜻밖에 얻은 재물.
橫領[횡령] 남의 물건을 가로 챔.

龍王　龍王　龍王

龍0 **龍** 용 룡
リュウ(たつ)

玉0 **王** 임금 왕
オウ(きみ)

肓 肯 莆 龍 龍　一 丅 王 王

龍王[용왕] 용궁의 임금.
龍門[용문] 출세의 뜻.
龍夢[용몽] 용 꿈.
王位[왕위] 임금의 자리.
王家[왕가] 왕의 가계, 그 가족.
王都[왕도] 임금이 있는 도읍.

76

迎接 迎接 迎接　　應援 應援 應援

迎 맞을 영　接 이을 접·접할 접　　應 응할 응　援 구원할 원
ゲイ(むかえる)　セツ(つぐ)　　オウ(こたえる)　エン(たすける)

手(扌) 8　心 13　手(扌) 9

丿 𠃌 卬 卬 迎　十 扩 挵 接 接　　广 庐 庐 雁 應　扌 扩 挐 挐 援

迎接[영접] 맞아 들임.
迎送[영송] 마중과 전송.
迎新[영신] 새로운 것을 맞이함.
接客[접객] 손을 대접함.
接近[접근] 가까이 닿음.
接境[접경] 경계가 서로 닿은 곳.

應援[응원] 곁들어 도와 줌.
應急[응급] 급한 대로 우선 처리함.
應試[응시] 시험에 응함.
援助[원조] 도와 줌.
援護[원호] 도와 주고 보호함.
援軍[원군] 도와 주는 군대.

歡呼 歡呼 歡呼　　獄窓 獄窓 獄窓

歡 기뻐할 환　呼 숨내쉴 호·부를 호　　獄 옥 옥　窓 창 창
カン(よろこぶ)　コ(よぶ)　　ゴク(ひとや)　ソウ(まど)

欠 18　口 5　犬 10　穴 6

艹 荁 莑 藿 歡　口 叮 吖 吁 呼　　丿 犭 狺 獄 獄　宀 宊 空 窓 窓

歡呼[환호] 반갑게 부름.
歡喜[환희] 반갑고 기쁨.
歡迎[환영] 반갑게 맞음.
呼應[호응] 부름에 따라 대답함.
呼訴[호소] 사정을 남에게 알림.
呼名[호명] 큰 소리로 부름.

獄窓[옥창] 옥중.
獄吏[옥리] 옥을 지키는 관리.
獄囚[옥수] 옥에 갇힌 죄인.
窓門[창문] 빛이나 바람이 들어
　　　오도록 벽에 낸 문.
窓戶[창호] 들창.

暗黑 暗黑 暗黑　　契際 契際 契際

暗 어두울 암　黑 검을 흑　　契 계약 계　際 가 제·사귈 제
アン(くらい)　コク(くろい)　　ケイ(ちぎる)　サイ(きわ)

日 9　黑 0　大 6　阜(阝) 11

刂 日 旷 暗 暗　⺍ 罒 甲 里 黑　　彐 丯 却 韧 契　⻖ 阝 阽 陉 際

暗黑[암흑] 어둡고 캄캄함.
暗夜[암야] 어둡고 캄캄한 밤.
暗殺[암살] 몰래 죽임.
黑斑[흑반] 검은 반점.
黑幕[흑막] 검은 장막.
黑夜[흑야] 어두운 밤.

契約[계약] 법률상으로 약속함.
契合[계합] 꼭 들어 맞음.
契機[계기] 일을 일으키는 기회.
際限[제한] 한도.
際會[제회] 서로 만남.
際遇[제우] '제회'와 같은.

折衝 折衝 折衝

手(扌)4 折 겪을 절　行9 衝 충돌할충 찌를 충

セツ(おる)　　ショウ(つく)

扌 扌 扩 折 折　彳 彴 衙 衝 衝

折衝〔절충〕 교섭.
折骨〔절골〕 뼈가 부러짐.
折價〔절가〕 물건 값을 깎음.
衝突〔충돌〕 서로 부딪침.
衝動〔충동〕 들쑤셔서 움직여 일으킴.
衝激〔충격〕 서로 심하게 부딪침.

連帶 連帶 連帶

辵(辶)7 連 연할련　巾8 帶 띠 대

レン(つらなる)　タイ(おび)

亘 車 連 連　帯 帯 帯 帯

連帶〔연대〕 공동으로 책임 짐.
連鎖〔연쇄〕 서로 잇대어 맺음.
連載〔연재〕 잇달아 기재함.
帶妻〔대처〕 아내를 둠.
帶同〔대동〕 데리고 감.
帶水〔대수〕 물기를 띰.

申述 申述 申述

田1 申 펼 신　辵(辶)5 述 지을 술

シ(もうす)　ジュツ(のべる)

丨 冂 日 曰 申　木 术 述

申述〔신술〕 사유를 말함.
申告〔신고〕 사유를 관청에 보고함
申請〔신청〕 단체나 기관에 청구함
述語〔술어〕 풀이말.
述懷〔술회〕 마음 먹고 말을 함.
述作〔술작〕 책을 지음.

側面 側面 側面

人(亻)9 側 곁 측　面0 面 낯 면

ソク(かわ)　メン(かお)

亻 佣 侀 側 側　厂 丏 而 面 面

側面〔측면〕 좌우 편.
側言〔측언〕 공평하지 못한 말.
側近〔측근〕 곁의 가까운 곳.
面談〔면담〕 서로 만나 얘기함.
面貌〔면모〕 얼굴의 모양.
面接〔면접〕 서로 얼굴을 대함.

表裏 表裏 表裏

衣3 表 겉 표　衣7 裏 속 리

ヒョウ(おもて)　リ(うら)

十 圭 主 表 表　亩 車 車 裏

表裏〔표리〕 겉과 안.
表面〔표면〕 거죽.
表情〔표정〕 감정을 외모에 나타냄.
表明〔표명〕 내용을 똑똑히 밝힘.
裏面〔이면〕 뒤 쪽 안.
裏門〔이문〕 뒷문.

模樣 模樣 模樣

木11 模 법 모 본뜰 모　木11 樣 모양 양

モ(かた)　ヨウ(さま)

木 栌 樻 模 模　木 样 様 様

模樣〔모양〕 생김새.
模倣〔모방〕 남의 본을 뜸.
模糊〔모호〕 분명하지 아니 함.
模範〔모범〕 배워서 본받을 만함.
樣式〔양식〕 일정한 모양과 격식.
樣相〔양상〕 생김새. 모양.

78

類似 類似 類似	狀態 狀態 狀態

類 같을 류 頁10 **似** 같을 사 人(亻)5
ルイ(たぐい) シ,ジ(にる)
亠 米 类 類 類 亻 亻 亻 亻 似

狀 모양 장 문서 장 [國音]상 犬4 態 모양 태 心10
ジョウ(かたち) タイ(すがた)
丨 丬 爿 狀 狀 自 育 能 能 態

類似[유사] 서로 비슷함.
類例[유례] 비슷한 전례.
類別[유별] 종류에 따라 구별함.
類聚[유취] 같은 종류끼리 모음.
似而非[사이비] 겉으로는 같은 듯
　　하나 속은 다름.

狀態[상태] 되어 있는 형편.
狀況[상황] 일이 되어가는 형편.
狀勢[상세] 정세.
態度[태도] 행동. 맵시.
態勢[태세] 어떠한 일을 하려고
　　준비하는 모양.

巧妙 巧妙 巧妙	俗稱 俗稱 俗稱

巧 공교할 교 工2 **妙** 묘할 묘 女4
コウ(たくみ) ミョウ(たえ)
一 丁 工 巧 妙 女 女 妙 妙 妙

俗 속될 속 풍속 속 人(亻)7 稱 일컬을 칭 禾9
ゾク(ならい) ショウ(となえる)
亻 亻 俗 俗 俗 禾 禾 稱 稱 稱

巧妙[교묘] 솜씨나 재주가 묘함.
巧言[교언] 실속이 없이 교묘하게
　　꾸미는 말. = 巧語
妙技[묘기] 용하고 묘한 재주.
妙齡[묘령] 스물 안팎 나이의 여
　　자.
妙理[묘리] 묘한 이치.

俗稱[속칭] 세속에서 흔히 일컫
　　는 칭호.
俗人[속인] 속된 사람.
俗塵[속진] 속세의 티끌.
稱讚[칭찬] 잘 한다고 높여 줌.
稱號[칭호] 일컫는 이름.

或云 或云 或云	寄附 寄附 寄附

或 혹 혹 戈4 **云** 이를 운 二2
ワク(あるいは) ウン(いう)
一 寸 或 或 或 二 云

寄 부칠 기 맡길 기 宀8 附 붙을 부 阜(阝)5
キ(よる) フ(つく)
宀 宀 宧 寄 寄 阝 阝 阶 附 附

或云[혹운] 어떤 이가 말하는 바
或曰[혹왈] 혹운.
或是[혹시] 더러 그러할는지.
或時[혹시] 어떠한 때에는.
云云[운운] 이러이러하다.
云謂[운위] 말함.

寄附[기부] 돈이나 물건따위를 사
　　회나 단체에 내어 줌.
寄宿[기숙] 남의 집에 얹혀 있음.
附加[부가] 덧붙임.
附近[부근] 가까운 곳.
附屬[부속] 딸려서 붙음.

基源　基源　基源	餘裕　餘裕　餘裕
基 _{土8} 터 기　源 ^{水(氵)}₁₀ 근원 원	餘 ^{食(食)}₇ 남을 여　裕 ^{衣(衤)}₇ 넉넉할 유

基 _{土8} 터 기 キ(もと)
源 ^{水(氵)}₁₀ 근원 원 ゲン(みなもと)

一 十 廿 其 其 基 氵 汀 沪 沪 源 源

基礎[기초] 밑 자리.
基盤[기반] 기초가 되는 지반.
基因[기인] 기초가 되는 원인.
基本[기본] 사물의 근본.
源泉[원천] 물의 원줄기.
源流[원류] 물의 근원, 으뜸.

餘 ^{食(食)}₇ 남을 여 ヨ(あまる)
裕 ^{衣(衤)}₇ 넉넉할 유 ユウ(ゆたか)

訇 訇 訇 餘 餘 亻 ネ ネ 祄 祄 裕

餘裕[여유] 넉넉하고 남음이 있음
餘暇[여가] 겨를.
餘念[여념] 어떠한 일에 생각을
　　　　쓰고 그 나머지의 생각.
裕足[유족] 살림살이가 넉넉함.
裕福[유복] 살림이 넉넉함.

提供　提供　提供

提 ^{手(扌)}₉ 끌 제 テイ(ひっさげる)
供 ^{人(亻)}₆ 이바지할 공 キョウ(そなえる)

扌 扩 押 捍 提 亻 仁 世 世 供

提供[제공] 바치어 이바지함.
提案[제안] 의안을 제출함.
提出[제출] 의견, 문서등을 내놓
　　　　음.
供給[공급] 물건을 대어 줌.
供出[공출] 나라의 요구에 따라
　　백성이 의무적으로 내 놓는 일.

嫉妬　嫉妬　嫉妬

嫉 ^女₁₀ 미워할질 투기할질 シツ(ねたむ)
妬 ^女₅ 투기할투 ト(ねたむ)

女 妒 妒 嫉 嫉 女 女 妒 妬 妬

嫉妬[질투] 시기하며 미워함.
嫉惡[질오] 시기하고 미워함.
嫉逐[질축] 시기하여 물리침.
妬婦[투부] 질투가 많은 여자.
妬忌[투기] 질투하고 시기함.
妬視[투시] 질시함.

寵姬　寵姬　寵姬

寵 ^宀₁₆ 사랑할총 チョウ(めぐみ)
姬 ^女₆ 아씨 희 キ(ひめ)

宀 宀 宵 寵 寵 女 如 妒 姈 姬

寵愛[총애] 특별히 사랑함.
寵臣[총신] 특별히 사랑하는 신하.
寵恩[총은] 은혜.
舞姬[무희] 춤추는 여자.
美姬[미희] 예쁜 여자.
妖姬[요희] 요망한 여자.

咀呪　咀呪　咀呪

咀 ^口₅ 씹을 저 ソ(かむ)
呪 ^口₅ 저주할주 방자할주 ジュ(のろう)

口 叩 明 咀 口 叮 叨 呪

咀嚼[저작] 음식을 씹음.
咀片[저편] 마름모꼴 조각.
咀啖[저담] 안 되기를 바람.
呪文[주문] 저주하며 외우는 글.
呪罵[주매] 저주하고 욕함.
呪誦[주송] 주문을 읽음.

忌憚 忌憚 忘惮

忌 心3 꺼릴 기 / 질투함기
キ(いむ)

憚 心(忄)12 꺼릴 탄
タン(はばかる)

フ コ己 忌忌 忄 忄" 忄" 憚 憚

忌憚[기탄] 꺼리고 싫어함.
忌避[기피] 피하는 것.
忌日[기일] 사람이 죽은 날.
忌祭[기제] 기일에 지내는 제사.
憚畏[탄외] 꺼리고 두려워함.
憚煩[탄번] 번잡을 싫어함.

誘拐 誘拐 誘拐

誘 言7 꾈 유
ユウ(さそう)

拐 手(扌)5 유인할괴
カイ(かたり)

言 言' 訴 訴 誘 扌 扌 扩 拐 拐

誘拐[유괴] 사람을 살살 달래서 꾀어 냄.
誘導[유도] 꾀어서 이끌어 들임.
誘掖[유액] 이끌어 도와줌.
誘入[유입] 남을 꾀어 들임.
誘引[유인] 남을 꾀어 냄.
拐帶[괴대] 물건을 몰래 훔쳐내어 도망함.

偏僻 偏僻 偏僻

偏 人(亻)9 치우칠편
ヘン(かたよる)

僻 人(亻)13 궁벽할벽 / 간사할벽
ヘキ(ひがむ)

亻 亻' 俨 俨 偏 亻 亻' 仴 僻 僻

偏見[편견] 한쪽으로 치우친 견해.
偏黨[편당] 한쪽으로 치우친 당.
偏母[편모] 홀어머니.
僻地[벽지] 교통이 불편한 궁벽한 땅.
僻處[벽처] 도시에서 멀어진 궁벽한 곳.
僻村[벽촌] 시골. 벽지.

驕傲 驕傲 驕傲

驕 馬12 교만할교
キョウ(おごる)

傲 人(亻)11 거만할오
ゴウ(おごる)

『 馬 駈 驕 驕 亻 忭 佸 傲 傲

驕客[교객] 남의 사위를 일컫는 말.
驕慢[교만] 방자하고 거만함.
驕肆[교사] 교만함.
傲色[오색] 거만한 기색.
傲慢[오만] 태도가 방자함.
傲態[오태] 오만한 태도.

宏誇 宏誇 宏誇

宏 宀4 클 굉 / 넓을 굉
コウ(ひろい)

誇 言6 자랑할과
コ(ほこる)

宀 宀 宇 宏 宏 言 訁 訝 誇 誇

宏壯[굉장] 넓고 커서 으리으리함.
宏濶[굉활] 크고 넓음.
宏材[굉재] 뛰어난 인물.
誇大[과대] 사실 이상의 허풍.
誇示[과시] 자랑하여 보임.
誇張[과장] 지나치게 나타냄.

阿鼻 阿鼻 阿鼻

阿 阜(阝)5 언덕 아 / 아첨할아
ア(おか)

鼻 鼻0 코 비
ビ(はな)

阝 阝 阝 阿 阿 阜 帛 畠 皐 鼻

阿嬌[아교] 고운 여자.
阿膠[아교] 나무 붙이는 풀.
阿附[아부] 아첨.
鼻腔[비강] 콧구멍.
鼻聲[비성] 콧소리. 코 고는 소리.
鼻祖[비조] 시조(始祖).

叫喚 叫喚 叫喚

口2 叫 부르짖을 口9 喚 부를 환
규
キョウ(さけぶ)　カン(よぶ)

丨 口 叩 叫 叫 口 吖 吖 啼 喚

叫聲[규성] 외침 소리.
叫喚[규환] 큰소리로 부르짖음.
叫號[규호] 큰소리로 부름.
喚呼[환호] 소리 높이 부름.
喚起[환기] 불러 일으킴.
召喚[소환] 관청에서 오라고 부름.

傀儡 傀儡 傀儡

人(イ)10 傀 허수아비 人(イ)15 儡 허수아비
괴 뢰 망칠 뢰
カイ(かかし)　ライ(やぶる)

イ 价 伸 傀 傀 イ 俨 傴 儡 儡

傀儡[괴뢰] 꼭둑각시.
傀偉[괴위] 거센 사람.
傀災[괴재] 큰 재난.
傀奇[괴기] 괴상함.
儡身[뇌신] 허수아비.
儡儡[뇌뢰] 패함.

狂奔 狂奔 狂奔

犬(犭)4 狂 미칠 광 大6 奔 달아날분
분주할분
キョウ(くるう)　ホン(はしる)

ノ イ 犭 狅 狂 大 夲 本 夲 奔

狂奔[광분] 미쳐 날뜀.
狂人[광인] 미친 사람.
狂亂[광란] 미쳐 야단임.
奔走[분주] 바삐 돌아다님.
奔忙[분망] 급하고 바쁨.
奔馬[분마] 빨리 내닫는 말.

怨咎 怨咎 怨咎

心5 怨 원망할원 口5 咎 허물 구
재앙 구
エン(うらむ)　キュウ(とがめる)

ク タ タ 夗 怨 ク 夂 处 处 咎

怨咎[원구] 원망하고 꾸짖음.
怨溝[원구] 원망이 되는 근원.
怨念[원념] 원한을 품은 생각.
怨恨[원한] 원망하고 한탄함.
怨慕[원모] 무정한 것을 원망하면
서도 오히려 사모함.

伴侶 伴侶 伴侶

人(イ)7 伴 짝 반 人(イ)7 侶 짝 려
ハン(ともなう)　リョ(とも)

イ 代 伴 伴 伴 イ 伄 侶 侶 侶

伴侶[반려] 짝. 동무.
伴倘[반상] 사환.
伴僧[반승] 장례 행렬에 낀 중.
侶行[여행] 함께 가는 것.
僧侶[승려] 중.
結侶[결려] 친구를 맺음.

偕互 偕互 偕互

人(イ)9 偕 함께할해 二2 互 서로 호
カイ(ともに)　ゴ(たがい)

イ 借 偕 偕 偕 一 丆 互 互

偕老[해로] 부부가 일생을 함께
늙음.
偕老同穴[해로동혈] 생사를 같이
함.
偕行[해행] 함께 감.
互送[호송] 피차 서로 보냄.
互相[호상] 서로.
互送[호송] 서로 서로 보냄.

82

憑藉 憑藉 憑藉

心12 憑 의지할빙
증거빙
ヒョウ(よる)

艹(卄)14 藉 핑계 댈 자
깔 자
セキ(しく)

氵 沪 沪 馮 憑　艹 莊 莊 藉 藉

憑據[빙거] 어떤 사실을 입증할
　　　만한 근거.
憑考[빙고] 비추어 상고함.
憑聞[빙문] 간접으로 얻어들음.
憑持[빙지] 의지함.
憑藉[빙자] 말막음으로 핑계를 댐.
藉口[자구] 핑계될 만한 구실.

幣帛 幣帛 幣帛

巾12 幣 폐백폐
예물폐
ヘイ(ぬさ)

巾5 帛 비단 백
폐백 백
ハク(きぬ)

尙 敝 敝 敝 幣　亠 白 白 帛

幣帛[폐백] 비단을 올림.
貨幣[화폐] 돈.
造幣[조폐] 화폐를 만듦.
紙幣[지폐] 종이 돈.
帛絲[백사] 흰 명주실.
帛書[백서] 비단에다 적은 글.

譬喩 譬喩 譬喩

言13 譬 비유할비
ヒ(たとえる)

口9 喩 알려줄유
비유할유
ユ(さとる)

尸 月 脬 譬 譬　口 吟 吟 喻 喻

譬喩[비유] 비슷한 사물을 빌어
　　　표시함.
譬言[비언] 비꼬는 말.
譬類[비류] 같은 무리들을 서로
　　　비유함.
喩示[유시] 타일러 훈계함.
隱喩[은유] 표면상으로 비유하지
　　　않고 속으로 비유함.
直喩[직유] 직접 대놓고 비유함.

諂諛 諂諛 諂諛

言8 諂 아첨할첨
テン(へつらう)

言9 諛 아첨할유
ユ(へつらう)

言 訟 訟 諂 諂　言 詶 詶 諛 諛

諂佞[첨녕] 몹시 아첨함.
諂諛[첨유] 아첨함.
阿諂[아첨] 아부하고 알랑거림.
阿諛[아유] 아부함.
諛言[유언] 아첨하여 하는 말.
諛面[유면] 남의 얼굴 앞에서 아
　　　첨함.

貢獻 貢獻 貢献

貝3 貢 바칠 공
コウ(みつぎ)

犬16 獻 드릴 헌
ケン(たてまつる)

一 于 丟 肯 貢　广 虐 虜 獻 獻

貢獻[공헌] 사회에 이바지함.
貢上[공상] 물품을 조정에 바침.
貢物[공물] 조정에 바치는 물건.
獻花[헌화] 꽃을 바침.
獻上[헌상] 물건을 올림.
獻身[헌신] 몸을 돌보지 않고 전
　　　력을 다함.

冒瀆 冒瀆 冒瀆

冂7 冒 가릴 모
무릅쓸모
ボウ(おかす)

水(氵)15 瀆 개천 독
흐릴 독
トク(みぞ)

口 目 冐 冐 冒　氵 浐 瀆 瀆 瀆

冒瀆[모독] 침범하여 욕되게 함.
冒濫[모람] 분수 없이 함부로 함.
冒耕[모경] 허락 없이 남의 땅에
　　　농사 지음.
瀆職[독직] 직분을 더럽힘.
瀆職罪[독직죄] 공무원이 직분을
　　　더럽혀 받는 죄.
汚瀆[오독] 더럽힘.

塋墳

塋 土10 무덤 영 | 墳 土12 봉분 분
エイ(はか) | フン(はか)

塋墳[영분] 산소. 무덤.
塋穴[영혈] 무덤.
先塋[선영] 조상의 무덤.
墳墓[분묘] 묘.
墳樹[분수] 무덤 가에 심은 나무.
墳碑[분비] 묘비.

墓碑

墓 土11 무덤 묘 | 碑 石8 비석 비
ボ(はか) | ヒ(いしぶみ)

墓碑[묘비] 산소 앞에 세우는 작은 돌비.
墓幕[묘막] 산소 근처에 지은 집.
墓所[묘소] 무덤이 있는 곳.
碑石[비석] 빗돌.
碑文[비문] 빗돌에 새긴 글.
碑銘[비명] 빗돌에 새긴 명(銘).

貪仕

貪 貝4 탐할 탐 | 仕 人(イ)3 벼슬 사
タン(むさぼる) | シ, ジ(つかえる)

貪慾[탐욕] 사물(事物)을 지나치게 탐하는 욕심.
貪色[탐색] 호색(好色).
貪吏[탐리] 재물(財物)에 욕심을 내는 관리.
仕入[사입] 물건을 사들임.
仕進[사진] 관청에 나가서 일함.
仕退[사퇴] 관청에서 물러나감.

飢饉

飢 食(飠)2 주릴 기 | 饉 食(飠)11 흉년들근 흉년 근
キ(うえる) | キン(うえる)

飢餓[기아] 굶주림.
飢渴[기갈] 배가 고프고 목 마름.
飢困[기곤] 굶주려 고달픔.
飢饉[기근] 굶주림.
飢寒[기한] 굶주리고 추움.
飢荒[기황] 굶주림.

毀謗

毀 殳9 헐 훼 험담할 훼 | 謗 言10 헐뜯을 방
キ(やぶる) | ボウ(そしる)

毀謗[훼방] 남을 헐어서 꾸짖음.
毀短[훼단] 남의 단점을 헐어서 말함.
毀損[훼손] 헐어서 못쓰게 함.
毀譽[훼예] 훼방함과 칭찬함.
誹謗[비방] 헐뜯고 훼방함.

渭濁

渭 水(氵)9 물이름위 | 濁 水(氵)13 흐릴 탁
イ | ダク(にごる)

渭水[위수] 강 이름. (중국)
濁流[탁류] 흘러가는 흐린 물.
濁水[탁수] 깨끗하지 못한 흐린 물.
濁音[탁음] 흐린 소리.
濁酒[탁주] 막걸리.
濁泥[탁니] 흐리고 더러움.

辛辣 辛辣 辛辣

辛0 辛 매울 신
고생 신
シン(からい)

辣7 辣 매울 랄
ラツ(からい)

亠亠立辛辛 卒辛辣辣辣

辛辣[신랄] 맛이 매우 쓰고 매움.
辛味[신미] 매운 맛.
辛苦[신고] 매우 고생하며 애씀.
辛酸[신산] 쓰고도 신 세상의 맛.
辛勝[신승] 간신히 이김.

贈呈 贈呈 贈呈

贈12 贈 줄 증
ゾウ(おくる)

呈4 呈 보일 정
드릴 정
テイ(しめす)

貝 貝 賏 賏 贈 口 口 马 早 呈

贈呈[증정] 남에게 물건을 드림.
贈答[증답] 선사로 물건을 서로 주고 받고 함.
贈賂[증뢰] 뇌물을 보냄.
贈賜[증사] 보내고 받음.
贈與[증여] 물건을 선사로 줌.
寄贈[기증] 물품을 보내어 증정함.

珍珠 珍珠 珍珠

玉(王)5 珍 보배 진
チン(めずらしい)

珠6 珠 구슬 주
シュ(たま)

丁 王 珍 珍 珍 王 珡 珡 珠 珠

珍客[진객] 귀한 손님.
珍景[진경] 진기한 경치나 구경거리.
珍聞[진문] 진귀한 소문.
珠簾[주렴] 구슬을 꿰어 꾸민 발.
珠服[주복] 주옥으로 아름답게 장식한 옷.
珠玉[주옥] 진주와 구슬.

斥蹴 斥蹴 斥蹴

斥1 斥 물리칠 척
セキ(しりぞける)

足12 蹴 찰 축
밟을 축
シュウ(ける)

一 厂 厈 斥 斥 口 旦 距 踚 蹴

斥蹴[척축] 차버리고 배척함.
斥拒[척거] 배척하여 거절함.
斥賣[척매] 싼 값으로 마구 팔음.
排斥[배척] 물리쳐 내뜨림.
蹴殺[축살] 발로 차서 죽임.
蹴球[축구] 발로 공을 차는 운동의 하나.

魔鬼 魔鬼 魔鬼

鬼11 魔 마귀 마
マ(まもの)

鬼0 鬼 귀신 귀
キ(おに)

广 庐 麿 麿 魔 白 血 由 鬼 鬼

魔界[마계] 마귀의 세계.
魔窟[마굴] 마귀가 있는 곳.
魔法[마법] 요술.
鬼氣[귀기] 선뜻한 느낌.
鬼神[귀신] 사람이 죽은 뒤에 있다고 하는 넋.
鬼怪[귀괴] 유령.

嗜厭 嗜厭 嗜厭

口10 嗜 즐길 기
シ(たしなむ)

厂12 厭 미워할 염
싫을 염
アン(いとう)

口 吒 哶 唔 嗜 厂 厈 肩 厭 厭

嗜好[기호] 몹시 좋아함.
嗜客[기객] 몹시 즐기는 사람.
嗜食[기식] 즐겨 먹음.
厭世[염세] 세상이 괴롭고 귀찮아서 싫어함.
厭忌[염기] 싫어하고 꺼림.
厭惡[염으] 싫어하고 미워함.

飜 / 覆

飛12 飜 뒤칠 번, 번득일 번 ハン(ひるがえる)
襾(両)12 覆 엎어질 복 フク(おおう)

飜覆[번복] 뒤집어 고침.
飜刻[번각] 한 번 인쇄한 것을 다시 인쇄함.
飜譯[번역] 다른 나라 말로 바꾸어 옮김.
覆滅[복멸] 뒤집어 없앰.
覆面[복면] 얼굴을 싸서 가림.
覆船[복선] 배가 뒤집혀짐.

軀 / 骸

身11 軀 몸 구 ク(からだ)
骨6 骸 뼈 해 カイ(ほね)

軀殼[구각] 온몸의 형체. 몸뚱이의 윤곽.
軀幹[구간] 포유류의 신체에 있어 머리·사지를 제외한 부분.
軀步[구보] 달음질로 걸음.
軀命[구명] 신명(身命).
骸骨[해골] 몸을 이루고 있는 뼈.
遺骸[유해] 죽은 사람의 뼈.

薄 / 荷

艸(卄)13 薄 얇을 박 ハク(うすい)
艸(卄)7 荷 멜 하 カ(に)

薄德[박덕] 덕이 적음.
薄福[박복] 복이 적음.
薄俸[박봉] 많지 못한 봉급.
薄荷[박하] 영생이.
荷花[하화] 연꽃.
荷物[하물] 짐.

遍 / 叉

辵(辶)9 遍 두루 편 ヘン(あまねく)
又1 叉 가닥진 비, 녀 차 シャ(また)

遍在[편재] 두루 펴져 있음.
遍照[편조] 두루 비침.
遍滿[편만] 널리 참. 꽉 참.
交叉[교차] 서로 어긋나 맞걸림.
交叉路[교차로] 엇갈린 길.
叉手[차수] 손을 엇걸어 잡음.

涕 / 納

水(氵)7 涕 눈물 체, 울 체 テイ(なみだ)
糸4 納 들일 납, 바칠 납 ノウ(おさめる)

畢納[필납] 반드시 납부함.
涕泣[체읍] 눈물을 흘림.
涕淚[체루] 눈물.
納稅[납세] 세금을 바침.
納品[납품] 물건을 바침.
納得[납득] 사리를 헤아려 앎.

囹 / 圄

囗5 囹 옥 령 レイ(ひとや)
囗7 圄 옥 어, 가둘 어 ゴ(ひとや)

囹圉[영어] 옥에 갇힘.
囹圄[영어] 감옥.
囹囚[영수] 죄인.
圄死[어사] 감옥에서 죽음(獄死).
圄空[어공] 죄를 범한 자들이 가질 수 없는 의.

赦災 赦災 赦災

赤4 赦 죄사할사　火3 災 재앙 재

シャ(ゆるす)　　　サイ(わざわい)

土 扌 赤 赦 赦 赦　〃 〃〃 災 災 災

赦免[사면] 죄를 용서하는 것.
赦典[사전] 국가의 경사 때 죄를
　　　　용서함.
赦宥[사유] 죄를 용서해 줌.
赦罪[사죄] 죄를 용서해 줌.
災難[재난] 불행이 뜻밖에 생김.
災殃[재앙] 재난.

躬恤 躬恤 躬恤

身3 躬 몸 궁　心(忄)6 恤 근심할 휼

キュウ(み)　　　ジュツ(あわれむ)

「 身 身 躬 躬　〃 忄 忄 怕 恤

躬行[궁행] 몸소 실행함.
恤金[휼금] 정부에서 이재민에게
　　　　주는 돈.
恤米[휼미] 정부에서 이재민에게
　　　　주는 쌀.
恤兵[휼병] 싸움에 나간 병사에게
　　　　금품을 보내며 위로함.
恤宅[휼택] 황제가 거주하는 방.
恤政[휼정] 인자한 정치.

尼譴 尼譴 尼譴

尸2 尼 여승 니　言14 譴 꾸짖을 견

ニ(あま)　　　　ケン(せめる)

ㄱ コ 尸 尸 尼　言 訓 譴 譴 譴 譴

尼僧[이승] 중.
尼父[이부] 공자(孔子).
譴責[견책] 꾸짖고 책망함.
譴戒[견계] 꾸짖어 경계시킴.
譴懲[견징] 견책하고 징계함.

恰緒 恰緒 恰緒

心(忄)6 恰 흡족할 흡　米9 緒 실마리 서
　　　흡사할 흡

コウ(あたかも)　　ショ(いとぐち)

〃 忄 忄 恰 恰 恰　幺 糸 紵 緒 緒

恰足[흡족] 아주 충분히 넉넉함.
恰似[흡사] 비슷함.
恰對[흡대] 꼭 맞음.
緒餘[서여] 나머지.
端緒[단서] 실마리.

小說 小說 小説

小0 小 작을 소　言7 說 말씀 설
　　　　　　　　　달랠 세

ショウ(ちいさい)　セツ(とく)

亅 小 小　言 訌 說 說 說

小說[소설] 작가의 구상을 현실화
　　　　시켜 그린 문학적 이야기
小數[소수] 적은 수효.
說明[설명] 밝히어 말함.
說敎[설교] 타일러서 잘 가르침.
說破[설파] 내용을 들어서 말함.

文學 文學 文学

文0 文 글월 문　子13 學 배울 학

ブン, モン(ふみ)　ガク(まなぶ)

亠 亠 文　「 臼 闬 學 學

文學[문학] 순문학, 철학, 사학,
　　　　언어학 등의 글에 대한 문학
文章[문장] 글월.
文庫[문고] 책을 넣어 두는 곳.
學校[학교] 배움 터.
學識[학식] 배워서 얻은 지식.
學園[학원] 학교의 이칭.

著者

著者 著者 著者

艸(艹) 9 著 부딪칠 착 / 나타날 저
チョ(あらわす)

耂 5 者 놈 자
シャ(もの)

艹 芏 芋 芸 著 著 / 土 耂 耂 者 者

著者[저자] 글을 지은 이.
著名[저명] 이름이 세상에 들어남
著述[저술] 책을 지음.
著作[저작] 책을 지음.
長者[장자] 덕망있고 노성한 사람
仁者[인자] 마음이 어진 사람.

構想

構想 構想 構想

木 10 構 얽을 구 / 이룰 구
コウ(かまえる)

心 9 想 생각 상
ソウ(おもう)

木 栉 構 構 構 / 木 相 相 想 想

構想[구상] 생각을 얽어 놓음.
構造[구조] 꾸밈새.
構成[구성] 얽어 만들음.
想起[상기] 돌이켜 생각해 냄.
想像[상상] 미루어 생각함.
想見[상견] 생각하여 봄.

研究

研究 研究 研究

石 4 研 갈 연 / 연구할 연
ゲン(みがく)

穴 2 究 궁구할 구
キュウ(きわめる)

丆 石 矴 研 研 / 宀 宀 究 究 究

研究[연구] 조리있게 캐어 공부함
研究室[연구실] 연구하는 방.
研磨[연마] 갈아 닦음.
研武[연무] 무예를 닦고 기름.
究極[구극] 마지막에 달함.
究明[구명] 도리를 연구하여 밝힘

收錄

收錄 收錄 收錄

支(攵) 2 收 거둘 수
シュウ(おさめる)

金 8 錄 기록할 록
ロク(しるす)

丨 丩 収 收 收 / 金 釘 鈩 錚 錄

收錄[수록] 모아서 기록함.
收監[수감] 옥에 가둠.
收金[수금] 돈을 거두어 들임.
錄名[녹명] 이름을 적음.
錄音[녹음] 말. 음악을 기록하여
　　　　　본디 소리를 내게하는 것

新聞

新聞 新聞 新聞

斤 9 新 새 신
シン(あたらしい)

耳 8 聞 들을 문
ブン(きく)

立 亲 新 新 新 / 門 門 門 聞 聞

新聞[신문] 새로운 소식을 빨리
　　　　　보도하는 정기 간행물.
新婚[신혼] 갓 혼인함.
新刊[신간] 새로 발행한 책.
聞見[문견] 듣고 보아 얻은 지식.
聞知[문지] 들어서 앎.

取材

取材 取材 取材

又 6 取 거둘 취 / 취할 취
シュ(とる)

木 3 材 재목 재
ザイ(まるた)

丆 耳 耳 取 取 / 十 木 村 材

取材[취재] 기사를 취함.
取消[취소] 글이나 말을 말살함.
取得[취득] 자기의 소유로 만듦.
取扱[취급] 일이나 물건을 다룸.
材料[재료] 물품을 만드는 감.
材木[재목] 건축에 쓰는 나무.

雜誌 雜誌 雜誌

雜 佳 10 섞일 잡 **誌** 言 7 기록할지

ザツ, ゾウ(まじる) シ(しるす)

亠 杂 新 新 雜 言 計 詰 誌 誌

雜誌[잡지] 호를 좇아 정기적으로 발행하는 **출판물**.

雜穀[잡곡] 보리. **밀**. 콩 따위.

雜費[잡비] 자질구레한 비용.

雜種[잡종] 뒤섞인 종류.

誌面[지면] 잡지의 지면.

出版 出版 出版

出 山 3 날 출 **版** 片 4 조각 판 인쇄할판

シュツ(でる) ハン(ふだ)

丨 屮 中 出 出 丬 片 斤 斤 版

出版[출판] 인쇄물을 세상에 냄.

出發[출발] 길을 떠나 감.

出張[출장] 직무를 띠고 딴 데 감.

出勤[출근] 근무하러 나감.

版權[판권] 저작권.

版圖[판도] 한 나라의 영토.

玉篇 玉篇 玉篇

玉 玉 0 구슬 옥 **篇** 竹 9 책 편

ギョク(たま) ヘン(まき)

一 丁 干 王 玉 竹 竹 竺 管 篇

玉篇[옥편] 한자를 배열하고 음과 새김 따위를 적은 책.

玉石[옥석] 옥돌.

玉體[옥체] ①임금의 몸 ②귀한 몸.

玉座[옥좌] 임금이 앉는 곳.

篇首[편수] 책 편의 첫머리.

編綴 編綴 編綴

編 糸 9 기록할편 엮을 편 **綴** 糸 8 잇댈 철 맺을 철

ヘン(あむ) テイ(つづる)

糸 紅 紅 絹 編 糸 紅 級 綴 綴

編綴[편철] 엮어서 꿰맴.

編入[편입] 얽거나 짜서 넣음.

編修[편수] 편집하고 수정함.

編成[편성] 엮어서 만듦.

綴字[철자] 홀소리와 닿소리를 모아서 한 글자를 만듦.

譯詩 譯詩 譯詩

譯 言 13 통변할역 번역할역 **詩** 言 6 귀글 시

ヤク(わけ) シ(からうた)

言 訳 訳 譯 譯 言 詰 詩 詩

譯詩[역시] 번역한 시. 시의 번역.

譯書[역서] 번역한 책.

譯出[역출] 번역하여 냄.

詩人[시인] 시 짓는 사람.

詩興[시흥] 시정을 일으키는 흥.

詩聖[시성] 시를 잘 짓는 사람.

解釋 解釋 解釋

解 角 6 풀 해 **釋** 釆 13 풀 석

カイ(とく) シャク(とく)

勹 角 觖 解 解 釆 釋 釋 釋 釋

解釋[해석] 알기 쉽게 설명함.

解體[해체] 조직을 풀어 헤침.

解雇[해고] 일군을 내 보냄.

釋放[석방] 죄인을 놓아 줌.

釋明[석명] 사실을 밝힘.

釋然[석연] 의심이 풀림.

活字　活字　活字

水(氵)6 活	살 활 살릴 활	子3 字	글자 자
カツ(いきる)		ジ(もじ)	

氵 汒 沃 活 活　　宀 宀 字

活字[활자] 인쇄에 쓰는 자형.
活用[활용] 잘 이용함.
活潑[활발] 생기가 있음.
字體[자체] 글자의 모양.
字句[자귀] 문자의 어귀.
字母[자모] 활자의 근본 자형.

刊校　刊校　刊校

刀(刂)3 刊	깎을 간 새길 간	木6 校	학교 교
カン(きざむ)		コウ(まなびや)	

一 二 千 刊 刊　十 木 柗 柗 校

刊行[간행] 출판물을 만들어 냄.
刊刻[간각] '간행'과 같음.
刊本[간본] '간행본'의 준말.
校門[교문] 학교의 문.
校正[교정] 인쇄의 잘못을 고침.
校則[교칙] 학교의 규칙.

歌謠　歌謠　歌謠

欠10 歌	노래 가	言10 謠	노래 요 소문 요
カ(うた)		ヨウ(うた)	

可 可 哥 歌 歌　訁 訞 訞 謠 謠

歌謠[가요] 널리 알려진 노래.
歌曲[가곡] 노래의 곡조.
歌舞[가무] 노래와 춤.
歌手[가수] 노래를 잘 하는 사람.
民謠[민요] 민족의 가요.
童謠[동요] 애들이 부르는 노래.

語句　語句　語句

言7 語	말씀 어	口2 句	글귀 구 (귀)
ゴ(ことば)		ク(くぎり)	

言 訂 語 語 語　丿 勹 勽 句 句

語句[어귀] 말의 귀절. 말의 마디.
語弊[어폐] 말의 결점.
語系[어계] 말의 계통.
句節[구절] 한 도막의 말 또는 글.
句點[구점] 글귀에 찍는 점.
句絶[구절] 한 도막의 글이나 말.

喜劇　喜劇　喜劇

口9 喜	기쁠 희	刀(刂)13 劇	심할 극 연극 극
キ(よろこぶ)		ゲキ(はげしい)	

吉 吉 喜 喜 喜　广 虍 虜 虜 劇

喜劇[희극] 웃기는 연극.
喜悲[희비] 기쁨과 슬픔.
喜悅[희열] 매우 기쁨.
劇團[극단] 연극을 하는 단체.
劇藥[극약] 성질이 지독한 약.
劇甚[극심] 아주 심함.

專屬　專屬　專屬

寸8 專	오로지 전	尸18 屬	붙이 속 속할 속
セン(もっぱら)		ゾク(つく)	

亩 車 車 專 專　尸 尸 屚 屬 屬

專屬[전속] 한 곳에만 딸림.
專心[전심] 한 군데만 마음을 씀.
專攻[전공] 전문으로 연구함.
屬國[속국] 큰 나라에 딸린 나라.
屬領[속령] 한 나라에 딸린 영토.
屬性[속성] 본디 갖춘 성질.

代役

代役 代役 代役

人(亻)3 **代** 대신 대
ダイ(かわる)

彳4 **役** 부역 역
エキ(つとめ)

ノイ仁代代　ゟイ彳役役

代役[대역] 대신하여 출연합.
代讀[대독] 대신하여 읽음.
代辯[대변] 대신하여 변명합.
役事[역사] 일.
役軍[역군] 일군.
役員[역원] 무슨 역을 맡은 사람.

演技

演技 演技 演技

水(氵)11 **演** 펼 연
익힐 연
エン(のべる)

手(扌)4 **技** 재주 기
ギ(わざ)

氵氵汇泙泙演演　十扌扌护技技

演技[연기] 연극의 기술.
演說[연설] 군중에게 이야기합.
演出[연출] 연극을 함.
技師[기사] 기술 전문인 사람.
技巧[기교] 기술이 교묘합.
技能[기능] 기술의 능력.

藝術

藝術 藝術 藝術

艸(艹)15 **藝** 재주 예
ゲイ(わざ)

行5 **術** 꾀 술
재주 술
ジュツ(わざ)

艹艹茾埶藝　彳什祆術術

藝術[예술] 미를 나타내는 재주.
藝能[예능] 재주와 기능.
藝妓[예기] 기생.
術策[술책] 일을 도모하는 꾀.
術法[술법] 음양과 복술.
術家[술가] 점술에 정통한 사람.

逸話

逸話 逸話 逸話

辵(辶)8 **逸** 숨을 일
편안할일
뛰어날일
イツ(やすらか)

言6 **話** 이야기화
ワ(はなす)

ク色兔逸逸　言言計訢話

逸話[일화] 아직 세상에 알려지지
아니한 이야기.
逸樂[일락] 편안하게 즐김.
逸居[일거] 편안하게 지냄.
話題[화제] 이야기의 제목.
話頭[화두] 이야기의 첫머리.

知識

知識 知識 知識

矢3 **知** 알 지
チ(しる)

言12 **識** 알 식
기록할지
シキ(しる)

ノ二矢知知　言許語識識

知識[지식] 지각과 학식.
知性[지성] 사물의 본성을 알음.
知舊[지구] 안 지 오랜 친구.
識見[식견] 학식과 견문.
識別[식별] 구별하여 앎.
識者[식자] 학식이 있는 사람.

冊箱

冊箱 冊箱 冊箱

冂3 **冊** 책 책
サツ(ふみ)

竹9 **箱** 상자 상
ショウ(はこ)

丨冂冂冊冊　𥫗笹笊箱箱

冊箱[책상] 책을 넣는 상자.
冊子[책자] 책.
冊禮[책례] 책씻이.
冊曆[책력] 천체를 측정하여 해·
달의 돌아감과 절기를 적은 책.
箱子[상자] 물건을 넣는 궤짝.

及第

及第　及第　及第

_又₂ 及 미칠 급　_竹₅ 第 차례 제 집 제

キュウ(およぶ)　ダイ(やしき)

ノ乃及　⺮⺮ 竿第第

及第〔급제〕 시험에 합격함.
及其時〔급기시〕 그 때에 다달아.
及落〔급·락〕 급제와 낙제.
第一〔제일〕 첫째.
第三者〔제삼자〕 당사자 이외의 사
람. 직접 관계없는 사람.

式辭

式辭　式辞　式辞

_弋₃ 式 법식 식　_辛₁₂ 辭 말씀 사 사양할 사

シキ(のり)　ジ(ことば)

一工式式　⺾舌쥐辭辭

式辭〔식사〕 식장에서 하는 인사말
式順〔식순〕 의식의 순서.
式場〔식장〕 의식을 올리는 장소.
辭職〔사직〕 직장에서 물러남.
辭令〔사령〕 벼슬 자리의 임명서.
辭退〔사퇴〕 사양하고 물러 감.

隨筆

隨筆　隨筆　隨筆

_{阜[阝]}₁₃ 隨 따를 수　_竹₆ 筆 붓 필

ズイ(したがう)　ヒツ(ふで)

彡阝阝阼隋隨　⺮竻筀筆筆

隨筆〔수필〕 생각 나는 대로 쓴 글.
隨意〔수의〕 생각대로 좋아 함.
隨行〔수행〕 따라 감.
筆耕〔필경〕 원지에 글씨를 씀.
筆記〔필기〕 기록함.
筆禍〔필화〕 글 잘못 써 받는 재앙.

朗讀

朗讀　朗讀　朗讀

_月₇ 朗 밝을 랑　_言₁₅ 讀 읽을 독

ロウ(ほがらか)　ドク(よむ)

亻户自良朗　言計讀讀讀讀

朗讀〔낭독〕 소리를 높여 읽음.
朗誦〔낭송〕 소리를 높여 글을 욈.
朗吟〔낭음〕 높은 소리로 시를 읊
음.
讀書〔독서〕글을 읽음.
讀破〔독파〕 책을 다 읽어 냄.
讀本〔독본〕 글을 배우기 위해 읽
는 책.

鼓唱

鼓唱　鼓唱　鼓唱

_鼓₀ 鼓 북 고　_口₈ 唱 부를 창

コ(たいこ)　ショウ(となえる)

⺬吉壴鼓鼓　口叩叩唱唱

鼓舞〔고무〕 떨쳐 일어나게 함.
鼓動〔고동〕 마음을 흔들어 움직임.
鼓膜〔고막〕 귓속에 있는 엷은 막.
唱歌〔창가〕 노래.
唱劇〔창극〕 광대노래의 연극.
唱道〔창도〕 처음으로 말을 꺼냄.

音響

音響　音響　音響

_音₀ 音 소리 음　_音₁₃ 響 소리울릴 향

オン(おと)　キョウ(ひびく)

二亠产音音　彡鉚鉚鄉響

音響〔음향〕 소리와 그 울림.
音樂〔음악〕 음을 재료로 한 예술.
音信〔음신〕 소식이나 편지.
響設〔향설〕 잔치를 베풀음.
響應〔향응〕 지른 소리에 맞추어
그 소리와 같이 울림.

聲樂　聲樂　聲樂

聲 소리 성
耳11
セイ(こえ)

樂 즐길 락
木11 풍류 악
　　좋아할요
ラク(たのしい)

士 声 殸 聲 聲　白 細 絈 樂 樂

聲樂[성악] 목소리로 표현하는 음악.
聲明[성명] 여럿에 밝혀 이름.
聲援[성원] 소리쳐서 도와 줌.
樂天[낙천] 세상을 즐겁게 여김.
樂器[악기] 음악에 쓰는 기구.
樂曲[악곡] 음악의 극조.

劍舞　劍舞　劍舞

劍 칼 검
刀(刂)13
ケン(つるぎ)

舞 춤출 무
舛8
ブ(まう)

𠆢 合 合 僉 劍　二 𣞄 舞 舞 舞

劍舞[검무] 칼 춤.
劍術[검술] 긴 칼을 쓰는 재주.
劍道[검도] 검술을 닦는 방법.
舞踊[무용] 춤.
舞臺[무대] 연극을 위하여 만든곳
舞曲[무곡] 춤에 맞추는 곡조.

複型　複型　複型

複 겹옷 복
衣(衤)9 복도 복
フク(かさねる)

型 본 형
土6 모형 형
ケイ(かた)

衤 衯 裓 複 複　二 开 刑 型 型

複雜[복잡] 여러 겹으로 얽힘.
複寫[복사] 박인 것을 되 박음.
複線[복선] 두 줄로 놓은 선로.
型紙[형지] 본보기로 만든 종이.
模型[모형] 본 따서 만든 물건.
原型[원형] 주물 따위의 거푸집.

寫眞　寫眞　寫眞

寫 모뜰 사
宀12
シャ(うつす)

眞 참 진
目5
シン(まこと)

宀 宀 宁 寫 寫　匕 旨 眞 眞

寫眞[사진] 모양을 그대로 배김.
寫本[사본] 그대로 베낀 책.
寫生[사생] 실물을 그대로 그림.
眞理[진리] 참된 이치.
眞意[진의] 참 뜻.
眞實[진실] 참되고 바름.

擴張　擴張　擴張

擴 넓힐 확
手(扌)15
カク(ひろめる)

張 베풀 장
弓8
チョウ(はる)

扌 扩 擴 擴 擴　弓 引 弨 弨 張

擴張[확장] 늘이어 넓게 함.
擴大[확대] 늘이어 크게 함.
擴充[확충] 넓히어 충실하게 함.
張力[장력] 펼치는 힘.
張本人[장본인] 일의 근본이 되는
　　　　　　　자.
張本[장본] 장본인의 준 말.

縮幅　縮幅　縮幅

縮 오그라들
糸 축
シュク(ちぢむ)

幅 폭 폭
巾9
フク(はば)

糸 紡 紡 縮 縮　冂 巾 帏 幅 幅

縮圖[축도] 줄이어 그린 그림.
縮減[축감] 오그라져 덜림.
縮刷[축쇄] 원형을 줄이어 박음.
廣幅[광폭] 넓은 폭.
前幅[전폭] 앞의 폭.
全幅[전폭] 한 폭의 전부.

原色 原色 原色

原 근본 원 언덕 원	色 빛 색
$\frac{厂}{8}$	$\frac{色}{0}$
ゲン(もと)	ショク(いろ)

一 厂 厂 原 原　クタタ 色 色

原色〔원색〕 홍·황·청의 세 색갈.
原稿〔원고〕 인쇄할 초본.
原告〔원고〕 재판을 제기한 자.
色彩〔색채〕 빛갈.
色素〔색소〕 물감.
色眼鏡〔색안경〕 빛갈 있는 안경.

圖形 圖形 圖形

圖 그림 도 꾀할 도	形 형상 형
$\frac{口}{11}$	$\frac{彡}{4}$
ト(はかる)	ケイ(かたち)

冂 冈 冒 圖 圖　二 千 开 形

圖形〔도형〕 그림의 모양.
圖案〔도안〕 설계 고안의 그림.
圖謀〔도모〕 일을 이루려고 꾀함.
形態〔형태〕 모양과 태도.
形成〔형성〕 형상을 이룸.
形便〔형편〕 일이 되어가는 경로.

思潮 思潮 思潮

思 생각할 사	潮 조수 조 밀물 조
$\frac{心}{5}$	$\frac{水(氵)}{12}$
シ(おもう)	チョウ(しお)

冂 皿 田 思 思　氵 汁 淖 潮 潮

思潮〔사조〕 사상의 흐름.
思慕〔사모〕 생각하고 그리워 함.
思慮〔사려〕 일에 관한 생각.
潮水〔조수〕 밀물과 썰물.
潮流〔조류〕 조수의 흐름.
潮熱〔조열〕 정기적으로 나는 열.

最適 最適 最適

最 가장 최	適 맞갖을 적 마침 적
$\frac{日}{8}$	$\frac{辵(辶)}{11}$
サイ(もっとも)	テキ(かなう)

冒 早 昌 冒 最　啇 商 滴 適

最適〔최적〕 가장 알맞음.
最大〔최대〕 가장 큼.
最善〔최선〕 가장 좋음.
適當〔적당〕 알맞음.
適任〔적임〕 알맞은 임무.
適材〔적재〕 적당한 인재.

史實 史實 史實

史 사기 사	實 열매 실
$\frac{口}{2}$	$\frac{宀}{11}$
シ(ふみ)	ジツ(みのる)

口 口 史 史　宀 宀 害 實 實

史實〔사실〕 역사적 사실.
史家〔사가〕 역사를 연구하는 자.
史蹟〔사적〕 역사상 남은 자취.
實力〔실력〕 실제로 가진 힘.
實吐〔실토〕 사실대로 말함.
實權〔실권〕 실제의 권리.

傾聽 傾聽 傾聽

傾 기울 경	聽 들을 청
$\frac{人(亻)}{11}$	$\frac{耳}{16}$
ケイ(かたむく)	チョウ(きく)

亻 亻 化 佰 傾　F 耳 耶 聄 聽

傾聽〔경청〕 귀를 기울여 들음.
傾斜〔경사〕 기울기.
傾向〔경향〕 한 쪽으로 쏠림.
聽衆〔청중〕 연설을 듣는 무리.
聽覺〔청각〕 듣는 감각.
聽講〔청강〕 강의를 들음.

94

秘密 秘密 秘密

示5 祕 비밀할비 / 숨길 비　宀8 密 빽빽할밀 / 비밀할밀

ヒ(かくす)　ミツ(ひそか)

示 祀 祀 祀 祕　宀 宀 密 密 密

秘密[비밀] 남몰래 하는 일.
秘訣[비결] 비밀한 방법.
秘藏[비장] 남 몰래 감추어 둠.
密會[밀회] 남 몰래 만남.
密告[밀고] 몰래 일러 바침.
密談[밀담] 몰래 이야기함.

殘存 殘存 殘存

歹8 殘 쇠잔할잔 / 나머지잔　子3 存 있을 존

ザン(のこる)　ソン(あり)

歹 死 殘 殘 殘　一 ナ 扌 存 存

殘存[잔존] 남아 있음.
殘金[잔금] 남은 돈.
殘忍[잔인] 인정이 없음.
存在[존재] 있음. 현존함.
存亡[존망] 살아 있음과 죽음.
存續[존속] 계속하여 존재함.

啓蒙 啓蒙 啓蒙

口8 啓 열 계　艸(卄)10 蒙 입을 몽 / 어릴 몽

ケイ(ひらく)　モウ(おさない)

厂 戶 所 啟 啓　艹 芦 萝 蒙 蒙

啓蒙[계몽] 무지함을 밝게 깨침.
啓事[계사] 왕에게 사실을 적어 올리는 서면.
啓示[계시] 가르치어 보임.
蒙利[몽리] 이익을 얻음.
蒙昧[몽매] 어리석고 어두움.
蒙恩[몽은] 은덕을 입음.

抽籤 抽籤 抽籤

手(扌)5 抽 뽑을 추 / 당길 추　竹17 籤 점대 첨

チュウ(ぬく)　セン(くじ)

扌 扣 扣 抽 抽　竻 竻 筌 籤 籤

抽籤[추첨] 제비를 뽑음.
抽拔[추발] 골라서 추려냄.
抽象[추상] 많은 표상에서 공통되는 성질을 뽑아 그것만 대상으로 삼음.
籤辭[첨사] 점대에 적힌 길흉의 점사.
籤子[첨자] 점대.
籤紙[첨지] 책에 어떤 것을 표시하느라고 붙이는 쪽지.

簒譜 簒譜 簒譜

糸14 簒 모을 찬 / 이을 찬　言12 譜 문서 보

サン(あつめる)　フ(けいず)

竻 筲 簹 簒 簒　言 計 許 譜 譜

簒修[찬수] 재료를 모아서 책을 짬.
簒集[찬집] 글을 모아 책을 펴냄.
撰簒[찬찬] 서책을 편찬하여 꾸며냄.
譜表[보표] 음률을 표시하는 선.
譜所[보소] 족보를 만들기 위해 둔 사무소.
族譜[족보] 씨족의 대를 기록한 책.

揭粹 揭粹 揭粹

手(扌)9 揭 높이들게　米8 粹 순수할수

ケイ(かかげる)　スイ(すい)

扌 押 揭 揭 揭　丷 米 籵 粋 粹

揭載[게재] 글을 실음.
揭示[게시] 내걸어 보임.
揭揚[게양] 올려 걸음.
國粹[국수] 한 민족 고유의 정신.
純粹[순수] 잡된 것이 없음.
精粹[정수] 깨끗하고 순수함.

苟且 苟且 苟且

苟 구차할구 艸(卄)5 `｜`4 **且** 또 차
コウ(いやしくも)　シャ(かつ)

一 十 艹 芍 苟　｜ 冂 月 且

苟生[구생] 구차한 생활.
苟延歲月[구연세월] 구차스럽게 세월을 보냄.
且戰且走[차전차주] 한편 싸우면서 한편 도망침.
且月[차월] 음력 유월의 별칭.
重且大[중차대] 중하고도 큼.

叡析 叡析 叡析

叡 밝을 예 又14 / 어질 예　**析** 나눌 석 木4
エイ(あきらか)　セキ(さく)

一 ⺊ 夯 睿 叡　十 才 木 杤 析

叡敏[예민] 왕의 천성이 명민함.
叡智[예지] 마음이 밝고 생각이 뛰어남.
叡嘆[예탄] 왕의 탄식.
解析[해석] 풀어서 알림.
分析[분석] 나누어 밝힘.
析義[석의] 석명한 뜻.

朦朧 朦朧 朦朧

朦 지는 달빛 희미할몽 月14　**朧** 달빛 훤히 비칠 롱 月16
モウ(おぼろ)　ロウ(おぼろ)

月 肵 腌 朦 朦　月 腈 朧 朧 朧

朦朧[몽롱] 흐리멍덩함.
朦瞽[몽고] 소경.
朦昏[몽혼] 마취되어 정신이 없음.
朦睡[몽수] 마비되어 자는 모양.
朦夢[몽몽] 꿈인지 아닌지 흐리멍덩함.
朧烟[농연] 아른거리는 노을.

燦爛 燦爛 燦爛

燦 빛날 찬 火13　**爛** 밝을 란 火17
サン(あきらか)　ラン(あきらか)

火 炉 炉 炉 燦　火 炉 焖 焖 爛

燦爛[찬란] 빛나고 아름다움.
燦燦[찬찬] 빛나고 번쩍임.
燦然[찬연] 빛나고 번쩍임.
爛漫[난만] 꽃이 활짝 핀 모양.
爛熟[난숙] 잘 익음.
爛醉[난취] 몹시 취함.

映秀 映秀 映秀

映 비칠 영 日5　**秀** 빼어날수 禾2
エイ(うつる)　シュウ(ひいでる)

日 旷 旷 映 映　一 千 禾 秀 秀

映畵[영화] 활동사진.
映寫[영사] 영화를 비침.
映窓[영창] 방을 밝히는 창문.
秀才[수재] 뛰어난 재주.
秀麗[수려] 경치가 아름다움.
秀眉[수미] 아름다운 눈썹.

彫影 彫影 彫影

彫 새길 조 彡8　**影** 그림자영 彡12
チョウ(ほる)　エイ(かげ)

冂 月 周 周 彫　日 昱 昙 景 影

彫刻[조각] 새기는 것.
彫像[조상] 조각한 물상.
彫琢[조탁] 보석에 새김.
影幀[영정] 초상 그린 족자.
影響[영향] 관계를 미치는 것.
近影[근영] 최근에 찍은 사진.

英雄　英雄　英雄

英 꽃부리영　雄 수컷웅
(艹〔十〕5) 영웅 영　(隹4) 웅장할웅
エイ(ひいでる)　ユウ(おす)

艹 芏 芏 英 英　ナ ナ 対 対 雄

英雄[영웅] 재주와 용맹이 남 달
　　　리 뛰어난 사람.
英靈[영령] 죽은 사람의 영혼.
雄大[웅대] 으리으리하게 큼.
雄壯[웅장] 크고 으리으리함.
雄志[웅지] 큰 뜻.

無敵　無敵　无敵

無 없을 무　敵 대적할적
(火〔灬〕8)　(攴〔攵〕11) 원수 적
ム, ブ(ない)　テキ(かたき)

𠂊 𠂉 無 無 無　卜 啇 啇 敵 敵

無敵[무적] 겨룰만 한 적이 없음.
無窮[무궁] 끝이 없음.
無期[무기] 일정한 기한이 없음.
敵陣[적진] 적군의 진영.
敵機[적기] 적국의 비행기.
敵手[적수] 재주나 힘이 맞서는
　　　사람.

將兵　將兵　將兵

將 장수 장　兵 군사 병
(寸8)　(八5)
ショウ(まさに)　ヘイ(つわもの)

丨 爿 狀 胱 將　厂 厅 乒 丘 兵

將兵[장병] 장교와 사병.
將來[장래] 앞으로 닥쳐 올 때.
將次[장차] 앞으로. 차차.
兵役[병역] 국민으로서 군대에 나
　　　아가 훈련을 받는 일.
兵力[병력] 군대의 힘.

召集　召集　召集

召 부를 소　集 모을 집
(口2)　(隹4)
ショウ(めす)　シュウ(あつめる)

⁊ 刀 尹 召 召　广 卄 隹 隼 集

召集[소집] 불러서 모음.
召喚[소환] 관청에서 불러 올림.
召還[소환] 일을 마치기 전에 불
　　　러 들어오게 하는 일.
集團[집단] 한 곳에 모인 떼.
集會[집회] 여러 사람의 모임.

武裝　武裝　武裝

武 건장할무　裝 행장 장
(止4) 호반 무　(衣7) 꾸밀 장
ブ(たけしい)　ソウ(よそおう)

一 亍 亍 正 武　丨 爿 址 裝 裝

武裝[무장] 전쟁을 할 차림새.
武力[무력] 군사상의 힘.
武器[무기] 전쟁에 쓰이는 기구.
裝置[장치] 꾸며 차리어 둠.
裝甲[장갑] 갑옷을 갖춤.
裝束[장속] 몸을 꾸미어 차림.

訓練　訓練　訓練

訓 가르칠훈　練 익힐 련
(言3)　(糸9)
クン(おしえる)　レン(ねる)

二 言 言 訓 訓　幺 糸 糸 練 練

訓練[훈련] 실두를 배워 익힘.
訓示[훈시] ① 타이름. ② 관청의
　　　명령을 일반에게 알림.
訓戒[훈계] 가르쳐 경계함.
練磨[연마] 갈아 닦음.
練習[연습] 자꾸 되풀이하여 익힘

志願　志願　志願

心³ 志 뜻 지　頁¹⁰ 願 원할 원
シ(こころざす)　　ガン(ねがう)

一十士志志　厂厈原原願願

志願[지원] 하고 싶어서 바람.
志望[지망] 뜻하여 바람.
志操[지조] 굳은 뜻과 바른 조행.
志向[지향] 뜻이 어디로 쏠림.
願書[원서] 청원의 뜻을 쓴 서류.
願望[원망] 원하고 바람.

決死　決死　決死

水(氵)⁴ 決 결단할결　歹² 死 죽을 사
ケツ(きめる)　　シ(しぬ)

氵氵氵決決　一厂歹歹死

決死[결사] 죽기로 마음을 먹음.
決定[결정] 단결하여 작정함.
決心[결심] 마음을 굳게 작정함.
死亡[사망] 사람의 죽음.
死守[사수] 죽기로써 지킴.
死刑[사형] 목숨을 끊는 형벌.

尉官　尉官　尉官

寸⁸ 尉 벼슬이름 위　宀⁵ 官 벼슬 관
イ(おさえる)　　カン(つかさ)

ㄱ尸尸尉尉　宀宀宁官

尉官[위관] 군대 계급의 하나로서
　　소위, 중위, 대위를 모두
　　일컬음.
官吏[관리] 벼슬아치. 공무원.
官民[관민] 관리와 민간인.
官立[관립] 관청에서 세움.

階級　階級　階級

阜(阝)⁹ 階 충계 계　糸⁴ 級 등급 급
섬돌 계　　충 급
カイ(きざはし)　　キュウ(しな)

阝阝阼陛階　糸糸糸紗級

階級[계급] 지위의 등급.
階段[계단] 충충대.
階次[계차] 계급의 차례.
級長[급장] '급'의 우두머리.
級友[급우] 한 학급에서 같이 공
　　부하는 동무.

聯隊　聯隊　聯隊

耳¹¹ 聯 연이을련　阜(阝)⁹ 隊 떼 대
관계할련　　무리 대
レン(つらなる)　　タイ(くみ)

耳聯聯聯聯　阝阝阼隊隊

聯隊[연대] 군대 편성의 한 단위.
聯合[연합] 둘 이상을 합합.
聯立[연입] 여럿이 어울려 섬.
隊列[대열] 떼지어 늘어선 행렬.
隊商[대상] 사막지방에서 떼를 지
　　어 돌아다니는 장사치.

司令　司令　司令

口² 司 맡을 사　人³ 令 하여금령
명령할령
シ(つかさどる)　　レイ(のり)

一ㄱ司司司　ノ人仝今令

司令[사령] 군대나 함대를 거느리
　　고 지휘하는 일.
司法[사법] 법률에 의하여 죄를
　　심판하는 일.
令息[영식] 남의 아들의 높임 말.
令狀[영장] 명령하는 글 발.

統帥　統帥　統帥

糸6 **統** 거느릴통　　巾6 **帥** 장수 수

トウ(すべる)　　　　スイ(ひきいる)

幺 糸 紵 統 統 統 ′ ′ 冃 自 帥 帥

統帥[통수] 온통 몰아서 거느림.
統治[통치] 도맡아 다스림.
統合[통합] 여럿을 하나로 만듬.
統轄[통할] 통일하여 관할함.
元帥[원수] 군인 최고 지위.
將帥[장수] 옛 군사의 우두머리.

登用　登用　登用

癶7 **登** 오를 등　　用0 **用** 쓸용

トウ(のぼる)　　　　ヨウ(もちいる)

ヲ ヲ 癶 咎 登 ノ 冂 月 用

登用[등용] 인재를 뽑아 씀.
登錄[등록] 관청 장부에 올림.
登山[등산] 산에 올라감.
用具[용구] 쓰는 도구.
用途[용도] 쓰이는 곳.
用意[용의] 할 의사.

外伐　外伐　外伐

夕2 **外** 바깥 외　　人(亻)4 **伐** 칠 벌

ガイ(そと)　　　　バツ(うつ)

クタタ 列 外 亻 亻 代 伐 伐

外界[외계] 밖의 범위.
外貌[외모] 겉 모양.
外務[외무] 외교에 관한 사무.
伐木[벌목] 나무를 벰.
伐草[벌초] 풀을 벰.
伐採[벌채] '벌목'과 같음.

砲擊　砲擊　砲擊

石5 **砲** 대포 포　　手13 **擊** 칠 격

ホウ(つつ)　　　　ゲキ(うつ)

石 矿 矿 砲 砲 一 車 軗 擊 擊

砲擊[포격] 대포로 사격함.
砲聲[포성] 대포 소리.
砲彈[포탄] 대포의 알.
擊退[격퇴] 쳐서 물리침.
擊沈[격침] 쳐서 가라앉힘.
擊墜[격추] 쳐서 떨어뜨림.

慘烈　慘烈　慘烈

心(忄)11 **慘** 슬플 참
　　　　 혹독할참

火6 **烈** 매울 렬
　　　　 빛날 렬

サン(みじめ)　　　　レツ(はげしい)

丶 忄 忙 悄 慘 一 歹 歹 列 烈

慘烈[참렬] 몹시 참혹함.
慘敗[참패] 참혹하게 실패함.
慘酷[참혹] 끔찍하게 불쌍함.
烈女[열녀] 절개를 지킨 여자.
烈士[열사] 절개가 군센 사람.
烈風[열풍] 몹시 부는 바람.

奮鬪　奮鬪　奮鬪

大13 **奮** 떨칠분　　鬥10 **鬪** 싸움 투

フン(ふるう)　　　　トウ(たたかう)

六 奔 奞 奮 奮 ׀ ׀̄ 鬥 鬥 鬪

奮鬪[분투] 힘을 다하여 싸움.
奮起[분기] 기운을 내어 일어남.
奮發[분발] 기운을 내어 힘 씀.
鬪爭[투쟁] 다투어 싸움.
鬪志[투지] 싸울 마음.
鬪士[투사] 싸우려고 나선 사람.

我方 我方 我方

戈
3
我 나 아

方
0
方 모 방
　방위 방

ガ(われ)　　ホウ(かた)

一 手 我 我 我　　亠 亠 方

我方[아방] 우리 쪽.
我國[아국] 우리 나라.
我軍[아군] 우리 군사.
方針[방침] 일의 방법과 계획.
方途[방도] 일을 하여갈 길.
方今[방금] 이제 금방.

返陣 返陣 返陣

走(辶)
4
返 돌아올 반

阜(阝)
7
陣 진칠 진

ヘン(かえる)　　ジン(じんどる)

厂 厂 反 返 返　　乛 阝 阠 陣 陣

返還[반환] 돌려 보냄.
返信[반신] 회답 편지.
返送[반송] '반환'과 같음.
陣地[진지] 진을 치는 터.
陣頭[진두] 진의 맨 앞.
陣容[진용] 군진의 형세나 모양.

移動 移動 移動

禾
6
移 옮길 이

力
9
動 움직일동

イ(うつる)　　ドウ(うごく)

二 禾 移 移 移　　亠 甬 重 動 動

移動[이동] 옮겨 감.
移秧[이앙] 모내기.
移徙[이사] 집을 옮겨 감.
動搖[동요] 움직여서 흔들림.
動作[동작] 몸을 움직임.
動力[동력] 물체를 움직이는 힘.

露宿 露宿 露宿

雨
12
露 이슬 로
　드러날로

宀
8
宿 잘 숙
　머무를숙

ロ(つゆ)　　シュク(やど)

一 雫 雫 霊 露 露　　宀 宀 宀 宿 宿

露宿[노숙] 집 밖에서 잠.
露積[노적] 밖에 쌓은 곡식.
露骨[노골] 숨김 없이 들어냄.
宿泊[숙박] 여관에서 묵음.
宿患[숙환] 오래된 병.
宿命[숙명] 작정된 운명.

包圍 包圍 包圍

勹
3
包 쌀 포
　용납할포

口
9
圍 둘레 위

ホウ(つつむ)　　イ(かこむ)

丿 勹 勹 匀 包　　冂 冃 罔 圕 圍

包圍[포위] 뺑 둘러 에워 쌈.
包攝[포섭] 받아들임.
包裝[포장] 물건을 쌈.
圍棋[위기] 바둑을 둠.
圍繞[위요] 둘러 쌈.
周圍[주위] 바깥 둘레.

攻勢 攻勢 攻勢

攴(攵)
3
攻 칠 공

力
11
勢 권세 세
　행세 세

コウ(せめる)　　セイ(いきおい)

丁 工 巧 功 攻　　坴 埶 埶 勢 勢

攻勢[공세] 공격의 태세나 세력.
攻擊[공격] 적을 침. 몹시 꾸짖음.
攻駁[공박] 잘못을 따져 말함.
勢道[세도] 정치상의 세력.
勢力[세력] 권세의 힘.
勢家[세가] 권세 있는 집.

100

銀翼 銀翼 銀翼	操縱 操縱 操縱

金 6 銀 은은 ギン(しろがね)

羽 12 翼 날개 익 도울 익 ヨク(つばさ)

手(扌) 13 操 잡을 조 지조 조 ソウ(とる)

糸 11 縱 놓을 종 세로 종 ジュウ(たて)

𠂤 釒 釖 鉅 銀 銀 ⅂ ⻇ 羽 翼 翼 翼

扌 扩 护 搷 操 操 糹 紉 紛 縦 縦 縦

銀翼[은익] 비행기
銀幕[은막] 영사막. 스크린.
銀河[은하] 은하수.
銀行[은행] 금융 매개의 기관.
翼翼[익익] 많고 성한 모양.
翼贊[익찬] 정사를 도움.

操縱[조종] 뜻대로 다루어 부림.
操心[조심] 마음을 삼가서 가짐.
操行[조행] 몸을 가지는 행실.
縱行[종행] 세로 된 줄.
縱橫[종횡] 가로와 세로.
縱放[종방] 멋대로.

爆裂 爆裂 爆裂	猛暴 猛暴 猛暴

火 15 爆 터질 폭 バク(さける)

衣 6 裂 찢어질 렬 レツ(さく)

大(犭) 8 猛 날랠 맹 사나울 맹 モウ(たけし)

日 11 暴 사나울포 (폭) ボウ, バク(あらい)

火 炉 炉 爆 爆 歹 列 裂 裂 裂

犭 犭 狂 犭 猛 旦 昊 暴 暴 暴

爆裂[폭렬] 불이 일어나며 터짐.
爆發[폭발] 불이 터짐.
爆笑[폭소] 터져 나오는 웃음.
爆音[폭음] 폭발하는 큰 소리.
裂傷[열상] 살갗을 칼로 벤 상처.
裂開[열개] 찢어서 벌림.

猛烈[맹렬] 기세가 사납고 세참.
猛爆[맹폭] 맹렬한 폭격.
猛將[맹장] 사나운 장수.
暴惡[포악] 성질이 사납고 악함.
暴君[폭군] 모진 임금.
暴動[폭동] 난폭한 행동.

旗艦 旗艦 旗艦	沈沒 沈沒 沈沒

方 10 旗 기 기 キ(はた)

舟 14 艦 싸움배함 カン(いくさぶね)

水(氵) 4 沈 잠길 침 성 심 チン(しずむ)

水(氵) 4 沒 잠길 몰 다할 몰 ボツ(しずむ)

𠂤 𣂆 𣂗 旗 旗 月 舟 舮 艦 艦

冫 氵 沪 汁 沈 冫 氵 沪 汐 沒

旗艦[기함] 사령관이 탄 군함.
旗手[기수] 기로 신호하는 사람.
旗身[기신] 깃발.
艦砲[함포] 군함의 대포.
艦隊[함대] 군함 두 척 이상으로
　　　편성된 해군 부대.

沈沒[침몰] 물속에 가라앉음.
沈着[침착] 성질이 착실함.
沈淸[심청] 사람 이름.
沒頭[몰두] 모슨 일에 열중함.
沒死[몰사] 다 죽음.
沒收[몰수] 빼앗아 들임.

警戒 警戒 警戒

言13 警 경계할경	戈3 戒 경계할계
ケイ (いましめる)	カイ (いましめる)

苟 敬 警 警 / 二 开 戒 戒 戒

警戒 [경계] 뜻밖의 일이 생기지
　　　　않도록 조심함.
警告 [경고] 경계하여 이름.
警備 [경비] 만일에 미리 방비함.
戒嚴 [계엄] 전쟁 또는 사변이 있
　　　　을 때 군대로서 경계함.

森嚴 森嚴 森嚴

木8 森 나무빽들 어설 삼 성할 삼	口17 嚴 엄할 엄
シン (もり)	ゲン (きびしい)

一 十 木 森 森 / 严 严 严 厳 嚴

森嚴 [삼엄] 엄숙하고 어마어마함.
森林 [삼림] 나무가 많이 난 곳.
森羅萬象 [삼라만상] 우주 안에 있
　　　　는 모든 물건.
嚴格 [엄격] 엄하고 딱딱함.
嚴禁 [엄금] 엄중하게 금함.

消煙 消煙 消煙

水(氵)7 消 사라질소	火9 煙 연기 연
ショウ (きえる)	エン (けむり)

氵 氵 汴 沿 消 / ' 火 炉 烟 煙

消息 [소식] 편지나 또는 소문.
消費 [소비] 써서 없앰.
消毒 [소독] 전염될 병균을 죽임.
煙草 [연초] 담배.
煙突 [연돌] 굴뚝.
煙滅 [연멸] 연기같이 사라짐.

燃燒 燃燒 燃燒

火12 燃 불탈 연	火12 燒 불사를소
ネン (もえる)	ショウ (やく)

' 炒 炒 燃 燃 / ' 火 炉 燒 燒

燃燒 [연소] 물건이 탐.
燃料 [연료] 불 붙여 타게 하는 재
　　　　료.
燒失 [소실] 불에 타서 없어짐.
燒却 [소각] 불에 데워 버림.
燒死 [소사] 불에 타서 죽음.
燒殺 [소살] 불에 태워 죽임.

含怒 含怒 含怒

口4 含 머금을함	心5 怒 성낼 노
ガン (ふくむ)	ド (いかる)

入 今 今 含 含 / ㇄ 女 奴 怒 怒

含怒 [함노] 노기를 품음.
含蓄 [함축] 말이나 글 가운데 많
　　　　은 뜻이 들어 있음.
含淚 [함루] 눈물을 머금음.
怒氣 [노기] 성이 난 얼굴 빛.
怒濤 [노도] 성낸 파도.

抗拒 抗拒 抗拒

手(扌)4 抗 막을 항 항거할항	手(扌)5 拒 막을 거
コウ (あたる)	キョ (こばむ)

扌 扌 扩 扩 抗 / 扌 扣 扩 拒 拒

抗拒 [항거] 맞서서 겨눔.
抗辯 [항변] 말로써 서로 버팀.
抗爭 [항쟁] 버티고 다툼.
拒否 [거부] 아니라고 거절함.
拒逆 [거역] 명령을 거슬림.
拒絕 [거절] 물리쳐서 딱 떼어버림.

102

又復 又復 又復

又⁰ 또우
ユウ(また)

復⁹ 돌아올복
다시 부
フク(かえる)

フ又　　彳彳彳彳復復復

又復[우복] 또 다시.
又況[우황] 하물며.
復興[부흥] 다시 일으킴.
復職[복직] 직업을 회복함.
復活[부활] 다시 살아남.
復讐[복수] 원수를 갚음.

侵犯 侵犯 侵犯

侵⁷ 침노할침
シン(おかす)

犯² 범할 범
ハン(おかす)

亻亻伊侵侵　丿才犭犯犯

侵犯[침범] 침노함.
侵略[침략] 땅을 빼앗음.
侵入[침입] 침범하여 들어옴.
犯罪[범죄] 죄를 지음.
犯意[범의] 범죄의 의사.
犯行[범행] 범죄가 되는 행위.

勇姿 勇姿 勇姿

勇⁷ 날랠 용
용감할용
ユウ(いさましい)

姿⁶ 맵시 자
シ(すがた)

マア丙丙勇勇　二方次姿姿

勇姿[용자] 용맹스런 모양.
勇敢[용감] 썩썩하고 기운참.
勇將[용장] 용맹한 장수.
姿勢[자세] 몸을 가지는 모양.
姿態[자태] 모습이나 맵씨.
姿色[자색] 여자의 예쁜 얼굴.

去就 去就 去就

去³ 갈 거
지날 거
キョ(さる)

就⁹ 좇을 취
이룰 취
シュウ(つく)

一十土去去　亨京栄就就

去就[거취] 일신상의 진퇴.
去來[거래] 물건을 팔고 삼.
去勢[거세] 세력을 제거함.
就職[취직] 직업을 얻음.
就學[취학] 학교에 들어감.
就寢[취침] 잠을 잠.

唐突 唐突 唐突

唐⁷ 당나라당
황당할당
トウ(から)

突⁴ 우뚝할돌
다닥칠돌
トツ(つく)

广广庐庐唐唐　宀灾灾突突

唐突[당돌] 올차고 도랑도랑함.
唐根[당근] 홍당무우.
唐慌[당황] 어찌할 줄을 모름.
突擊[돌격] 나아가서 침.
突然[돌연] 뜻밖에.
突發[돌발] 별안간 일어남.

敢斷 敢斷 敢斷

敢⁸ 구태여감
감히 감
カン(あえて)

斷¹⁴ 끊을 단
ダン(たつ, ことわる)

丆丆百亨敢敢　⁕⁜⁜斷斷

敢然[감연] 과감한 태도.
敢鬪[감투] 용감하게 싸움.
敢行[감행] 용감히 행합.
斷念[단념] 생각을 끊어 버림.
斷乎[단호] 조금도 사정이 없음.
斷案[단안] 옳고 그름을 판단함.

銃彈 銃彈 銳燁	軍刀 軍刀 罕刀
金6 銃 총 총 弓12 彈 탄알 탄 / 탈 탄	車2 軍 군사 군 刀0 刀 칼 도
ジュウ(つつ)　　ダン(たま)	ゲン(つわもの)　　トウ(かたな)
牟 金 釓 銒 銃　弓 弓 弭 彈 彈	一 冐 冒 軍 軍　フ 刀
銃彈 [총탄] 총알.	軍刀 [군도] 전쟁에 쓰는 칼.
銃聲 [총성] 총 소리.	軍備 [군비] 군사상의 설비.
銃殺 [총살] 총으로 쏘아 죽임.	軍務 [군무] 군사상의 사무.
彈子 [탄자] 탄환. 총알.	刀圭 [도규] 의술.
彈皮 [탄피] 탄환의 껍질.	刀子 [도자] 창칼.
彈壓 [탄압] 통기고 억누름.	刀魚 [도어] ① 웅어. ② 갈치.

義憤 義憤 義憤	危險 危險 危險
羊7 義 옳을 의 心12 憤 분할 분	卩4 危 위태할 위 阜13 險 험할 험
ギ(のり)　　フン(いきどおる)	キ(あやうい)　　ケン(けわしい)
丷 羊 美 義 義　忄 忙 忙 憤 憤	⺈ 夕 产 危 危　阝 阞 阾 險 險
義憤 [의분] 의로운 분노.	危險 [위험] 위태하고 험함.
義擧 [의거] 정의를 위한 거사.	危急 [위급] 매우 위태함.
義足 [의족] 해 박는 발. 고무 발.	危懼 [위구] 두려움.
憤激 [분격] 몹시 분함.	險路 [험로] 위험한 길.
憤慨 [분개] 분하여 탄식함.	險難 [험난] 위태롭고 어려움.
憤痛 [분통] 분하고 절통함.	險談 [험담] 남을 욕되게 하는 말.

火災 火災 乇乇	散在 散在 敔圡
火0 火 불 화 火3 災 재앙 재	攴8 散 흩어질 산 土3 在 있을 재
カ(ひ)　　サイ(わざわい)	サン(ちる)　　ザイ(ある)
㇒ 少 火　⺡ 巛 災 災 災	丗 昔 昔 背 散　一 ナ 才 在 在
火災 [화재] 불로 인한 재해.	散在 [산재] 흩어져 있음.
火急 [화급] 매우 급함.	散漫 [산만] 어수선함.
火田 [화전] 불을 지르고 만든 밭.	散文 [산문] 제한 없이 적은 글.
災殃 [재앙] 천재지변의 사고.	在學 [재학] 학교에 다님
災害 [재해] 재앙으로 인한 해.	在野 [재야] 관직에 있지 않음.
災民 [재민] 재난을 당한 백성.	在來 [재래] 전부터 있던 곳.

104

始初 始初 始初	終幕 終幕 終幕
女5 始 비로소 시 刀5 初 처음 초	糸5 終 마칠 종 巾11 幕 장막 막
シ(はじめ) ショ(はじめ)	シュウ(おわる) バク(まく)
ㄥ 女 女 女 如 始 ㄱ ㄱ ㄱ ㄱ 初 初	ㄠ 糸 紋 紋 終 ⺿ 苩 莫 幕 幕
始初[시초] 맨 처음.	終幕[종막] 마지막.
始作[시작] 일 따위를 개시함.	終焉[종언] 마지막 판.
始終[시종] 처음과 끝.	終末[종말] 끝 판.
初面[초면] 처음으로 만남.	幕童[막동] 막내 아들.
初雪[초설] 첫 눈.	幕間[막간] 연극 영화의 막 사이.
初志[초지] 맨 처음 먹은 뜻.	幕舍[막사] 임시로 허름하게 지은 집.

暫時 暫時 暫時	即瞬 即瞬 即瞬
日11 暫 잠간 잠 日6 時 때 시	卩7 卽 곧 즉 日12 瞬 눈깜작일 순 / 잠깐 순
ザン(しばらく) ジ(とき)	ソク(すなわち) シュン(またたく)
亘 車 斬 斬 暫 ⅠⅡ 旷 時 時	白 白 自 卽 卽 日 旷 瞬 瞬 瞬
暫時[잠시] 잠간.	卽決[즉결] 곧 처결함.
暫間[잠간] 오래지 아니한 동안.	卽斷[즉단] 그 자리에서 곧 단정함
暫定[잠정] 임시로 정함.	卽答[즉답] 그 자리에서 곧대답함
時勢[세세] 그 때의 형세.	卽死[즉사] 그 자리에서 곧 죽음.
時刻[시각] 때.	瞬間[순간] 눈 깜작이는 동안.
時急[시급] 때가 임박함.	瞬息間[순식간] 순간.

盲目 盲目 盲目	相對 相對 相對
目3 盲 장님 맹 目0 目 눈 목	目4 相 서로 상 寸11 對 마주볼대 / 대답할대
モウ(めくら) モク(め)	ソウ(あい) タイ(こたえる)
亠 亡 亡 盲 盲 Ⅰ 冂 月 目	十 木 相 相 相 ⺀ 丵 丵 對 對
盲目[맹목] 분별없이 하는 행동.	相對[상대] 서로 대면함.
盲從[맹종] 좋고 그름을 관계하지 않고 따라감.	相違[상위] 서로 같지 아니함.
目的[목적] 이루려 하는 목표.	相反[상반] 서로 반대됨.
目擊[목격] 눈으로 직접 봄.	對立[대립] 마주 대하여 섬.
目標[목표] 눈으로 목적 삼은 곳.	對策[대책] 사물에 대하는 방책.
	對抗[대항] 서로 버팀.

敗退 敗退 改退

退 물러갈퇴
走(辶)6
タイ(しりぞく)

敗 패할 패
攴(攵)7
ハイ(やぶれる)

ㅋ ㄹ 貝 浪 退 ∥ 目 貝 貯 敗 敗

敗退[패퇴] 싸움에 지고 물러감.
敗戰[패전] 싸움에 짐.
敗北[패배] 싸움에 지고 달아남.
退却[퇴각] 물러감.
退步[퇴보] 재주나 힘이 줄어짐.
退治[퇴치] 물리쳐 없애 버림.

浸損 浸損 浸損

浸 적실 침
水(氵)7
シン(ひたす)

損 덜 손
手(扌)10
감할 손
ソン(そこなう)

氵 汈 浔 浔 浸 扌 扚 捐 捐 損

浸損[침손] 침노하여 손해를 끼침
浸蝕[침식] 개먹어 들어감.
浸沈[침침] 스며 들어감.
損失[손실] 이익을 잃어 버림.
損益[손익] 손해와 이익.
損傷[손상] 덜어지고 상함.

混亂 混乱 混亂

混 섞일 혼
水(氵)8
コン(まぜる)

亂 어지러울 란
乙(乚)12
ラン(みだれる)

氵 汜 汜 泥 混 ㅉ 爭 爭 爭 亂

混亂[혼란] 몹시 어지러움.
混同[혼동] 이것 저것을 뒤섞음.
混食[혼식] 이것 저것을 섞어먹음
亂立[난립] 난잡하게 늘어섬.
亂局[난국] 어지러운 판.
亂離[난리] 전쟁이나 분쟁.

激甚 激甚 激甚

激 격동할격
水(氵)13
ゲキ(はげしい)

甚 심할 심
甘4
ジン(はなはだ)

氵 沪 潷 潒 激 廿 甘 甚 甚 甚

激甚[격심] 지나치게 심함.
激勵[격려] 힘을 더욱 북돋움.
激戰[격전] 몹시 세차게 싸움.
激讚[격찬] 몹시 칭찬함.
甚難[심난] 매우 어려움.
甚大[심대] 매우 큼.

盟約 盟約 盟約

盟 맹세할맹
皿8
メイ(ちかう)

約 기약할약
糸3
검소할약
ヤク(ちぎる)

∥ 日 明 明 盟 幺 糸 糸 約 約

盟約[맹약] 맹세하여 맺은 약속.
盟邦[맹방] 동맹국.
盟誓[맹세] 장래를 두고 약속함.
約束[약속] 서로 말을 정하여 놓음
約定[약정] 약속하여 정함.
約婚[약혼] 결혼할 것을 약속함.

恒例 恒例 恒例

恒 항상 항
心(忄)6
コウ(つね)

例 법식 례
人(亻)6
전례 례
レイ(たぐい)

丷 忄 忄 忉 恒 亻 仴 伊 伊 例

恒例[항례] 보통의 예.
恒常[항상] 늘.
恒久[항구] 변치 않고 오래 감.
例外[예외] 규칙에 벗어남.
例事[예사] 예상사.
例年[예년] 보통과 같은 해.

占칠점 / 점령할점 卜3 · 領 거느릴령 / 받을령 頁5
セン(うらなう) · リョウ(おさめる)
卜 ⼗ 占 占 · 〜 今 領 領 領
占領[점령] 빼앗아 차지함.
占據[점거] 빼앗아 자리잡음.
占有[점유] 차지하여 가짐.
領收[영수] 돈, 물건등을 받아들임
領土[영토] 국토.
領域[영역] 영지의 구역.

與 더불어여 / 줄여 曰7 · 奪 빼앗을탈 大11
ヨ(あたえる) · ダツ(うばう)
与奪[여탈] 주는 일과 뺏는 일.
與否[여부] 이러 저러한 분간.
與黨[여당] 정부편을 드는 정당.
奪還[탈환] 도로 빼앗아 옴.
奪取[탈취] 빼앗아 가짐.
奪略[탈략] 강제로 빼앗음.

停 머무를정 人(イ)9 · 戰 싸움전 戈12
テイ(とどまる) · セン(いくさ)
停戰[정전] 싸우는 일을 중지함.
停止[정지] 하던 일을 그침.
停留[정류] 수레가 가다가 머무름
戰爭[전쟁] 나라끼리의 싸움.
戰友[전우] 군대의 벗.
戰勢[전세] 전쟁의 형편.

宣 베풀선 宀6 · 言 말씀언 言0
セン(のべる) · ゲン、ゴン(ことば)
宣言[선언] 의견을 널리 알림.
宣布[선포] 널리 베풀어서 폄.
宣明[선명] 널리 설명함.
言論[언론] 말이나 글로써 자기의
생각을 나타내는 일.
言約[언약] 말로 약속함.

偉 클위 / 거룩할위 人(イ)9 · 功 공공 力3
イ(えらい) · コウ(いさお)
偉功[위공] 위대한 공적.
偉人[위인] 위대한 일을 한 사람.
偉大[위대] 훌륭함.
功績[공적] 애 쓴 보람.
功過[공과] 공로와 허물.
功勞[공로] 일을 해낸 공.

慰 위로할위 心11 · 勞 수고로울로 力10
イ(なぐさめる) · ロウ(はたらく)
慰勞[위로] 수고함을 치사함.
慰安[위안] 위로하여 안심시킴.
慰撫[위무] 위로하고 어루만짐.
勞苦[노고] 피롭게 애 씀.
勞困[노곤] 고단함.
勞農[노농] 노동자와 농민.

群眾 群眾 群荒

羊7 群 무리 군	血6 衆 무리 중
グン(むれ)	シュウ(おおい)

ㅋ 尹 君 群 群 群 ㅁ 血 血 衆 衆 衆

群眾[군중] 많이 모인 여러 사람.
群雄[군웅] 많은 영웅.
群起[군기] 떼를 지어 일어남.
衆論[중론] 뭇 사람의 의논.
衆生[중생] 이 세상의 모든 생명.
衆寡[중과] 수의 많음과 적음.

組織 組織 组織

糸5 組 짤 조	糸12 織 짤 직
ソ(くむ)	ショク(おる)

ㄥ 幺 糸 糸日 組 糸 斜 綽 織 織

組織[조직] 얽어서 만들음.
組合[조합] 지방단체나 특정의 자
격이 있는 사람끼리 조직
된 단체.
織造[직조] 베를 짜는 일.
織機[직기] 피륙을 짜는 틀.
織物[직물] 온갖 피륙.

繼續 継續 継续

糸14 繼 이을 계	糸15 續 이을 속
ケイ(つぐ)	ゾク(つづく)

糸 絲 絲 絲 繼 繼 糸 綷 續 續 續

繼續[계속] 끊지 않고 이어나감.
繼母[계모] 아버지의 후취.
繼承[계승] 뒤를 받아 이음.
續出[속출] 계속하여 나옴.
續刊[속간] 신문, 잡지등을 정간
하였다가 다시 간행함.

强化 強化 強化

弓9 强 강할 강	匕2 化 화할 화
キョウ(つよい)	カ, ケ(ばける)

ㄱ 弓 弨 弹 强 イ イ 化

强化[강화] 강하게 함.
强盜[강도] 흉기를 가진 도둑.
强制[강제] 힘으로 으르대대 남의
자유를 억누름.
化粧[화장] 단장.
化粧室[화장실] ① 변소. ② 화장
하는 방.

事必 事必 事必

亅7 事 일 사	心1 必 반드시 필
ジ(こと)	ヒツ(かならず)

亓 写 写 写 事 ノ 必 必 必

事故[사고] 뜻밖에 일어난 탈.
事件[사건] 뜻밖에 일어난 일.
事變[사변] 보통아닌 변스러운 일.
必要[필요] 꼭 소용이 됨.
必然[필연] 확실치 않지만 거의
틀림 없다는 뜻의 말.

繁昌 繁昌 繁る

糸11 繁 성할 번	日4 昌 창성할 창
ハン(さかえる)	ショウ(さかん)

亡 每 敏 繁 繁 ㅁ 日 昌 昌

繁昌[번창] 한창 늘어서 잘 돼감.
繁盛[번성] 번창.
繁華[번화] 번성하고 화려함.
繁榮[번영] 번성과 영화로움.
昌盛[창성] 잘 되어 감.
昌世[창세] 매우 번창한 세상.

倭寇 倭寇 倭寇

人(亻) 8 **倭** 나라이름 왜　　宀 8 **寇** 떼도적 구

ワ(やまと)　　コウ(あだする)

亻 仁 侼 倭 倭　宀 宊 宼 寇 寇

倭寇[왜구] 왜적.
倭船[왜선] 왜적의 배.
倭政[왜정] 왜적의 정치.
寇賊[구적] 국경을 침범하는 도적.
寇偷[구투] 타국에 들어가 난폭 또는 도적질을 함.
外寇[외구] 외적.

蠻夷 蠻夷 蠻夷

虫 19 **蠻** 오랑캐 만　　大 3 **夷** 오랑캐 이 / 평평할 이

バン(えびす)　　イ(えびす)

言 結 䜌 蠻 蠻　一 ㄱ 弓 弓 夷

蠻族[만족] 야만족.
蠻風[만풍] 야만의 풍속.
野蠻[야만] 문명이 깨지 못함.
蠻行[만행] 오랑캐 같은 행동.
夷狄[이적] 오랑캐.
東夷[동이] 중국 동방의 오랑캐.

掩蔽 掩蔽 掩蔽

手(扌) 8 **掩** 가릴 엄　　艸(艹) 12 **蔽** 가릴 폐

エン(おおう)　　ヘイ(おおう)

扌 拚 捹 掩 掩　艹 艹 苬 蔽 蔽

掩蔽[엄폐] 보이지 않도록 덮어 숨김.
掩匿[엄익] 덮어서 감춤.
掩門[엄문] 문을 닫음.
蔽空[폐공] 하늘을 가림.
蔽漆[폐칠] 까맣게 칠하여 가림.
蔽遮[폐차] 보이지 않도록 가리어 막음.

驅逐 驅逐 驅逐

馬 11 **驅** 몰 구　　辵(辶) 7 **逐** 쫓을 축

ク(かける)　　チク(おう)

冂 馬 駆 驅 驅　丆 豕 豕 逐 逐

驅使[구사] 마구 몰아 치어 부림.
驅除[구제] 몰아 내어 없앰.
驅從[구종] 벼슬아치를 따라다니던 하인.
逐條[축조] 조례의 순서.
逐斥[축척] 배척하여 몰아냄.
逐出[축출] 쫓아 몰아냄.

虜囚 虜囚 虜囚

虍 6 **虜** 사로잡을 로　　口 2 **囚** 가둘 수 / 죄수 수

リョ(とりこ)　　シュウ(とらえる)

卢 虍 虏 虜 虜　丨 冂 冈 囚 囚

捕虜[포로] 잡힌 적의 군사.
虜鋒[노봉] 적군의 칼날.
虜獲[노획] 적병을 사로잡음.
浮虜[부로] 사로잡힌 적의 군사.
囚人[수인] 옥에 갇힌 사람.
囚禁[수금] 죄인을 가두어 둠.
囚獄[수옥] 감옥. 교도소.

宥戎 宥戎 宥戎

宀 6 **宥** 죄사할 유　　戈 2 **戎** 병장기 융 / 오랑캐 융

ユウ(ゆるす)　　ジュウ(つわもの)

宀 宊 宥 宥 宥　一 二 于 戎 戎

宥恕[유서] 용서해 줌.
宥還[유환] 귀양간 죄인이 용서를 받고 돌아옴.
寬宥[관유] 너그럽게 용서함.
戎器[융기] 무기. 병기.
戎裝[융장] 전쟁의 준비.
戎毒[융독] 큰 해독.

繫縛 繫縛 繫縛

糸 13 繫 얽을 계
맺을 계

糸 10 縛 묶을 박

ケイ(つなぐ) バク(しばる)

車 車 睯 穀 繫 糸 糸 緋 縛 縛

繫累[계루] 몸이 얽힘.
繫留[계류] 붙들어 머물게 함.
繫泊[계박] 배를 매어 둠.
縛繩[박승] 죄인을 묶는 데 쓰는 노끈.
束縛[속박] 묶어 둠.
縛賊[박적] 도적을 결박함.

掛肋 掛肋 掛肋

手(扌) 8 掛 걸 괘

肉(月) 2 肋 갈빗대 륵

カイ(かける) ロク(あばら)

扌 扩 挂 掛 掛) 刀 月 肋 肋

掛鏡[괘경] 걸어두고 보는 거울.
掛念[괘념] 마음에 걸려 잇지 아니함.
掛榜[괘방] 방을 써 붙임.
肋木[늑목] 체조에 쓰는 나무.
肋膜[늑막] 허파를 싸고 있는 막
肋間[늑간] 갈빗대 사이.

干戈 干戈 干戈

干 0 干 방패 간

戈 0 戈 창 과

カン(ほす) カ(ほこ)

二 干 一 七 戈 戈

干涉[간섭] 남의 일에 참견함.
干城[간성] 나라를 지키는 군인.
干支[간지] 십간과 십이지.
干戈[간과] 전쟁에 쓰는 병장기의 총칭.
戈壁[과벽] 사막.
戈登[과등] 수잗. 경계선.

週末 週末 週末

辵(辶) 8 週 두루 주
주일 주

木 1 末 끝 말

シュウ(めぐる) マツ(すえ)

刀 用 周 周 週 一 二 丰 才 末

週末[주말] 한 주일의 끝 토요일.
週刊[주간] 주일마다 내는 책. 또는 신문.
週日[주일] 한 주일 동안.
末女[말녀] 막내 딸.
末尾[말미] 맨 끄트머리.
末世[말세] 망해 가는 세상.

曜日 曜日 曜日

日 14 曜 해비칠 요
요일 요

日 0 日 날 일

ヨウ(ひかり) ニチ(ひ)

日 日 日 日 曜 | 冂 月 日

曜日[요일] 일, 월 양요일에 화, 수, 목, 금, 토의 오성을 더한 칠요일.
日間[일간] 가까운 날 사이.
日暮[일모] 해가 질 무렵.
日淺[일천] 오래 되지 않음.
日課[일과] 날마다 하는 일.

課題 課題 課題

言 8 課 구실 과
공부 과

頁 9 題 제목 제

カ(わりあて) ダイ(ひたい)

言 訂 謤 課 課 旦 旱 是 題 題

課題[과제] 문제를 내어 줌.
課稅[과세] 세금을 매김.
課外[과외] 정해진 학과 이외.
題目[제목] 글의 제.
題材[제재] 제목과 재료.
題詞[제사] 책머리에 적는 글.

110

試驗 試驗 試驗

言6 試 시험할시　馬13 驗 증험할험／보람험

シ(ためす)　ケン(ためす)

言　言　訂　試　試　Π　馬　馬　驗　驗

試驗[시험] 성질, 능력을 알아봄.
試用[시용] 시험삼아 써 봄.
試案[시안] 시험삼아 만든 안.
驗算[험산] 계산을 다시 검사함.
驗電器[험전기] 대전의 유무와 정
　　도를 검사하는 장치.

成績 成績 成績

戈3 成 이룰성　糸11 績 길쌈 적／공 적

セイ(なる)　セキ(つむぐ)

丿　厂　成　成　成　乡　糸　紵　績　績

成績[성적] 일을 마친 결과.
成家[성가] 따로 한 집을 이룸.
成熟[성숙] 발육이 완전함.
治績[치적] 정치의 공적.
功績[공적] 공로. 애 쓴 보람.
業績[업적] 일의 성적.

採點 採點 採點

手(扌)8 採 캘채　黑5 點 점 점

サイ(とる)　テン(てん)

扌　扌　扩　扩　採　罒　甲　黑　點　點

採點[채점] 점수를 매김.
採石[채석] 돌을 캐 냄.
採擇[채택] 골라서 씀.
點火[점화] 불을 붙임.
點檢[점검] 날날이 조사함.
點燈[점등] 등불을 켬.

正直 正直 正直

止1 正 바를정　目3 直 곧을 직

セイ(ただしい)　チョク(なおす)

一　丁　下　正　正　ナ　古　育　直　直

正直[정직] 마음이 바르고 곧음.
正常[정상] 바르고 떳떳함.
正確[정확] 바르고 확실함.
直立[직립] 곧게 섬.
直言[직언] 거리낌 없는 말.
直感[직감] 얼핏 보고 느낌.

努力 努力 努力

力5 努 힘쓸노　力0 力 힘 력

ド(つとめる)　リョク, リキ(ちから)

人　夕　女　奴　努　フ　力

努力[노력] 힘을 다 함.
力說[역설] 힘을 주어 말함.
力作[역작] 애써서 만든 작품.
力戰[역전] 힘써 싸움. 고투.
力量[역량] 능력의 정도.
力技[역기] 힘부림. 운동의 하나.

準備 準備 準備

水(氵)10 準 법도준　人(イ)10 備 갖출 비

ジュン(のり)　ビ(そなえる)

氵　沪　沊　淮　準　亻　俏　俌　備　備

準備[준비] 미리 마련하여 갖춤.
準用[준용] 대중하여 씀.
準據[준거] 표준을 삼음.
備置[비치] 갖추어 둠.
備品[비품] 갖추어 두는 물건.
備忘[비망] 잊어버릴 때의 준비.

111

整然 整然 整然

整 정 가지런할 12 攵(攵)
セイ(ととのえる)
然 그럴 연 8 火(灬)
ゼン(しかり)
ヨ 束 敕 整 整 ク 夕 妖 妖 然

整然[정연] 질서 있고 바름.
整列[정렬] 줄지어 섬.
整頓[정돈] 가지런히 바로 잡음.
然則[연즉] 그러므로.
然後[연후] 그러한 뒤.
然諾[연락] 쾌히 허락함.

才質 才質 才質

才 재주 재 0 手(扌)
サイ(たち)
質 바탕 질 8 貝
シツ、シチ(もちまえ)
一 十 才　厂 斤 所 所 質

才質[재질] 재능의 바탕.
才辯[재변] 말을 둘러댐.
才士[재사] 재주 있는 사람.
質問[질문] 물어서 밝힘.
質素[질소] 모양을 내지 않음.
質定[질정] 갈피를 잡아 정함.

讚崇 讚崇 讚崇

讚 기릴 찬 19 言
サン(ほめる)
崇 높을 숭 8 山
スウ(たかい)
言 計 讚 讚 讚 ' 山 学 崇

讚揚[찬양] 칭찬하고 드러냄.
讚辭[찬사] 칭찬하는 소리.
讚歌[찬가] 찬양하는 노래.
崇拜[숭배] 높이어 존경함.
崇高[숭고] 높고 고상함.
崇嚴[숭엄] 매우 존엄함.

仰角 仰角 仰角

仰 우러러볼 앙 4 人(亻)
ギョウ(あおぐ)
角 뿔 각 0 角
カク(つの)
亻 仃 仰 仰　ク 角 角 角 角

仰角[앙각] 높은 물건을 측정할 때 시선과 지평선이 이루는 각도.
仰望[앙망] 우러러 바람.
仰祝[앙축] 우러러 축원함.
角度[각도] 한 점에서 갈려나간 두 직선의 벌어진 크기.

計算 計算 計算

計 셀 계, 꾀할 계 2 言
ケイ(はかる)
算 셈놓을 산 8 竹
サン(かぞえる)
言 言 言 計 ^ 竹 竹 笪 算

計算[계산] 수를 헤아림.
計策[계책] 용한 꾀와 그 방법.
計測[계측] 재어서 헤아림.
算出[산출] 셈하여 냄.
算定[산정] 계산하여 정함.
算入[산입] 수에 세어 넣음.

加減 加減 加減

加 더할 가 3 力
カ(くわえる)
減 덜 감 9 水(氵)
ゲン(へる)
フ カ 加 加 加 氵 汃 汃 減 減

加減[가감] 더하고 덜함.
加擔[가담] 같은 편이 되어 도움.
加盟[가맹] 동맹이나 연맹에 듦.
減少[감소] 줄어서 적어짐.
減縮[감축] 덜고 줄여 적게 함.
減免[감면] 덜고 줄여서 없앰.

112

乘除

乘 탈 승 / 除 제할 제
ジョウ(のる) / ジョ(のぞく)

二 千 斤 乖 乘 / 了 阝 阶 除 除

乘除[승제] 곱하기와 나누기.
乘車[승차] 차를 탐.
乘客[승객] 배나 차를 탄 손님.
除去[제거] 없애버림.
除夜[제야] 섣달 그믐날 밤.
除夕[제석] 제야.

記憶

記 기록할 기 / 憶 생각 억
キ(しるす) / オク(おもう)

二 言 訂 記 / 忄 忴 愔 憶 憶

記憶[기억] 마음에 깊이 새기어 잊지 아니함.
記述[기술] 기록하여 자세히 말함.
記錄[기록] 사실을 적는 일.
記念[기념] 기억하여 아니 잊음.
憶念[억념] 깊이 생각함.

限定

限 지경 한, 한정 한 / 定 정할 정
ゲン(かぎる) / テイ(さだめる)

了 阝 阝 阴 限 限 / 宀 宀 宁 定 定

限定[한정] 한하여 정함.
限界[한계] 경계.
限死[한사] 죽기를 한함.
定義[정의] 일정하고 명백한 뜻.
定刻[정각] 정한 그 시각.
定時[정시] 일정한 시간.

早熟

早 일찍 조 / 熟 익을 숙
ソウ(はやい) / ジュク(うれる)

口 日 旦 早 / 享 郭 孰 孰 熟

早熟[조숙] 일에 일찍 익힘.
早晩間[조만간] 멀지 않은 시일.
早退[조퇴] 정시 전에 물러감.
熟考[숙고] 잘 생각해 봄.
熟達[숙달] 익숙하게 잘 함.
熟練[숙련] 익숙하게 익힘.

晚覺

晚 저물 만 / 覺 깨달을 각
バン(おそい) / カク(おぼえる, さとる)

刀 日 旷 晬 晚 / 臼 阴 鼬 興 覺

晚年[만년] 늙바탕.
晚成[만성] 늦게야 이룸.
晚時[만시] 때를 놓침.
晚得[만득] 늦게 낳은 자식.
覺悟[각오] 미리 알아차림.
覺醒[각성] 깨우침.

頃刻

頃 백이랑 경, 아까 경, 반걸음 규 / 刻 새길 각, 시각 각
ケイ(ころ) / コク(きざむ)

匕 旷 頃 頃 頃 / 亠 亍 亥 亥 刻

頃刻[경각] 눈 깜박하는 동안.
頃日[경일] 지난 번.
頃者[경자] 지난 번.
刻苦[각고] 심신을 괴롭혀 애씀.
刻骨[각골] 마음속 깊이 새겨짐.
刻印[각인] 도장을 새김.

的確 的確 的確

白3 的 과녁 적 / 목표 적
テキ(まと)

石10 確 확실할확
カク(たしか)

白 白 的 的 石 矿 碓 碓 確

的確[적확] 확실함.
的中[적중] 꼭 들어 맞음.
的見[적견] 적확하게 봄.
確固[확고] 확실하고 튼튼함.
確立[확립] 군세게 섬.
確保[확보] 확실히 보전함.

能率 能率 能率

肉(月)6 能 능할 능
ノウ(よく)

玄6 率 거느릴솔 / 헤아릴률 / 비례률
ソツ(ひきいる)

亠 育 育 能 能 亠 玄 茲 盔 率

能率[능률] 일정한 시간에 할 수 있는 일의 비례.
能力[능력] 일을 감당할 힘.
能動[능동] 제 마음에 내켜서 함.
率直[솔직] 거짓 없이 바름.
率先[솔선] 남보다 앞서 감.

向上 向上 白⌒

口3 向 향할 향
コウ(むかう)

一2 上 위 싱
ジョウ(うえ)

冂 向 向 一 十 上

向上[향상] 차차 낫게 됨.
向後[향후] 이 다음.
向念[향념] 마음을 기울임.
上京[상경] 서울로 올라감.
上客[상객] 지위가 높은 손님.
上映[상영] 영화를 공개함.

教養 教養 敎養

攴(攵)7 敎 가르칠교
キョウ(おしえる)

食6 養 기를 양
ヨウ(やしなう)

ナ 孝 季 孝 敎 亠 羊 養 養 養

敎養[교양] 교육하여 길러 냄.
敎訓[교훈] 가르치고 타이름.
敎唆[교사] 나쁜 일을 하게 함.
養成[양성] 길러 냄.
養豚[양돈] 돼지를 기름.
養家[양가] 양자로 들어간 집.

勤勉 勤勉 勤勉

力11 勤 부지런할 근
キン(つとめる)

力7 勉 힘쓸 면
ベン(つとめる)

艹 苫 苫 葝 勤 夕 刍 免 免 勉

勤勉[근면] 부지런함.
勤務[근무] 일에 종사함.
勤實[근실] 부지런하고 성실함.
勤儉[근검] 부지런하고 애낌.
勉學[면학] 힘써 배움.
勉勵[면려] 부지런히 힘 씀.

概要 概要 概要

木11 概 절개 개 / 대강 개
ガイ(おおむね)

襾3 要 구할 요 / 요긴할요
ヨウ(かなめ)

木 杤 椎 栖 概 覀 覀 要 要 要

概要[개요] 대강의 요점.
概括[개괄] 대강 한데 묶음.
概述[개술] 대강 말함.
要目[요목] 중요한 조목.
要談[요담] 요긴한 말.
要請[요청] 긴요한 청.

體系 體系、體系

骨13 體 몸 체
タイ(からだ)

糸1 系 맬 계
실마리계
ケイ(つなぐ)

口 骨 骨 體 體 體 一 ㄷ 互 平 系

體系[체계] 세워진 계통.
體驗[체험] 실지로 경험함.
體罰[체벌] 신체에 고통을 주는
　　　　벌.
系統[계통] 순서에 따라 통일됨.
系譜[계보] 조상 때부터의 역사와
　　　　혈통을 적은 책.

懸案 懸案 懸案

心16 懸 달 현
ケン(かける)

木6 案 책상 안
안건 안
アン(つくえ)

申 車 縣 縣 懸 宀 女 安 宰 案

懸案[현안] 결정하지 못한 의안.
懸賞[현상] 상품을 걸음.
懸隔[현격] 서로 멀어져 막힘.
案內[안내] 인도하여 줌.
案出[안출] 생각하여 냄.
案件[안건] 문서에 적힌 계획.

批評 批評 批評

手(扌)4 批 칠 비
밀칠 비
ヒ(うつ)

言5 評 평론할평
ヒョウ(はかる)

扌 扌 批 批 批 言 訂 訐 評 評

批評[비평] 사물의 선악을 판단함
批判[비판] 옳고 그름을 가림.
批准[비준] 조약안을 확정함.
評定[평정] 비평하여 작정함.
評判[평판] 세상 사람의 비평.
評論[평론] 가치, 선악을 논정함.

價値 價値 價値

人(イ)13 價 값 가
カ(あたい)

人(イ)8 値 만날 치
값 치
チ(あたい)

イ 伵 價 價 價 イ 仴 伷 值 値

價値[가치] 값어치.
價格[가격] 상품의 값.
價金[가금] 팔고 사는 물건의 값.
價錢[가전] '가금'과 같음.
價値判斷[가치판단] 진, 선, 미
　　따위의 가치에 관계시킨 판단.

追求 追求 追求

辵(辶)6 追 쫓을 추
ツイ(おう)

水2 求 구할 구
キュウ(もとめる)

亻 亽 自 泊 追 十 寸 求 求

追求[추구] 쫓아서 구함.
追加[추가] 나중에 더 넣음.
追慕[추모] 죽은 사람을 생각함.
求乞[구걸] 남에게 물건을 빔.
求職[구직] 직업을 구함.
求索[구색] 구하여 찾음.

勸勵 勸勵 勸勵

力18 勸 권할 권
カン(すすめる)

力15 勵 힘쓸 려
レイ(はげむ)

艹 萐 蒮 勸 勸 厂 肵 厲 厲 勵

勸勵[권려] 권하여 격려함.
勸告[권고] 권하여 달램.
勸善[권선] 착한 일을 권함.
勵行[여행] 힘써 행함.
勵精[여정] 정신을 모아서 힘씀.
奬勵[장려] 권하여 힘쓰게 함.

推奬 推奬 推奬

手(扌)8 **推** 밀추(퇴)　犬11 **奬** 권면할장

スイ(おす)　ショウ(すすめる)

扌 扌 扌 推 推 丨 爿 爿 將 奬

推奬[추장] 추려서 장려함.
推薦[추천] 사람을 천거함.
推進[추진] 밀어 나아감.
奬學[장학] 학문을 장려함.
奬發[장발] 아름다운 점을 추어주고 골라서 뽑음.

栗谷 栗谷 栗谷

木6 **栗** 밤 률　谷0 **谷** 골 곡

リツ(くり)　コク(たに)

一 冂 覀 覀 栗 八 仌 谷 谷

栗谷[율곡] 이이. 선조때의 학자.
栗木[율목] 밤나무.
栗房[율방] 밤송이
谷澗[곡간] 산골짜기의 시내.
谷水[곡수] 골짜기 물.
谷泉[곡천] 골짜기의 샘.

程朱 程朱 程朱

禾7 **程** 길 정 한정 정　木2 **朱** 붉을 주

テイ(ほど)　シュ(あかい)

禾 和 程 程 程 ′ 二 牛 牛 朱

程朱[정주] 옛날 중국의 학자.
程度[정도] 알맞은 한도.
程里[정리] 길의 잇수.
朱紅[주홍] 적색과 황색의 중간.
朱筆[주필] 붉은 먹으로 쓰는 붓.
朱土[주토] 붉은 흙.

博士 博士 博士

十10 **博** 넓을 박　士0 **士** 선비 사

ハク, バク(ひろい)　シ(さむらい)

十 忊 博 博 博 一 十 士

博士[박사] 전문 학술에 숙달한 사람으로 학위를 받은학자
博愛[박애] 모든 사람을 두루 사랑함.
博識[박식] 아는 것이 많음.
士氣[사기] 용기를 내는 기운.
士官[사관] 병정을 지휘하는 무관.

智略 智略 智略

日8 **智** 슬기 지 지혜 지　田6 **略** 간략할략 대강 략

チ(ちえ)　リャク(ほぼ)

二 矢 知 智 智 Ⅲ 田 田 畋 略

智略[지략] 지혜와 모략.
智能[지능] 지혜의 능력.
智慧[지혜] 슬기.
略歷[약력] 간단하게 적은 이력.
略述[약술] 대강 논술함.
略傳[약전] 대강 적은 전기.

自己 自己 自己

自0 **自** 스스로자　己0 **己** 몸 기 여섯째천간 기

ジ, シ(みずから)　キ(おのれ)

白 自 自 ㇆ ㇌ 己

自己[자기] 내 몸.
自覺[자각] 스스로 깨달음.
自首[자수] 범죄인이 자기의 죄를 관청에 고백함.
己未運動[기미운동] 기미년 만세사건. 곧 三一 운동.

履歷 履歷 履歷

尸12 履 가죽신리 밟을 리
リ(ふむ)

止12 歷 지낼 력
レキ(へる)

尸 尸 尸 屛 履　厂 斥 麻 歷 歷

履歷[이력] 사람이 겪어 온 일.
履行[이행] 실제로 행합.
歷代[역대] 여러 대.
歷訪[역방] 여러 곳을 찾아 봄.
歷年[역년] 해콜 보냄. 여러 해.
歷任[역임] 여러 벼슬을 지냄.

綜合 綜合 綜合

糸8 綜 모을 종
ソウ(すべる)

口3 合 합할 합
ゴウ(あう)

幺 糸 紶 紵 綜　人 亼 合 合

綜合[종합] 이것 저것을 한데 합함.
綜詳[종상] 몹시 꼼꼼하고 자세함.
合格[합격] 시험에 급제함.
合意[합의] 의견이 맞음.
合致[합치] 서로 일치합.
合理[합리] 이치에 알맞음.

壯途 壯途 壯途

士4 壯 장할 장 굳셀 장
ソウ(さかん)

辵(辶)7 途 길 도
ト(みち)

丨 丬 爿 壯 壯　人 亼 全 余 途

壯途[장도] 씩씩한 출발.
壯觀[장관] 볼만한 광경.
壯嚴[장엄] 규모가 크고 엄숙함.
壯丁[장정] 힘 센 사나이.
途上[도상] 길 위.
途中[도중] 일을 하던 중간.

開拓 開拓 開拓

門4 開 열 개
カイ(ひらく)

手(扌)5 拓 넓힐 척 밀칠 탁
タク(ひらく)

丨 尸 門 門 開　才 扌 扩 拓 拓

開拓[개척] 남이 손대지 않은 일에 손을 대어 열어 놓음.
開墾[개간] 산야를 개척함.
開發[개발] 거친 땅을 새로 이루어 발전시킴.
拓地[척지] 땅을 개척함.
拓殖[척식] 개척과 식민.

慣習 慣習 慣習

心(忄)11 慣 익숙할 관 버릇 관
カン(なれる)

羽5 習 익힐 습
シュウ(ならう)

忄 忄 忄 愕 慣　ㄱ 彐 羽 羽 習 習

慣習[관습] 전부터 있던 습관.
慣性[관성] 버릇.
慣用[관용] 늘 씀.
習慣[습관] 익어온 행습. 버릇.
習俗[습속] 습관과 풍속.
習性[습성] 버릇.

打破 打破 打破

手(扌)2 打 칠 타
ダ(うつ)

石5 破 깨트릴 파
ハ(やぶる)

才 扌 扩 打　丆 矴 矿 矿 破

打破[타파] 규정, 관례를 깨뜨려 버림.
打開[타개] 헤쳐서 열음.
打算[타산] 셈을 쳐 봄.
破壞[파괴] 깨뜨리고 무너뜨림.
破綻[파탄] 찢어지고 터짐.
破格[파격] 격식을 깨뜨림.

優勝　優勝　優勝

優 넉넉할우 / 나을 우 　人(亻)15　ユウ(すぐれる)

勝 이길 승　力10　ショウ(かつ)

亻 价 俏 優 優　月 月 胖 胖 勝

優勝[우승] 첫째로 이김.
優待[우대] 특별히 잘하는 대우.
優秀[우수] 매우 뛰어남.
勝利[승리] 겨루어 이김.
勝負[승부] 이김과 짐.
勝敗[승패] 이기고 짐.

授賞　授賞　授賞

授 줄 수　手(扌)8　ジュ(さずける)

賞 상줄 상　貝8　ショウ(ほめる)

扌 扌 扩 护 授　" 尚 尚 嘗 賞

授賞[수상] 상을 줌.
授與[수여] 훈장이나 상장을 줌.
授業[수업] 공부를 가르침.
賞給[상급] 상으로 줌.
賞罰[상벌] 상과 벌.
賞品[상품] 상으로 주는 물품.

榮譽　榮譽　榮譽

榮 영화 영　木10　エイ(さかえる)

譽 기릴 예 / 이름 날예　言14　ヨ(ほまれ)

" 火 炏 烗 榮　臼 印 與 與 譽

榮譽[영예] 영광스러운 영예.
榮光[영광] 영화스러운 현상.
榮華[영화] 명예스러움.
榮冠[영관] 영예.
譽言[예언] 칭찬하는 말.
譽聲[예성] 예언과 같음.

羅列　羅列　羅列

羅 새그물라 / 집 라 / 벌릴 라　网(罒)14　ラ(あみ)

列 벌릴 렬 / 항렬 렬　刀(刂)4　レツ(つらなる)

罒 罒 罟 羄 羅　一 万 歹 列 列

羅列[나열] 벌려 놓음.
羅緞[나단] 주란사로 짠 비단.
羅衫[나삼] 부녀용 예복의 하나.
列國[열국] 세계의 여러 나라.
列擧[열거] 여럿을 들어 말함.
列席[열석] 자리에 벌려 앉음.

如此　如此　如此

如 같을 여　女3　ジョ(ごとし)

此 이 차　止2　シ(これ)

亻 女 女 如 如　丨 卜 止 止 此

如此[여차] 이와 같음.
如意[여의] 뜻과 같이 됨.
如何[여하] 어떠함.
此後[차후] 이후.
此際[차제] 이 즈음.
此世[차세] 이 세상.

美談　美談　美談

美 아름다울 미　羊(⺷)3　ビ(うつくしい)

談 말씀 담　言8　ダン(はなす)

" 芊 羊 美 美　言 訓 談 談 談

美談[미담] 아름다운 이야기.
美觀[미관] 아름다운 구경거리.
美擧[미거] 아름다운 행실.
談話[담화] 이야기. 말씀.
談笑[담소] 웃으면서 이야기함.
談判[담판] 시비를 가림.

非但　非但　非但

非[0] 아닐 비　　**但**[人(亻)5] 다만 단

ヒ(あらず)　　タン(ただし)

丿 丿 ヺ 非 非　丿 亻 亻 但 但 但

非但[비단] 그 것뿐만 아니라.
非違[비위] 그르고 어긋남.
非凡[비범] 보통이 아님.
非行[비행] 어긋난 행위.
但只[단지] 다만.
但書[단서] 예외를 적은 글.

有益　有益　有益

有[月2] 있을 유　　**益**[皿5] 더할 익

ユウ(ある)　　エキ(ます)

丿 ナ オ 有 有　八 亽 弇 谷 益 益

有益[유익] 이로움.
有功[유공] 공로가 있음.
有望[유망] 잘 될 희망이 있음.
益鳥[익조] 이로운 새.
益壽[익수] 목숨을 누림.
益友[익우] 유익한 친구.

佛典　佛典　佛典

佛[人(亻)5] 부처 불　　**典**[八6] 법 전

ブツ(ほとけ)　　テン(のり)

亻 亻 伊 佛 佛　冂 曲 曲 曲 典

佛典[불전] 불교의 경전.
佛敎[불교] 석가가 세운 종교.
佛像[불상] 부처의 형상.
典當[전당] 물건을 잡고 돈을 줌.
典型[전형] 일정한 모양.
典禮[전례] 나라의 의식.

默念　默念　默念

默[黑4] 잠잠할 묵　　**念**[心4] 생각할 념

モク(だまる)　　ネン(おもう)

冂 甼 黑 默 默　人 亽 今 念 念

默念[묵념] 마음 속으로 빎.
默想[묵상] 가만히 생각함.
默認[묵인] 속으로 허락함.
念慮[염려] 걱정함.
念願[염원] 생각하고 바람.
念頭[염두] 생각의 시작.

私慾　私慾　私慾

私[禾2] 사사 사　　**慾**[心11] 욕심 욕

シ(わたくし)　　ヨク(よく)

二 千 禾 私 私　谷 谷 欲 欲 慾

私慾[사욕] 개인의 욕심.
私事[사사] 사사로운 일.
私財[사재] 개인의 재물.
慾望[욕망] 바라는 마음.
慾求[욕구] 하고자 함.
慾氣[욕기] 몹시 탐내는 마음.

禁止　禁止　禁止

禁[示8] 금할 금　　**止**[止0] 그칠 지

キン(とどめる)　　シ(とまる)

木 林 埜 埜 禁　丨 十 止 止

禁止[금지] 못하게 함.
禁煙[금연] 담배를 피우지 못함.
禁斷[금단] 금지.
止揚[지양] 더 한 층 높은 통일체로 발전.
止熱[지열] 병의 열을 내리게 함.

厚意 厚意 厚意

厚 [厂7] 두터울후 意 [心9] 뜻 의

コウ(あつい)　イ(こころ)

厂厂厚厚厚　亠产产音意意

厚意[후의] 두터운 마음.
厚待[후대] 두터운 대우.
厚德[후덕] 두터운 덕행.
意志[의지] 뜻. 실행하는 능력.
意氣[의기] 장한 마음.
意向[의향] 생각 또는 마음.

謝禮 謝禮 謝禮

謝 [言10] 말씀 사 / 사례할사 禮 [示13] 예도 례

シャ(あやまる)　レイ, ライ(れい)

言訓詢謝謝　礻礻禮禮禮

謝禮[사례] 고마운 뜻을 표함.
謝過[사과] 잘못을 사례함.
謝絶[사절] 요구를 거절함.
禮物[예물] 사례로 주는 물건.
禮訪[예방] 인사로 방문함.
禮儀[예의] 예를 차리는 몸가짐.

忍耐 忍耐 忍耐

忍 [心3] 참을 인 耐 [而3] 견딜 내

ニン(しのぶ)　タイ(たえる)

フカ刃刃忍忍　丁丙而耐耐

忍耐[인내] 참음.
忍辱[인욕] 욕을 참음.
忍憤[인분] 분을 참음.
耐久[내구] 오랫동안 참음.
耐貧[내빈] 가난을 참음.
耐乏[내핍] 궁핍을 참고 견딤.

倦怠 倦怠 倦怠

倦 [人(イ)8] 게으를권 怠 [心5] 게으를태

ケン(うるむ, つかれる)　タイ(なまける)

亻仁伫俟倦　亠台台怠怠

倦怠[권태] 게으름이나 실증이 나는 상태.
倦惰[권타] 싫어져서 태만함.
倦疲[권피] 권태가 나서 피곤함.
怠慢[태만] 게으름.
怠傲[태오] 게으르고 예의가 없음.
懶怠 게으름.

懶惰 懶惰 懶惰

懶 [心(忄)16] 게으를라 惰 [心(忄)9] 게으를타

ラン(おこたる)　ダ(おこたる)

忄忄悚懶懶　忄忙忰惰惰

懶弱[나약] 굳세지 못하고 아주 약함.
懶惰[나타] 게으름.
懶怠[나태] 게으르고 느림.
惰性[타성] 게으른 성질.
惰力[타력] 게으른 버릇.
惰容[타용] 게으르고 단정치 못한 용모.

祥瑞 祥瑞 祥瑞

祥 [示6] 복 상 / 상서상 瑞 [玉(王)9] 상서 서

ショウ(さいわい)　スイ(みず)

丁礻礻祥祥　王珃珃瑞瑞

祥光[상광] 서광이 비치는 것.
祥夢[상몽] 좋은 꿈.
祥月[상월] 대상을 치르는 달.
瑞氣[서기] 상서로운 조짐이 있는 기운.
瑞世[서세] 상서로운 세상.
瑞雲[서운] 상서롭게 보이는 구름

龜鑑 龜鑑 龞椢

龜 거북 귀 **金** 거울 감
터질 균 **14** 鑑
キ(かめ) カン(かがみ)

龜龜龜龜龜 釒鈩鈩鑑鑑

龜鑑[귀감] 본보기가 될 만함.
龜裂[균열] 갈라져서 터짐.
龜龍[구룡] 거북이와 용.
鑑定[감정] 사물의 진부와 좋고
　　　　나쁨을 분별함.
鑑賞[감상] 예술작품을 음미함.
鑑識[감식] 감정하여 알아봄.

琢磨 琢磨 琢磨

玉(王) **琢** 쫄 탁 **石** **磨** 갈 마
8 **11**
タク(みがく) マ(みがく)

王 玙 玙 琢 琢 广 广 庐 磨 磨

琢磨[탁마] 옥이나 돌을 쪼고 갈
　　　　음. 학문을 닦음.
琢木[탁록] 비파의 비곡(秘曲)의
　　　　한가지.
琢器[탁기] 쪼아서 고르게 만든
　　　　그릇.
磨滅[마멸] 닳아서 없어짐.
磨勘[마감] 끝막음.
磨碎[마쇄] 부서짐.

敷衍 敷衍 敷衍

支(夂) **敷** 베풀 부 **行** **衍** 성할 연
11 펼 부 **3** 넓을 연
フ(しく) エン(あふれる)

冂 甫 専 尃 敷 ᐟ 彳 行 行 衍

敷宣[부선] 널리 보임.
敷設[부설] 갈아서 베풀음.
敷土[부토] 흙, 모래를 펴 깔음.
衍文[연문] 글 가운데 쓸 데 없이
　　　　끼인 글.
衍字[연자] 글 가운데 쓸 데 없이
　　　　끼인 글자.
衍繹[연역] 글의 뜻을 널리 자세
　　　　하게 풀어 놓음.

齷齪 齷齪 齷齪

齒 **齷** 악착할 악 **齒** **齪** 악착할 착
9 **7**
アク(こせつく) ソク(せまい)

止 齒 齣 齷 止 齒 齣 齪

齷齪[악착] 잔인스럽게 지독한 것.
齷齪人生[악착인생] 악착스런 인
　　　　생.
齷齪發惡[악착발악] 악착같이 발
　　　　악함.
齷齪反抗[악착반항] 악착스럽게
　　　　반항함.
齷齪鬪爭[악착투쟁] 악착스럽게
　　　　투쟁함.

弛緩 弛緩 弛緩

弓 **弛** 늦출 이 **糸** **緩** 더딜 완
3 **9**
シ(ゆるむ) カン(ゆるい)

ᐟ 弓 引 弘 弛 幺 糸 紓 緂 緩

弛惰[이타] 마음이 느릿하여 게으
　　　　름.
弛禁[이금] 금령을 조금 풀어 줌.
弛張[이장] 늘어짐과 팽팽함.
緩曲[완곡] 느릿느릿 곡진함.
緩急[완급] 느리고 빠름.
緩慢[완만] 느릿느릿함.

耽照 耽照 耽照

耳 **耽** 즐길 탐 **火(灬)** **照** 비칠 조
4 **9**
タン(ふける) ショウ(てる)

下 耳 耵 耽 耽 日 旫 昭 昭 照

耽讀[탐독] 글을 열심히 읽음.
耽樂[탐락] 오락에 빠져 즐김.
耽溺[탐익] 흠뻑 빠짐.
照察[조찰] 잘 잘못을 보아 살핌.
照會[조회] 무엇을 묻거나 알리기
　　　　위해서 보내는 공문.

拔撰 拔撰 拔撰

手(扌)5 **拔** 뺄 발 / 가릴 발   手(扌)12 **撰** 글지을 찬

バツ(ぬく)   セン(えらぶ)

扌 扩 扷 拔 拔 扌 扩 挕 撰 撰

撰文〔찬문〕글을 갖추어 지음.
撰述〔찬술〕글을 저술함.
撰次〔찬차〕순서대로 씀.
拔根〔발근〕뿌리를 뽑아버림.
拔出〔발출〕빼어남.
拔本〔발본〕근원을 뽑음.

食糧 食糧 食糧

食0 **食** 먹을 식 / 밥 사   米12 **糧** 양식 량

ショク(たべる)   リョウ(かて)

人 今 今 食 食 米 籵 粘 糧 糧

食糧〔식량〕양식.
食費〔식비〕밥 값.
食言〔식언〕약속한 대로 안 지킴.
食物〔식물〕먹는 물건.
糧食〔양식〕식량.
糧穀〔양곡〕양식으로 쓰는 곡식.

稻作 稻作 稻作

禾10 **稻** 벼 도   人(亻)5 **作** 지을 작

トウ(いね)   サク(つくる)

禾 秆 稻 稻 稻 亻 亻 亻 作 作

稻作〔도작〕벼 농사.
稻扱機〔도급기〕이삭에 붙은 벼를
         훑어 떨어뜨리는 기계.
作別〔작별〕서로 헤어짐.
作戰〔작전〕싸움할 방법을 세움.
作定〔작정〕마음에 정함.

麥粉 麥粉 麥粉

麥0 **麥** 보리 맥   米4 **粉** 가루 분

バク(むぎ)   フン(こな)

十 來 來 麥 麥 ソ 米 籵 粉 粉

麥粉〔맥분〕밀가루.
麥嶺〔맥령〕보리 고개.
麥秋〔맥추〕보리가 익는 절기.
粉末〔분말〕가루.
粉碎〔분쇄〕잘게 부스러뜨림.
粉乳〔분유〕가루 우유.

割耕 割耕 割耕

刀(刂)10 **割** 벨 할   耒4 **耕** 갈 경

カツ(わり)   コウ(たがやす)

宀 宀 宰 害 割 彐 耒 耒 耓 耕

割耕〔할경〕이웃한 남의 논 밭을
         침범하여 가는 짓.
割腹〔할복〕배를 찔러 자살함.
耕作〔경작〕땅을 갈아 농사 짐.
耕讀〔경독〕밭 갈이와 글 읽기.
耕地〔경지〕농사를 짓는 땅.

培壤 培壤 培壤

土8 **培** 북돋울 배   土17 **壤** 흙 양

バイ(つちかう)   ジョウ(つち)

土 圠 垃 培 培 土 圹 壊 壌 壤

培養〔배양〕①초목을 북돋아 기름.
         ②사람을 길러 가르침.
培根〔배근〕뿌리를 북돋움.
培栽〔배재〕재배.
壤土〔양토〕부드러운 흙.
壤地〔양지〕강토.

穀畓　穀畓　穀畓

穀 禾10 곡식 곡
コク(たゞつもみ)

畓 水4 거듭 답／섞일 답
トウ(かさなる)

一 寺 圭 穀 穀 / 丨 가 水 沓 畓

穀價〔곡가〕곡식의 값.
穀物〔곡물〕곡식.
穀倉〔곡창〕①곡식을 쌓아 두는
　　　　곳. ②곡식이 많이 나는
　　　　지방.
畓農〔답농〕논에 짓는 농사.
畓土〔답토〕논으로 된 땅.

綠肥　綠肥　綠肥

綠 糸8 푸를 록
リョク(みどり)

肥 肉(月)4 살찔 비
ヒ(こえる)

糸 糺 紆 紆 綠 月 肝 肥 肥 肥

綠肥〔녹비〕풋거름.
綠陰〔녹음〕우거진 나무의 그늘.
綠化〔녹화〕나무를 심어서 산과
　　　　들을 푸르게 만듦.
肥大〔비대〕살이 쪄서 몸이 큼.
肥沃〔비옥〕땅이 걸고 기름짐.

種苗　種苗　種苗

種 禾9 씨 종
シュ(たね)

苗 艸(卝)5 싹 묘
ビョウ(なえ)

千 禾 秸 種 種 卝 芇 芇 苗 苗

種苗〔종묘〕묘목이 될 씨를 심음.
種類〔종류〕물건의 갈래.
種別〔종별〕여러 갈래로 나눔.
種子〔종자〕씨.
苗木〔묘목〕어린 나무.
苗床〔묘상〕못자리.

發芽　發芽　發芽

發 癶7 필 발
ハツ(おこる,いる)

芽 艸(卝)4 싹 아
ガ(め)

癶 癶 發 發 發 一 芏 芏 芽 芽

發芽〔발아〕식물의 눈이 틈.
發覺〔발각〕일의 비밀이 드러남.
發展〔발전〕일이 잘 되어 나아감.
發狂〔발광〕병으로 미친 증세가
　　　　일어남.
芽生〔아생〕종자가 눈을 틈.

改良　改良　改良

改 攴(攵)3 고칠 개
カイ(あらためる)

良 艮1 어질 량
リョウ(よい)

フ 己 己 改 改 フ ヨ 肙 良 良

改良〔개량〕나쁜 점을 좋게 고침.
改善〔개선〕못 됨을 고쳐 잘 되
　　　　게 함.
改革〔개혁〕구제도를 새로 고침.
良民〔양민〕선한 백성.
良識〔양식〕건전한 식견.
良心〔양심〕어진 마음.

植樹　植樹　植樹

植 木8 심을 식
ショク(うえる)

樹 木12 나무 수／세울 수
ジュ(き)

十 木 栺 植 植 木 栉 栉 樹 樹

植樹〔식수〕나무를 심음.
植木〔식목〕나무를 심음.
植物〔식물〕생물의 한 가지.
樹林〔수림〕나무가 무성한 숲.
樹齡〔수령〕나무의 나이.

造林 造林 造林

^{走(辶)}7 造 지을 조 ^木4 林 수풀 림

ゾウ(つくる)   リン(はやし)

亠牛告浩造 一十才木村林

造林[조림] 숲을 만듦.
造作[조작] 물건을 만듦.
造成[조성] 물건을 만드는 일.
林野[임야] 나무가 무성한 숲.
林業[임업] 산림을 경영하는 일.
林産[임산] 산림의 산물.

桑木 桑木 桑木

^木6 桑 뽕나무상 ^木0 木 나무 목

ソウ(くわ)   モク(き)

ヌヌ桑桑桑 一十才木

桑木[상목] 뽕나무.
桑果[상과] 오디, 파인애플 따위.
桑田[상전] 뽕나무 밭.
木材[목재] 건축에 쓰는 나무.
木造[목조] 나무로 만듦.
木炭[목탄] 숯.

蠶室 蠶室 蠶室

^虫18 蠶 누에 잠 ^宀6 室 집 실

サン(かいこ)   シツ(いえ)

一殘蠶蠶蠶 宀宔室室室

蠶室[잠실] 누에 치는 방.
蠶食[잠식] 조금씩 먹어 들어감.
蠶農[잠농] 누에 농사.
蠶業[잠업] 누에 치는 일.
室內[실내] 방 안.
室人[실인] 자기의 아내.

捕蟲 捕蟲 捕蟲

^{手(扌)}7 捕 잡을 포 ^虫12 蟲 벌레 충

ホ(とらえる)   チュウ(むし)

扌扟捐捕捕 口中虫蚩蟲

捕蟲[포충] 벌레를 잡음.
捕虜[포로] 사로잡힌 적군.
捕縛[포박] 잡아 묶음.
捕捉[포착] 붙잡음.
蟲聲[충성] 벌레 소리.
蟲齒[충치] 삭은이.

鷄卵 鷄卵 鷄卵

^鳥10 鷄 닭 계 ^卩5 卵 알 란

ケイ(にわとり)   ラン(たまご)

爫窽鷄鷄鷄 乚月卯卵卵

鷄卵[계란] 달걀.
鷄林八道[계림팔도] 우리 나라를
　　　　　　　　　　말함.
鷄湯[계탕] 닭 국.
卵白[난백] 흰 자위.
卵黃[난황] 노른 자위.

牛乳 牛乳 牛乳

^牛0 牛 소 우 ^{乙(乚)}7 乳 젖 유

ギュウ(うし)   ニュウ(ちち)

ノ𠂉二牛 爫丷孚孚乳

牛乳[우유] 암소에서 짜 낸 젖.
牛馬[우마] 소와 말.
乳母[유모] 남의 아이에게 젖을
　　　　　먹여 주는 어머니.
乳房[유방] 젖통.
乳兒[유아] 젖먹이 아이.

124

畜舍 畜舍 畜舍 | 副産 副産 副産

田5 畜 가축 축 / 舌2 舍 집 사
쌓을 축
チク(かちく) シャ(いえ)
一十宁玄斎畜 八合全舍舍

畜舍[축사] 가축의 울.
畜産[축산] 가축을 사육하여 생
활에 이용하는 일.
畜生[축생] 온갖 가축.
舍監[사감] 기숙사의 우두머리.
舍廊[사랑] 안채와 떨어져 있어
바깥 주인이 거처하는 곳.

刀(刂)9 副 버금 부 / 生6 産 낳을 산
フク(そう) サン(うむ)
一口咼畐副 ㄊ产产产産

副産物[부산물] 주요한 물건을 만
드는 데 따라서 생기는 일.
副業[부업] 본업 밖에 하는 일.
産出[산출] 물건이 남.
産物[산물] 생산되는 물건.
産期[산기] 해산할 시기.

豆腐 豆腐 豆腐 | 糖分 糖分 糖分

豆0 豆 콩 두 / 肉8 腐 썩을 부
팥 두
トウ(まめ) フ(くさる)
一口曱豆豆 广广府府腐

豆腐[두부] 물에 불린 콩을 갈아
간수를 쳐서 익힌 음식.
豆太[두태] 팥과 콩.
腐敗[부패] 썩어 빠짐.
腐心[부심] 속을 썩힘.
腐蝕[부식] 썩어 들어감.

米10 糖 사탕 당 / 刀2 分 나눌 분
(탕)
トウ(さとう) ブン(わける)
ㅛ米粎粎糖 ノ八分分

糖分[당분] 설탕의 성분.
糖屬[당속] 설탕으로 만든 음식.
分家[분가] 큰 집에서 나와 딴 살
림을 차림.
分配[분배] 몫몫이 나눔.
分割[분할] 쪼개어 나눔.

牧童 牧童 牧童 | 羊育 羊育 羊育

牛(牜)4 牧 기를 목 / 立7 童 아이 동
목장 목
ボク(まき) ドウ(わらべ)
ㅏ牜牛牜牧 ㅗ产音章童

牧童[목동] 마소를 치는 아이.
牧師[목사] 신도를 가르치는 사
람.
牧場[목장] 마소를 치는 곳.
童謠[동요] 아이들이 부르는 노
래.
童子[동자] 나이 어린 사내아이.
童心[동심] 어린 마음.

羊0 羊 양 양 / 肉(月)4 育 기를 육
자랄 육
ヨウ(ひつじ) イク(そだてる)
ㅛ兰兰羊 ㅗ产产育育

羊毛[양모] 양의 털.
羊腸[양장] 꼬불꼬불한 길.
羊角[양각] 양의 뿔.
育成[육성] 길러 냄.
育英[육영] 인재를 가르침.
育兒[육아] 어린 아이를 기름.

魚獲　魚獲　魚獲

魚[魚 0] 고기 어　獲[犬(犭) 14] 얻을 획
　　ギョ(うお)　　　カク(える)

ノ 夕 刍 肴 角 魚　犭 犷 猚 獲 獲

魚油[어유] 생선 기름.
魚物[어물] 생선. 생선 말린 것.
魚皮[어피] 물고기 가죽.
獲得[획득] 얻어 가짐.
獲利[획리] 이를 남김.
獲穀[획곡] 뻐꾸기.

若何　若何　若何

若[艸(艹) 5] 같을 약 / 만약 약　何[人(亻) 5] 어찌 하
　　ジャク(ごとし)　　　カ(なに)

艹 芋 芳 若 若　亻 亻 伊 何 何

若何[약하] 어떠함.
若干[약간] 얼마 되지 않음.
若此[약차] 이와 같이.
何等[하등] 어떠한. 아무.
何暇[하가] 어느 겨를.
何時[하시] 어느 때. 언제.

乾燥　乾燥　乾燥

乾[乙 10] 하늘 건 / 마를 간　燥[火 13] 마를 조
　　カン(かわく)　　　ソウ(かわく)

十 古 卓 乾 乾　ソ 火 炉 炉 燥

乾燥[건조] 물기가 마름.
乾坤[건곤] 하늘과 땅.
乾濕[건습] 마름과 젖음.
燥渴[조갈] 목이 마름.
燥濕[조습] '건습'과 같음.
燥涸[조학] 바싹 말라 붙음.

貯藏　貯藏　貯藏

貯[貝 5] 쌓을 저　藏[艸(艹) 14] 감출 장
　　チョ(たくわえる)　　　ゾウ(かくす)

刂 目 貝 貯 貯　扩 莊 薜 藏 藏

貯藏[저장] 모아서 감춰 둠.
貯金[저금] 돈을 모아 둠.
貯蓄[저축] 절약하여 모아 둠.
藏書[장서] 가진 책.
藏置[장치] 감추어 둠.
藏版[장판] 보관하고 있는 판.

禾糠　禾糠　禾糠

禾[禾 0] 벼 화　糠[米 11] 겨 강
　　カ(いね)　　　コウ(ぬか)

一 二 千 禾 禾　米 扩 柠 桿 糠

禾糠[화강] 쌀겨.
禾穀[화곡] 벼.
禾穗[화수] 벼 이삭.
麥糠[맥강] 보리 겨.
粗糠[비강] 쭉정이와 겨.

灌漑　灌漑　灌漑

灌[水(氵) 18] 물댈 관　漑[水(氵) 11] 물댈 개
　　カン(そそぐ)　　　ガイ(そそぐ)

氵 汸 澕 潅 灌　氵 浧 涆 漑 漑

灌漑[관개] 논밭에 물을 댐.
灌木[관목] 키가 작고 줄기가 많
　　　　이 나는 나무의 총칭.
灌佛[관불] 불상에다 냉수를 뿌리
　　　　는 일.
灌腸[관장] 약을 항문으로부터 창
　　　　자 속으로 넣음.

栽剪 栽剪 栽剪

木6 栽 심을 재　刀9 剪 가위 전

サイ(うえる)　　セン(きる)

十 未 栽 栽 栽　 前 前 剪 剪

栽培[재배] 식물을 심어서 가꿈.
栽樹[재수] 나무를 심고 가꿈.
栽花[재화] 꽃을 가꿈.
剪刀[전도] 가위.
剪毛[전모] 짐승의 털을 깎음.
剪裁[전재] 옷감을 잘라 마름.

桂柏 桂柏 桂柏

木6 桂 계수나무 계　木5 柏 잣나무 백 측나무 백

ケイ(かつら)　　ハク(かしわ)

木 杧 杧 杧 桂　木 杧 杧 柏 柏

月桂冠[월계관] 우승자가 쓰는 관.
月桂樹[월계수] 계수 나무.
柏舟[백주] 지팡 나무로 만든 배.
柏子[백자] 잣 나무의 열매.
多柏[동백] 동백 나무의 열매.

塹壕 塹壕 塹壕

土11 塹 구덩이참　土14 壕 해자 호

ザン(ほり)　　ゴウ(ほり)

車 車 斬 斬 塹　土 垆 塤 壕 壕

塹壕[참호] 야전에서 적의 공격에 대비하는 방어 시설. 구덩이를 파서 그 흙으로 막아 가리게 됨.
塹壕戰[참호전] 교전하는 쌍방이 참호에 의지하여 하는 싸움.
塹坑[참갱] 구덩이.

荒庵 荒庵 荒庵

艸(艹)6 荒 거칠 황　广8 庵 암자 암

コウ(あらい)　　アン(いおり)

一 艹 芒 芦 荒　广 庐 庼 庵 庵

荒地[황지] 개간되지 아니한 땅.
荒野[황야] 거친 들판.
荒墳[황분] 헐어진 무덤.
庵子[암자] 작은 절.
庵主[암주] 암자의 주인.
小庵[소암] 작은 암자.

焚坑 焚坑 焚坑

木 焚 탈 분　土4 坑 구덩이갱

フン(やく)　　コウ(あな)

十 木 林 棥 焚　一 十 圹 坊 坑

焚書[분서] 책을 불사름.
焚香[분향] 향료를 불에 피움.
焚火[분화] 불사름.
坑道[갱도] 구렁. 굴.
坑口[갱구] 구덩이 입구
礦坑[광갱] 광산의 갱도.

窟穴 窟穴 窟穴

穴8 窟 굴 굴 움 굴　穴0 穴 구멍 혈

クツ(いわや)　　ケツ(あな)

穴 窑 窏 窜 窟　丶 宀 宁 宍 穴

窟穴[굴혈] 굴.
巢窟[소굴] 떼지어 숨어 있는 곳.
魔窟[마굴] 악마가 사는 곳.
穴農[혈농] 구메 농사.
穴深[혈심] 무덤 구덩이의 깊이.
穴盒[혈합] 서랍.

灑尿 灑尿 流尿

水(氵)19 **灑** 뿌릴 쇄
サイ(そそぐ)

尸4 **尿** 오줌 뇨
ニョウ(ゆばり)

氵 氵 灑 灑 灑 ／ 一 尸 厂 戸 尿

灑落[쇄락] 마음이 깨끗하고 시원함.
灑掃[쇄소] 물을 뿌리고 먼지를 쓰는 일.
灑水[쇄수] 물을 뿌림.
尿道[뇨도] 오줌통에서 몸 밖으로 오줌이 나오는 길.
尿血[뇨혈] 오줌에 피가 섞이어 나오는 병.

果足 果足 果足

木4 **果** 실과 과
カ(くだもの)

足0 **足** 발 족
ソク(あし)

口 曰 旦 甲 果 口 口 甲 早 足 足

豊足[풍족] 매우 넉넉함.
果斷[과단] 용기있게 결정함.
果樹[과수] 과실이 열리는 나무.
果然[과연] 진실로. 정말로.
足跡[족적] 발자국.
足指[족지] 발가락.

沃菜 沃菜 沃菜

水(氵)4 **沃** 기름질 옥
ヨク(そそぐ)

艸(卄)8 **菜** 나물 채
サイ(な)

氵 氵 氵 沃 沃 卄 艹 苎 苹 荬 菜

沃土[옥토] 기름진 땅.
沃素[옥소] 옥도.
菜蔬[채소] 소채.
菜田[채전] 채소 밭.
菜毒[채독] 창자나 밥통을 해하는 채소의 독기.

甘隘 甘隘 甘隘

甘0 **甘** 달 감
カン(あまい)

阜(阝)10 **隘** 좁을 애
アイ(せまい) 막힐 애

一 十 卄 廿 甘 阝 阝 阡 陉 隘

甘苦[감고] 달고 씀.
甘瓜[감과] 참외.
甘露[감로] 나무잎에 맺힌 이슬.
甘酒[감주] 단 술. 식혜.
隘路[애로] 좁고 험한 길.
隘害[애해] 해가 되는 것.
隘險[애험] 위험하고 좁음.

堡鑽 堡鑽 堡鑽

土9 **堡** 방축 보
ホウ(とりで) 작은성 보

金19 **鑽** 뚫을 찬
サン(きり) 송곳 찬

亻 伊 伊 保 堡 金 針 鏟 鑽 鑽

堡壘[보루] 진지.
橋頭堡[교두보] 하천 산맥 등을 이용하여 최전선을 만든 진지.
堡障[보장] 방위 벽.
鑽錢[찬전] 금강석 조각.
鑽石[찬석] 금강석.

揷糞 揷糞 揷糞

手(扌)9 **揷** 꽂을 삽
ソウ(さす)

米11 **糞** 똥 분
フン(くそ)

扌 扒 扦 拮 揷 米 辪 番 糞 糞

揷秧[삽앙] 모를 논에 꽂음.
揷圖[삽도] 삽화.
揷木[삽목] 꺾꽂이.
糞土[분토] 썩은 땅.
糞蟲[분충] 꽁지벌레.
糞尿[분뇨] 똥과 오줌.

埋殳 埋殳 埋殳

埋 묻을 매
土7
マイ(うめる)

土 圹 坦 坢 埋

殳 죽을 몰
歹4
ボツ(しぬ)

フ 歹 歹 殀 殳

埋沒[매몰] 파 묻음.
埋伏[매복] 적을 불시에 해치려고 일정한 곳에 숨어 있음.
埋葬[매장] 죽은 사람을 땅에 묻음.
殳後[몰후] 죽은 뒤.
殳世不忘[몰세불망] 한사코 잊지 않겠다는 뜻.

痕迹 痕迹 痕迹

痕 흔적 흔
疒6
コン(あと)

广 疒 疒 疸 痕

迹 발자국적 자취 적
走(辶)6
セキ(あと)

亠 亣 方 亦 迹

痕迹[흔적] 뒤에 남은 자취나 자국.
迹盗[적도] 도둑을 찾아냄.
迹象[적상] 지나간 자취.
形迹[형적] 발자취.
遺迹[유적] 남은 자취.
陳迹[진적] 지난 날의 묵은 자취.

驚蟄 驚蟄 驚蟄

驚 놀랄 경
馬13
キョウ(おどろく)

芍 敬 敬 驚 驚

蟄 벌레움츠릴 칩
虫11
チツ(かくれる)

土 幸 執 蟄 蟄

驚動[경동] 놀라서 움직임.
驚倒[경도] 놀라 거꾸러짐.
驚蔘[경삼] 옮기어 심어서 자란 산삼.
驚蟄[경칩] 동면하던 벌레들이 깨어 꿈틀거리기 시작하는 시기.
蟄蟲[칩충] 겨울 철에 땅 속에 가만히 엎드려 있는 벌레.

稼芍 稼芍 稼芍

稼 심을 가
禾10
カ(みのり)

二 禾 秏 稼 稼

芍 작약 작
艸(艹)3
シャク

一 艹 芌 芍 芍

稼植[가식] 심고 가꿈.
稼穡[가장] 농사 지음.
稼動[가동] 사람이나 기계가 움직여서 일함.
芍藥島[작약도] 인천 앞 바다에 있는 섬.
芍藥花[작약화] 함박꽃.

貿易 貿易 貿易

貿 무역할무
貝5
ボウ(あきなう)

卯 卯 貿 貿

易 바꿀 역 쉬울 이
日4
エキ(かえる)

口 日 昜 易

貿易[무역] 외국과의 장사.
貿販[무판] 푸줏간을 냄.
貿易商[무역상] 무역의 영업.
易書[역서] 점치는 데 쓰는 책.
易數[역수] 길흉을 미리 아는 술법.
容易[용이] 쉬움.

商街 商街 商街

商 장사 상
口8
ショウ(あきなう)

亠 立 商 商 商

街 거리 가
行6
ガイ(まち)

彳 彳 往 街 街

商街[상가] 상점만 있는 거리.
商品[상품] 팔고 사는 물건.
商界[상계] 장사하는 사회.
街道[가도] 도시를 통하는 큰 길.
街頭[가두] 길거리.
街村[가촌] 큰 길가에 있는촌락.

弗 (弓2) 어길 불 / 아닐 불 フツ(あらず)	貨 (貝4) 재화 화 カ(たから)
ㄱ ㄱ 弔 弗 弗	イ 化 化 貨 貨 貨

弗貨[불화] 미국의 돈. 달라.
弗乎[불호] 부인하는 뜻.
弗素[불소] 화학 원소의 일종.
貨主[화주] 화물의 주인.
貨物[화물] 짐.
貨幣[화폐] 돈.

貸 (貝5) 빌릴 대 タイ(かす)	借 (人(イ)8) 빌 차 / 빌릴 차 シャク(かりる)
代 代 代 貸 貸	イ 件 件 借 借 借

貸借[대차] 빌려 줌과 빌림.
貸與[대여] 빌려 줌.
貸地[대지] 남에게 세 준 땅.
借用[차용] 빌려 씀.
借家[차가] 집을 빌려 들음.
借款[차관] 나라 사이의 대차.

償 (人(イ)15) 갚을 상 ショウ(つぐなう)	還 (辵(辶)13) 돌아올 환 / 돌아갈 환 カン(かえる)
イ 伄 償 償 償	罒 豐 睘 睘 睘 還

償還[상환] 빌린 돈을 도로 갚음.
償金[상금] 돈을 갚음.
償復[상복] 물어 줌. 갚아 줌.
還甲[환갑] 회갑.
還國[환국] 제 나라에 돌아 옴.
還鄕[환향] 고향에 돌아 옴.

預 (頁4) 미리 예 ヨ(あずける)	蓄 (艸(艹)10) 모을 축 / 쌓을 축 チク(たくわえる)
マ 予 予 預 預	艹 莁 莁 蓄 蓄

預金[예금] 은행이나 우편국 같은 곳에 돈을 맡기는 일.
預置[예치] 맡겨 둠.
蓄財[축재] 재물을 모음.
蓄積[축적] 쌓아 둠.
蓄妾[축첩] 첩을 둠.

投 (手(扌)4) 던질 투 トウ(なげる)	資 (貝6) 재물 자 シ(もと)
扌 扚 扨 投 投	冫 次 次 資 資

投資[투자] 돈을 늘릴 목적으로 사업의 밑천을 댐.
投機[투기] 요행을 바라는 행이.
投降[투항] 적에게 항복함.
資格[자격] 신분의 바탕.
資金[자금] 밑천이 되는 돈.

企 (人4) 바랄 기 / 계획할 기 キ(くわだてる)	業 (木9) 일 업 / 일할 업 ギョウ(わざ)
入 个 个 介 企	丷 业 丵 丵 業

企業[기업] 사업을 계획하거나 잇대어 하는 생산 사업.
企圖[기도] 계획하고 도모함.
業務[업무] 직업으로 하는 일.
業績[업적] 사업의 성적.
業種[업종] 영업의 종류.

總販　總販　総改	絹綿　絹綿　絹綿
總 합할 총 ^貝4 **販** 팔 판	^糸7 **絹** 비단 견 ^糸8 **綿** 솜 면
ソウ(すべて)　　ハン(うる)	ケン(きぬ)　　メン(わた)
糸 糺 緫 總 總 ‖ 貝 貶 貶 販	年 糸 糸 絹 絹 年 糸 絹 綿 綿
總販[총판] 도맡아 판매함.	絹絲[견사] 비단을 짜는 명주실.
總力[총력] 모든 힘.	絹織[견직] 명주실로 짬.
總理[총리] 전체를 모두 관리함.	綿布[면포] 무명 베.
總意[총의] 모든 사람의 공통 의	綿綿[면면] 줄줄 잇달음.
견,	綿密[면밀] 생각이 소홀하지 않
販賣[판매] 상품을 팔음.	고 일에 찬찬함.
販路[판로] 팔아 먹을 길.	

毛絲　毛絲　毛孫	現品　現品　現品
^毛0 **毛** 터럭 모 ^糸6 **絲** 실 사	^{玉(王)}7 **現** 나타날 현 ^口6 **品** 품수 품 / 가지 품
モウ(け)　　シ(いと)	ゲン(あらわれる)　　ヒン(しな)
一 二 三 毛 　 幺 幺 糸 絲	「 王 玗 珇 現 口 口 뭐 品 品
毛絲[모사] 털실.	現品[현품] 현재 있는 물품.
毛皮[모피] 털이 붙은 짐승 가죽.	現金[현금] 맞돈.
毛筆[모필] 붓.	現實[현실] 눈 앞에 나타난 사실.
毛族[모족] 털 가진 짐승.	品格[품격] 사람된 바탕.
絲竹[사죽] 거문고와 퉁수.	品行[품행] 몸과 마음 가짐.
絲毫[사호] 아주 작은 수.	品目[품목] 물건의 이름.

賣買　賣買　賣買	輸入　輸入　輸入
^貝8 **賣** 팔 매 ^貝5 **買** 살 매	^車9 **輸** 보낼 수 ^入0 **入** 들 입
バイ(うる)　　バイ(かう)	ユ(おくる)　　ニュウ(はいる)
吉 吉 壴 賣 賣 口 罒 罒 胃 買 買	亘 車 軩 軨 輸 輸 ノ 入
賣買[매매] 물건을 사고 파는 일.	輸入[수입] 외국 물품을 사들임.
賣却[매각] 팔아 버림.	輸出[수출] 외국으로 내 보냄.
賣盡[매진] 모조리 팔림.	輸送[수송] 물건을 실어 보냄.
買收[매수] ① 물건을 사들임.	入山[입산] 산에 들어감.
② 남을 꾀어 자기 편을 만	入黨[입당] 당에 가입함.
듦.	入寂[입적] 중이 죽음.
買占[매점] 모조리 사서 모음.	

需給 需給 需給

雨
6 需 쓸 수
음식 수 糸6 給 줄 급

ジュ(もとめる)　キュウ(たまう)

一 雫 雫 需 需 需 ᄉ 糸 紹 紹 給

需給[수급] 수요와 공급.
需要[수요] 필요하여 얻고자 함.
需用[수용] 구하여 씀.
給付[급부] 내어 줌.
給料[급료] 노력에 대한 보수.
給費[급비] 비용을 주는 것.

閉店 閉店 閉店

門
3 閉 닫을 폐 广5 店 가게점

ヘイ(とじる)　テン(みせ)

厂 尸 門 門 閉 广 广 庐 店 店

閉店[폐점] 상점 문을 닫음.
閉幕[폐막] 막을 내림.
閉會[폐회] 회의를 마침.
店員[점원] 점방에서 일보는 사람
店舖[점포] 가겟집.
店頭[점두] 가게의 앞 쪽.

財禍 財禍 財禍

貝
3 財 재물 재 示9 禍 재화 화

ザイ(たから)　カ(わざわい)

刀 目 貝 財 財 礻 礻 祸 禍

財禍[재화] 재산상의 재앙.
財力[재력] 재산의 능력.
財閥[재벌] 재력이 있는 무리.
禍福[화복] 재화와 복록.
禍變[화변] 대단한 변고.
禍根[화근] 재앙의 근원.

茶房 茶房 茶房

艸(卄)
6 茶 차다(차) 戸4 房 방 방

チャ　ボウ(へや)

一 ᄽ 艼 苶 茶 厂 戸 戸 房 房

茶房[다방] 차 마시며 쉬는 집.
茶菓[다과] 차와 과자
茶盤[다반] 찻잔을 바치는 쟁반.
房貰[방세] 빌려 든 방의 삯.
房門[방문] 방으로 드나드는 문.
房外[방외] 방의 바깥.

共營 共營 共營

八
4 共 함께 공 火13 營 지을 영
경영할영

キョウ(とも)　エイ(いとなむ)

一 卄 井 共 共 ″ ٭ 然 營 營

共營[공영] 같이 경영함.
共同[공동] 여럿이 같이 함.
共鳴[공명] 어떤 일을 찬성함.
營爲[영위] 일을 경영함.
營利[영리] 이익을 꾀함.
營繕[영선] 건축하고 수리함.

精米 精米 精米

米
8 精 정교할정
정신 정 米0 米 쌀 미

セイ(くわしい)　ベイ, マイ(こめ)

ᆈ 粁 精 精 精 ″ 丷 半 米 米

精米[정미] 벼를 찧어 쌀로 만듬.
精密[정밀] 썩 세밀함.
精進[정진] 정력을 다 해 나아감.
米糧[미곡] 쌀과 기타 곡식.
米粒[미립] 쌀알.
米壽[미수] 여든 여덟 살.

工場 工場 工場

工 공교 할공 / 장인 공
コウ, ク(たくみ)
一丁工

場 마당 장
ジョウ(ば)
土 坦 坦 場 場

工場〔공장〕물품을 만드는 곳.
工藝〔공예〕물건을 만드는 재주.
工作〔공작〕물건을 만듦.
場所〔장소〕자리.
場內〔장내〕장소의 안.
場長〔장장〕'공장장'의 준 말.

皮革 皮革 皮革

皮 가죽 피
ヒ(かわ)
ノ 厂 广 皮 皮

革 가죽 혁 / 고칠 혁
カク(かわ)
一 艹 苎 苜 革

皮革〔피혁〕가죽의 총칭.
皮骨〔피골〕살갗과 뼈.
皮下〔피하〕피부 속.
革新〔혁신〕고쳐 새롭게 함.
革命〔혁명〕구 정부를 뒤집음.
革世〔혁세〕세상이 바뀜.

洋靴 洋靴 洋靴

洋 큰바다양
ヨウ(おおうみ)
氵 氵 氵 洋 洋

靴 신화
カ(くつ)
艹 革 靽 靴 靴

洋靴〔양화〕구두.
洋女〔양녀〕서양 여자.
洋風〔양풍〕서양 사람의 풍속.
靴工〔화공〕구두를 만드는 사람.
靴子〔화자〕나막신.
靴店〔화점〕구두를 파는 상점.

鋼鐵 鋼鐵 鋼鐵

鋼 강철 강
コウ(はがね)
𣃁 金 釦 鋼 鋼

鐵 쇠 철
テツ(てつ)
金 釒 鐸 鐵 鐵

鋼鐵〔강철〕강한 쇠.
鋼線〔강선〕강철로 만든 선.
鐵甲〔철갑〕쇠로 만든 갑옷.
鐵脚〔철각〕튼튼한 다리.
鐵窓〔철창〕감옥의 별칭.
鐵石〔철석〕쇠와 돌. 매우 굳센 것·

暖爐 暖爐 暖爐

暖 더울 난
ダン(あたたかい)
日 昕 昈 睜 暖

爐 화로 로
ロ(いろり)
丷 炉 炉 爐 爐

暖爐〔난로〕방을 덥게하는 기구.
暖流〔난류〕온도가 높은 해류.
暖帶〔난대〕열대와 온대의 중간.
暖氣〔난기〕따뜻한 기운.
暖衣〔난의〕따뜻한 옷.
爐邊〔노변〕화롯가.

機械 機械 機械

機 기미 기 / 기계 기
キ(はた)
木 槸 槸 機 機

械 기계 계
カイ(かせ)
木 杧 杭 械 械

機械〔기계〕틀.
機密〔기밀〕중요하고 비밀한 일.
機構〔기구〕기관의 구조.
機智〔기지〕얕은 슬기.
機敏〔기민〕눈치가 빠르고 날램.
機會〔기회〕묘하고 효과적인 때.

運轉 運轉 運転

運 走(辶)9 운전할운 옮길운	轉 車11 구를 전
ウン(はこぶ)	テン(ころがる)

一宣軍運運　亘輕轉轉轉

運轉[운전] 움직이어 돌림.
運搬[운반] 물건을 나름.
運賃[운임] 물건을 운반하는 삯.
運河[운하] 육지를 파서 만든 강.
轉職[전직] 직장을 바꿈.
轉轉[전전] 이리 저리 굴러 다님.

器具 器具 器具

器 口13 그릇 기	具 八6 갖출 구
キ(うつわ)	グ(そなえる)

口 哭哭哭器　｜冂目且具

器具[기구] 그릇. 세간. 연장.
器械[기계] 그릇, 연장등의 총칭.
器皿[기명] 음식을 담는 그릇.
具備[구비] 빠짐없이 갖춤.
具格[구격] 격식을 갖춤.
具體[구체] 형상을 갖춤.

製絡 製絡 製絡

製 衣8 마를 제 지을 제	絡 糸6 맥 락 이을 락
セイ(つくる)	ラク(まとう)

⺌帯制製製　幺糸紆終絡

製作[제작] 물건을 만듦.
製本[제본] 책을 만듦.
製紙[제지] 종이를 만듦.
製品[제품] 만들어 낸 물품.
製材[제재] 재목을 만듦.
連絡[연락] 서로 관계를 맺음.

株券 株券 株券

株 木6 그루 주 나무 주	券 刀6 문서 권
シュ(かぶ)	ケン(てがた)

木杧柠杵株　⺌丷失券券

株券[주권] 주식의 증권.
株式[주식] 주식회사의 자본 단위
株主[주주] 주식회사에 주권을 가
　　진 사람.
證券[증권] ①증거가 되는 문권.
　　② 채권을 증명하는증권.

鹽田 鹽田 鹽田

鹽 鹵13 소금 염	田 田0 밭 전
エン(しお)	デン(た)

臣 䀠䀠臨鹽　｜冂皿用田

鹽田[염전] 소금을 만드는 밭.
鹽飯[염반] ① 소금엣밥.
　　② 반찬이 없는 밥.
田園[전원] 농사 짓는 터전.
田畓[전답] 밭과 논.
田穀[전곡] 밭 곡식.

印章 印章 印章

印 卩4 도장 인	章 立6 글 장
イン(しるし)	ショウ(ふみ)

ノ Ｅ Ｅ｢印　亠音音音章

印章[인장] 도장.
印象[인상] 자극을 받아 생기는 느
　　낌.
印刷[인쇄] 글, 그림의 판 박음.
印鑑[인감] 관청에 등록한 도장.
章章[장장] 밝은 모양.
章程[장정] 조목별로 마련한 규정.

布袋 布袋 布袋

布 ^巾 베 포 / 베풀 포
フ(ぬの)

袋 ^{衣5} 부대 대 / 자루 대
タイ(ふくろ)

ノ ナ 右 布　イ 代 代 袋 袋

布袋[포대] 포목으로 만든 자루.
布告[포고] 일반에게 널리 알림.
布教[포교] 종교를 널리 폄.
布木[포목] 베와 무명.
布帛[포백] 베와 비단.
紙袋[지대] 봉지.

酸液 酸液 酸液

酸 ^{酉7} 실 산 / 아플 산
サン(すい)

液 ^{水(氵)8} 즙 액
エキ(しる)

丌 酉 酐 酸 酸　氵 氵 汚 汸 液

酸液[산액] 산성분을 가진 액체.
酸味[산미] 신 맛.
酸性[산성] 산의 기운을 가진 성
　　　질.
液體[액체] 유동하는 물체.
液化[액화] 고체나 기체가 변하여
　　　액체가 되는 현상

軟膜 軟膜 軟膜

軟 ^{車4} 연할 연 / 부드러울 연
ナン(やわらか)

膜 ^{肉(月)11} 꺼풀 막
マク(うすかわ)

亘 車 軒 軒 軟　月 胪 胪 胪 膜

軟骨[연골] 연한 뼈.
軟弱[연약] 연하고 약함.
軟性[연성] 무르고 연한 성질.
鼓膜[고막] 귀청.
皮膜[피막] 살갗과 힘살을 에워 싼
　　　점막.

土炭 土炭 土炭

土 ^{土0} 흙 토
ド(つち)

炭 ^{火5} 숯 탄 / 석탄 탄
タン(すみ)

一 十 土　屮 屵 屵 炭 炭

土炭[토탄] 토질의 석탄.
土臺[토대] 밑바탕.
土地[토지] 논 밭.
炭田[탄전] 석탄이 묻혀 있는 땅.
炭鑛[탄광] 석탄을 파내는 광산.
炭坑[탄갱] 석탄을 파내는 구멍이.

管理 管理 管理

管 ^{竹8} 대통 관 / 주관할 관
カン(くだ)

理 ^{玉(王)7} 다스릴 리 / 이치 리
リ(おさめる)

𥫗 竹 管 管　丅 王 珋 理 理

管理[관리] 일을 처리함.
管轄[관할] 맡아 다스림.
管見[관견] 좁은 소견.
理想[이상] 자기의 바라는 생각.
理解[이해] 사리를 헤아려 앎.
理性[이성] 본래 타고난 지능.

窒素 窒素 窒素

窒 ^{穴6} 막을 질
チツ(ふさぐ)

素 ^{糸4} 흴 소
ソ(しろい)

宀 空 空 窒 窒　十 圭 丰 素 素

窒素[질소] 기체 원소의 하나.
窒息[질식] 숨이 막힘.
窒急[질급] 몹시 겁을 냄.
素朴[소박] 꾸밈이 없음.
素質[소질] 본디 타고난 성질.
素養[소양] 본디 부터의 교양.

看板 看板 看板

看 볼 간
カン(みる)

板 널조각판
ハン(いた)

一二キ丢看看　十木木杓杓板

看板〔간판〕 눈에 잘 띄도록 한
　　　외관상의 표식.
看做〔간주〕 그렇게 여김.
看破〔간파〕 보아서 확실히 앎.
板門〔판문〕 판자로 만든 문.
板壁〔판벽〕 판자로 만든 벽.

蒸汽 蒸汽 蒸汽

蒸 찔 증
ジョウ(むす)

汽 물끓는김
キ(ゆげ)　기

一艹芽芧菜蒸　氵氵沪沪汽

蒸汽〔증기〕 증발되는 기체.
蒸發〔증발〕 액체가 기체로 변함.
蒸炎〔증염〕 찌는 듯한 더위.
汽罐〔기관〕 불을 때어 물을 끓여
　　　증기를 일으키는 가마.
汽船〔기선〕 증기 힘을 이용한 배.

吸引 吸引 吸引

吸 숨들이쉴
흡
마실 흡
キュウ(すう)

引 끌 인
당길 인
イン(ひく)

口叫吖吸吸　弓弓引引

吸引〔흡인〕 빨아서 이끎음.
吸收〔흡수〕 빨아 들임.
吸煙〔흡연〕 담배를 피움.
引責〔인책〕 책임을 이끌어 짐.
引導〔인도〕 가르쳐 이끎음.
引見〔인견〕 불러 만나 봄.

賄賂 賄賂 賄賂

賄 재물 회
선물 회
ワイ(まかなう)

賂 줄 뢰
선물 뢰
ロ(まいない)

貝財賄　貝貯賂賂

賄賂〔회뢰〕 사사 이익을 얻기 위
　　　하여 남에게 부정한 물품을 보
　　　내는 일.
賄賂罪〔회뢰죄〕 뇌물을 주고 받음
　　　으로써 성립되는 죄. 「임.
賄買〔회매〕 재물을 부정하게 사들
賂物〔뇌물〕 자기의 뜻하는 바를
　　　이루기 위하여 몰래 주는 정당
　　　치 못한 재물.

苛斂 苛斂 苛斂

苛 까다로울
가
カ(からい)

斂 거둘 렴
レン(おさめる)

一艹芢苛苛　合侴斂斂

苛令〔가령〕 너무 가혹한 명령.
苛酷〔가혹〕 각박하고 혹독함.
苛斂〔가렴〕 조세 같은 것을 가혹
　　　하게 증수하는 것.
斂錢〔염전〕 돈을 긁어 모음.
收斂〔수렴〕 거두어 드림.

捐耗 捐耗 捐耗

捐 버릴 연
エン(すてる)

耗 빌 모
감할 모
モウ(へる)

扌扩护捐捐　三耒耘耘耗

捐補〔연보〕 자기 재물로 타인을
　　　도와 줌.
捐世〔연세〕 사망(死亡)의 높힘말.
義捐金〔의연금〕 기부금.
耗捐〔모연〕 닳아 없어짐.
耗盡〔모진〕 닳아 없어짐.
消耗〔소모〕 닳아 없어짐.

租庸 租庸 租庸

禾5 **租** 세금 조 　广8 **庸** 떳떳할용 어리석을 용 할용

ソ(みつぎ)　　　ヨウ(つね)

二 千 禾 和 租 广 戸 肩 肩 庸

租界[조계] 외국인의 조차지.
租稅[조세] 세금.
租借[조차] 세를 내고 빌림.
庸君[용군] 어리석어 잘 다스릴
　　　　자격이 없는 왕.
庸劣[용렬] 재주가 없고 어리석음.
庸俗[용속] 범상하여 특징이 없음.

融賃 融賃 融賃

虫10 **融** 화할 융　　貝5 **賃** 세낼 세

ユウ(とおる, とける)　セイ(もらう)

冂 月 丹 鬲 融 一 卅 世 昔 賃

融資[융자] 자본을 융통함.
融合[융합] 여러 가지가 녹아서
　　　　한 가지로 합하는 것.
融解[융해] 녹아서 풀어짐.
賃家[세가] 집을 세놓는 것.
賃物[세물] 세를 받고 빌려 주는
　　　　물건.
賃册[세책] 세를 내고 빌리는 책.

賠扱 賠扱 賠扱

貝8 **賠** 물어줄배　手(扌)4 **扱** 걷어 가질 급

バイ(つぐなう)　　ソウ(あつかう)

冂 貝 貯 貯 賠 賠 扌 扚 扨 扱 扱

賠償[배상] 손해를 물어 냄.
賠款[배관] 손해 배상. 배상금.
賠賺[배겸] 배상을 갚음.
賠償金[배상금] 갚는 돈.
賠賸[배소] 충분하게 남게 갚음.
取扱[취급] 다룸.

購緞 購緞 購緞

貝10 **購** 살 구　　糸9 **緞** 비단 단

コウ(あがなう)　　タン(どんす)

貝 貯 賻 賻 購 幺 糸 紆 絅 緞

購買[구매] 물건을 사들임.
購讀[구독] 신문·잡지·서적 등을
　　　　사서 읽음.
購求[구구] 물건을 들임.
絨緞[융단] 보드러운 천.
綢緞[주단] 명주와 비단.
羽緞[우단] 천의 한가지.

擬堆 擬堆 擬堆

手(扌)14 **擬** 의논할의 흡사할의　土8 **堆** 흙무더기 퇴

ギ(なぞらえる)　　タイ(うずたかい)

扌 扩 捤 擬 擬 土 圵 圹 坩 堆

擬經[의경] 경서에 본떠서 만듦.
擬作[의작] 본떠 만든 것.
擬勢[의세] 겉으로 나타나는 형세.
堆肥[퇴비] 풀, 짚 등을 쌓아 썩힌
　　　　거름.
堆積[퇴적] 많이 쌓임.
堆花[퇴화] 떨어진 꽃이 쌓임.

孵慢 孵慢 孵慢

子11 **孵** 알깔 부　　**慢** 게으를만 거만할만

フ(かえる)　　マン(おごる)

𠀉 明 卵 卵 孵 忄 怉 惧 慢

孵化[부화] 병아리를 깜.
孵卵器[부란기] 병아리를 까는 기
　　　　계.
孵化器[부화기] 병아리를 *까는 기계.*
倨慢[거만] 우쭐대고 오만함.
慢性[만성] 아주 길게 끄는 것.

旅客 旅客 旅客	車費 車費 車費
方6 旅 나그네려 / 군사 려 宀6 客 손 객 / 나그네객	車0 車 수레거(차) 貝5 費 허비할비
リョ(たび) キャク(まろうど)	シャ, キョ(くるま) ヒ(ついやす)
方 方 於 旅 旅 宀 宀 安 客 客	一 下 百 亘 車 一 弓 弗 曹 費
旅客[여객] 나그네.	車費[차비] 차 삯.
旅行[여행] 다른 곳으로 가는 일.	車輛[차량] 여러 가지 차의 총칭
旅館[여관] 길손이 묵는 집.	車輪[차륜] 수레 바퀴.
客地[객지] 집을 떠나 있는 곳.	費用[비용] 어떠한 일에 드는 돈.
客室[객실] 손님을 있게 하는 방.	費額[비액] 소비하여 쓴 돈.
客談[객담] 객적은 이야기.	浪費[낭비] 함부로 씀.

船賃 船賃 船賃	支拂 支拂 支拂
舟5 船 배 선 貝6 賃 품팔이임 / 빌임	支0 支 지탱할지 / 가지 지 / 지지 지 手(扌)5 拂 떨칠 불
セン(ふね) チン(やとう)	シ(ささえる) フツ(はらう)
月 月 舟 舠 船 仁 任 任 賃	一 十 步 支 扌 扩 扩 拊 拂
船價[선가] 배를 탈 때 내는 돈.	支拂[지불] 돈을 치름.
船舶[선박] 배.	支援[지원] 지지하여 응원함.
船夫[선부] 뱃사공.	支持[지지] 옳게 여겨 받듬.
賃金[임금] 품 삯.	拂拭[불식] 깨끗이 씻어 없앰.
賃貸[임대] 돈을 받고 빌려 줌.	拂込[불입] 돈을 여러 번 나눠 넘.
賃借[임차] 삯을 주고 빌림.	拂曙[불서] 막 동이 틀 때.

普通 普通 普通	古京 古京 古京
日8 普 넓을 보 辵(辶)7 通 통할 통	口2 古 옛 고 亠6 京 서울 경
フ(あまねし) ツウ(とおる)	コ(ふるい) ケイ(みやこ)
兰 并 並 普 普 マ 甬 甬 涌 通	一 十 古 古 古 亠 宁 古 亨 京
普通[보통] 널리 일반에게 통함.	古京[고경] 옛 서울. 고도.
普遍[보편] 두루 공통됨.	古宮[고궁] 옛 대궐.
普及[보급] 널리 펴뜨림.	古今[고금] 옛날과 지금.
通告[통고] 알림.	京鄕[경향] 서울과 시골.
通過[통과] 지나감.	京江[경강] 한강 일대의 총칭.
通例[통례] 공통되는 예.	京山[경산] 서울 근처에 있는 산.

138

齊宮 齊宮 齊宮

齊⁰ 가지런할 제 宀⁷ 宮 집 궁
セイ(そろう)　キュウ(みや)

亠亣旅齊齊　宀宧宧宮宮

齊唱[제창] 일제히 부름.
齊家[제가] 집안을 바로 다스림.
齊聲[제성] 여럿이 함께 소리냄.
宮中[궁중] 대궐 안.
宮女[궁녀] 궁중의 나인(內人).
宮闕[궁궐] 임금이 사는 곳.

徐行 徐行 徐り

彳⁷ 徐 천천할 서 行⁰ 行 갈 행
행할 행
항렬 항
ジョ(おもむろ)　コウ(ゆく)

彳彳彳彳徐徐　彳彳行行

徐行[서행] 천천히 감.
徐徐[서서] 천천히.
徐緩[서완] 느림.
行方[행방] 간 곳.
行實[행실] 품행.
行列[항렬] 혈족 관계의 계급.

付標 付標 付標

人(イ)³ 付 부칠 부
부탁 부 木¹¹ 標 표할 표
フ(つける)　ヒョウ(しるし)

ノイ亻付付　朾栖栖標標

付託[부탁] 남에게 당부함.
付與[부여] 붙여 보내 줌.
付壁[부벽] 벽에 붙이는 글씨.
標識[표지] 눈에 잘 띄도록 한 표.
標本[표본] 본보기가 되는 물건.
標榜[표방] 앞에 내세움.

驛馬 驛馬 駢る

馬¹³ 驛 역말 역 馬⁰ 馬 말 마
エキ(うまや)　バ(うま)

馬馿驛驛驛　丨厂冂馬馬

驛前[역전] 정거장 앞.
驛夫[역부] 역에서 일하는 사람.
驛長[역장] 역의 우두머리.
馬夫[마부] 말을 끄는 사람.
馬具[마구] 말타는 데 쓰는 도구.
馬技[마기] 말을 타는 재주.

競走 競走 競走

立¹⁵ 競 다툴 경 走⁰ 走 달릴 주
달아날 주
ケイ(きそう)　ソウ(はしる)

竝音竟竸競　十土井丰走

競走[경주] 달리는 경기.
競技[경기] 재주를 비교함.
競爭[경쟁] 서로 겨누어 다툼.
走馬[주마] 말을 달림.
走狗[주구] 사냥개. 앞잡이.
走力[주력] 달리는 실력.

番號 番號 畨獮

田⁷ 番 번수 번 虍⁷ 號 부를짖을 호
バン(ばん)　ゴウ(となえ)

釆平来番番　口号號號號

番號[번호] 차례를 매긴 홋수.
番數[번수] 차례의 수효.
番番[번번] 늘 자주.
號外[호외] 신문 따위를 임시로
　　　발행하는 중요한 보도.
號令[호령] 지휘하여 명령함.

誤認

誤 言7 그릇할 오 ゴ(あやまる)
認 言7 알 인 / 허가할 인 ニン(みとめる)

言 訂 誤 誤 誤 / 言 訂 訒 訒 認

誤認[오인] 그릇 인정함.
誤解[오해] 그릇 해석함.
誤報[오보] 그릇된 보도.
認可[인가] 인정하여 허락함.
認識[인식] 알아 봄.
認定[인정] 그러한 줄 알고 정함.

積送

積 禾11 쌓을 적 セキ(つむ)
送 辶6 보낼 송 ソウ(おくる)

禾 和 秲 積 積 / 八 스 关 送 送

積送[적송] 실어 보냄.
積載[적재] 쌓아 실음.
積極[적극] 자진해서 일을 행함.
送金[송금] 돈을 보냄.
送客[송객] 객을 전송함.
送達[송달] 보내어 줌.

遲延

遲 辶12 더딜 지 チ(おそい)
延 廴4 미칠 연 / 뻗칠 연 エン(のびる)

尸 屋 屖 犀 遲 / 下 正 正 延 延

遲延[지연] 더디게 끌어감.
遲刻[지각] 정각보다 늦게 옴.
遲參[지참] 정한 시간보다 늦게 참석함.
延命[연명] 겨우 목숨을 이어감.
延長[연장] 늘이어 길게 함.

未着

未 木1 아닐 미 ミ(いまだ)
着 羊6 붙을 착 チャク(きる)

二 丰 未 未 / 丷 羊 着 着 着

未着[미착] 아직 이르지 못함.
未練[미련] 익숙치 못함.
未備[미비] 아직 다 갖추지 못함.
着服[착복] 공금 또는 남의 금품을 부정하게 떼어 먹음.
着實[착실] 침착하고 성실함.

摩擦

摩 手11 갈 마 マ(する,こする)
擦 扌14 비빌 찰 サツ(さする)

广 庐 麻 摩 摩 / 扌 扩 按 按 擦

摩挲[마사] 손으로 주물러 어루만짐.
摩擦[마찰] 물건과 물건이 서로 닿아서 비비는 것.
摩擦力[마찰력] 마찰할 때 두 물체 사이에서 생기는 힘.
摩擦熱[마찰열] 물체가 마찰할 때 생기는 열.
摩天樓[마천루] 고층 건물.

墟壑

墟 土12 옛터 허 キョ(しろあと)
壑 土14 구렁 학 ガク(たに)

土 圹 圹 圹 墟 / 亠 龱 睿 叡 壑

墟基[허기] 풀에 못이겨 폐허가 된 무덤.
墟墓[허묘] 폐허된 무덤.
廢墟[폐허] 황폐된 터.
溝壑[구학] 구렁.
大壑[대학] 큰 구렁.
溪壑[계학] 계곡의 구렁.

浮舟　浮舟　浮舟

水(氵)7 浮 뜰 부　舟0 舟 배 주
フ(うかぶ)　シュウ(ふね)

氵氵氵浮浮　广丿爿爿舟

浮流[부류] 떠서 흐름.
浮板[부판] 뜬 판자. 「님.
浮游[부유] 방향 없이 떠돌아 다
舟運[주운] 배로 운반하는 것.
舟遊[주유] 뱃놀이.
舟船[주선] 배와 선박.

陷穽　陷穽　陷穽

阜(阝)8 陷 빠질 함／함정 함　穴4 穽 함정 정
カン(おちいる)　セイ(おとしあな)

了阝阝陷陷　宀穴宍窄穽

陷穽[함정] 파놓은 구덩이.
陷壘[함루] 진루가 함락함.
陷沒[함몰] 모두 빠져 몰락함.
陷落[함락] 빼앗아 몰락시킴.
檻穽[남정] 함정.
布穽[포정] 함정을 파는 것.

迂廻　迂廻　迂廻

辵(辶)3 迂 굽을 우 (오)　廴6 廻 돌 회
ウ(まがる)　ネ(まわる)

一二于于迂　冂冋回廻廻

迂廻[우회] 멀리 돌아감.
迂闊[우활] 탐탁하지 않음.
迂怪[우괴] 성질이 우활하고 기괴
함.
廻折[회절] 구부러짐.
廻曲[회곡] 구부러짐.
廻廊[회랑] 낭하. 베란다.

渡漕　渡漕　渡漕

水(氵)9 渡 건늘 도　水(氵)11 漕 배질할조
ト(わたる)　ソウ(こぐ)

氵沪沪渡渡　氵沪沛漕漕

渡江[도강] 강을 건늠.
渡河[도하] 개천, 물을 건늠.
渡船[도선] 물건느는 배.
漕米[조미] 조창에 있는 쌀.
漕運[조운] 배로 운반함.
漕船[조선] 운반하는 배.

輻輳　輻輳　輻輳

車9 輻 바퀴살복／바퀴살통 폭　車9 輳 바퀴살통 주
フク(や)　ソウ(あつまる)

亘車斬輻輻　車斬輳輳輳

輻輳[폭주] 사물이 한곳으로 몰림.
輻射[폭사] 사방으토 내쏘는 현상.
四方輻輳[사방폭주] 사방으로 몰
림.
輻子[폭자] 바퀴의 살.
輻射熱[폭사열] 방사열과 같음.
輻射點[폭사점] 방사점.

軌轍　軌轍　軌轍

車2 軌 바퀴사이 궤　車12 轍 바퀴자국 철
キ(わだち)　テツ(わだち)

冂亘車軌軌　車軯輨輨轍

軌轍[궤철] 차가 지나간 바퀴 자국.
軌範[궤범] 본보기가 될 만한 법도.
軌迹[궤적] 수레가 지나간 자국.
軌條[궤조] 기차나 전차가 다니도록 깔아놓은 강철재의 줄.
轍迹[철적] 바퀴가 지나간 자국.
古轍[고철] 옛 일.

速物 速物 速物

走(辶)7 **速** 빠를 속 ソク(はやい)　牛(牜)4 **物** 만물 물 ブツ(もの)

戸 申 束 涑 速 ノ 느 牛 牜 物

速度〔속도〕 빠른 정도.
速記〔속기〕 빨리 적음.
速成〔속성〕 빨리 이룸. 빨리 됨.
物望〔물망〕 명성이 높은 것.
物色〔물색〕 쓸만한 것을 고름.
物心〔물심〕 물질과 정신.

津棹 津棹 津棹

水(氵)6 **津** 나루 진 / 진액 진 シン(わたしば)　木8 **棹** 노저을도 トウ(さお)

氵 氵7 氵ヨ 津 津 木 木 朩 栯 棹

津渡〔진도〕 나루.
津守〔진수〕 나루지기.
津埠〔진부〕 나루.
棹子〔도자〕 책상.
棹燈〔도등〕 책상 등.
棹腿〔도퇴〕 책상 다리.

謹賀 謹賀 謹賀

言11 **謹** 삼갈 근 キン(つつしむ)　貝5 **賀** 하례할하 ガ(よろこぶ)

言 言 訁 諎 謹 フ 加 加 賀 賀

謹賀〔근하〕 삼가서 축하함.
謹愼〔근신〕 언행을 삼가고 조심함
謹告〔근고〕 삼가 알림.
賀客〔하객〕 축하하는 손.
賀禮〔하례〕 축하하는 예식.
賀正〔하정〕 새 해를 축하함.

葉書 葉書 葉書

艸(艹)9 **葉** 잎 엽 ヨウ(は)　曰6 **書** 글 서 ショ(かく)

艹 苹 華 華 葉 フ ヨ 聿 書 書

葉書〔엽서〕 '우편엽서'의 약.
葉錢〔엽전〕 구멍 뚫린 옛날의 돈.
葉片〔엽편〕 잎의 넓은 부분.
書生〔서생〕 유학을 공부하는 학생
書齋〔서재〕 글 읽는 방.
書翰〔서한〕 편지.

回答 回答 回答

口3 **回** 돌아올회 カイ, エ(めぐる)　竹6 **答** 대답 답 トウ(こたえる)

冂 冋 回 回 ⺮ 竹 筌 答

回答〔회답〕 물음에 대답함.
回復〔회복〕 이전의 상태로 됨.
回收〔회수〕 거두어 들임.
答辯〔답변〕 남이 묻는 데 대답함.
答案〔답안〕 문제의 해답.
答狀〔답장〕 회답하는 편지.

片紙 片紙 片紙

片0 **片** 조각 편 ヘン(かた)　糸4 **紙** 종이 지 シ(かみ)

丿 丿 片 片 幺 糸 紅 紙 紙

片紙〔편지〕 소식을 알리는 글.
片面〔편면〕 한 쪽 면.
片舟〔편주〕 작은 배.
紙面〔지면〕 종이의 거죽.
紙物〔지물〕 온갖 종이.
紙幣〔지폐〕 종이 돈.

142

郵遞 郵便 報便	吉報 吉報 吉報
郵 邑(阝) 8 역말 우 우편 우 遞 走(辶) 10 갈마들일 체	吉 口 3 길할 길 報 土 9 갚을 보
ユウ(しゅくば) テイ(かわる)	キツ, キチ(よい) ホウ(むくいる)
三垂郵郵郵 厂厈厔虒遞	十士吉吉 圭幸幸軵報
郵遞〔우체〕 우편으로 보냄. 郵便〔우편〕 여러 사람을 위하여 통 신을 맡아 보는 업무. 郵送〔우송〕 우편으로 보냄. 遞信〔체신〕 우편. 遞傳〔체전〕 전하여 보냄. 遞送〔체송〕 우편으로 보냄.	吉報〔길보〕 좋은 소식. 吉凶〔길흉〕 좋은 일과 궂은 일. 吉運〔길운〕 좋은 운수. 報答〔보답〕 남의 은혜를 갚음. 報復〔보복〕 앙갚음. 報酬〔보수〕 근로에 대한 소득.
至急 至急 至急	電波 電波 電波
至 至 0 이를 지 急 心 5 급할 급	電 雨 5 번개 전 波 水(氵) 5 물결 파
シ(いたる) キュウ(いそぐ)	デン(いなずま) ハ(なみ)
一云至至至 ク勹刍刍急急	雪雷雷電 氵汀沪沪波
至急〔지급〕 썩 급함. 至誠〔지성〕 지극한 정성. 至當〔지당〕 사리에 꼭 맞음. 急行〔급행〕 빨리 감. 急報〔급보〕 급한 보고. 急變〔급변〕 갑자기 일어난 사고.	電波〔전파〕 전기의 파동. 電文〔전문〕 전문의 사연. 電光〔전광〕 번갯불. 派紋〔파문〕 물결의 무늬. 波及〔파급〕 차차 퍼져 미침. 波瀾〔파란〕 어수선한 일.
妨害 妨害 妨害	招請 招請 招請
妨 女 4 방해할방 거리낄방 害 宀 7 해할 해	招 手(扌) 5 부를 초 請 言 8 청할 청
ボウ(さまたげる) ガイ(そこなう)	ショウ(まねく) セイ(うける,こう)
乚女圹妨妨 宀宁宔害害	扌扌打招招 計詰請請請
妨害〔방해〕 남의 일을 해롭게 함. 妨礙〔방애〕 막아 거리끼게 함. 害虫〔해충〕 해로운 벌레. 害惡〔해악〕 해가 되는 나쁜 일. 害毒〔해독〕 해와 독을 끼침. 害鳥〔해조〕 해로운 새.	招請〔초청〕 청하여 부름. 招來〔초래〕 불러 옴. 招聘〔초빙〕 사람을 맞아 옴. 請婚〔청혼〕 혼인을 청함. 請求〔청구〕 달라고 요구함. 請牒〔청첩〕 청하는 편지.

交涉　交涉　交涉

交 사귈 교
[⊥]4
コウ(まじわる)

涉 거닐 섭
水(氵)7 간섭할섭
ショウ(わたる)

亠　六　方　交　氵　汀　涉　涉　涉

交涉〔교섭〕 일을 위하여 의논함.
交友〔교우〕 벗을 사귐.
交換〔교환〕 서로 바꿈.
涉外〔섭외〕 외부와의 교섭.
涉世〔섭세〕 세상을 살아 감.
涉獵〔섭렵〕 온갖 책을 많이 읽음.

醫師　醫師　醫師

醫 의원 의
酉11
イ(いしゃ)

師 스승 사
巾7
シ(いくさ)

医　医　殹　醫　醫　亻　阝　自　師　師

醫師〔의사〕 병을 고치는 사람.
醫書〔의서〕 의학에 관한 책.
醫術〔의술〕 병을 고치는 재주.
師弟〔사제〕 스승과 제자.
師父〔사부〕 스승의 존칭.
師表〔사표〕 남의 모범이 됨.

藥局　藥局　藥局

藥 약 약
艸(卄)15
ヤク(くすり)

局 방 국
尸4 판 국
キョク(つぼね)

艹　芦　蒪　藥　藥　コ　尸　月　局

藥局〔약국〕 약을 파는 가게.
藥材〔약재〕 약의 재료.
藥令〔약령〕 약재를 매매하는 장.
局限〔국한〕 일부에만 한함.
局部〔국부〕 전체의 일부분.
局面〔국면〕 일이 있는 경우.

施療　施療　施療

施 베풀 시
方5
シ(ほどこす)

療 병고칠료
疒12
リョウ(いやす)

方　方　方　旂　施　疒　疒　疒　療　療

施療〔시료〕 무료로 치료함.
施肥〔시비〕 논 밭에 거름을 줌.
施賞〔시상〕 상을 줌.
療養〔요양〕 병을 조섭함.
療法〔요법〕 병을 고치는 법.
療治〔요치〕 병을 고침.

建設　建設　建設

建 세울 건
廴6
ケン(たてる)

設 베풀 설
言4 설령 설
セツ(もうける)

ヲ　ヨ　聿　建　建　言　訁　訳　設　設

建設〔건설〕 새로 만들어 설정함.
建國〔건국〕 나라를 세움.
建立〔건립〕 이룩하여 세움.
設計〔설계〕 계획을 세움.
設備〔설비〕 베풀어 갖춤.
設置〔설치〕 만들어 둠.

豫防　豫防　豫防

豫 미리 예
豕9
ヨ(あらかじめ)

防 막을 방
阜(阝)4
ボウ(ふせぐ)

予　予　预　豫　豫　阝　阝　陗　防　防

豫防〔예방〕 병을 미리 방지함.
豫測〔예측〕 미리 추측함.
豫言〔예언〕 어떤 일을 미리 말함.
防備〔방비〕 막는 설비.
防禦〔방어〕 남의 침입을 막음.
防止〔방지〕 막아서 그치게 함.

144

注射 注射 注射	飯床 飯床 飯床

注 水(氵)5 물댈 주 / 주낼 주 チュウ(そそぐ)
射 寸7 쏠 사 シャ(いる)
氵 氵 汁 汪 注 / 丿 身 身 射 射

注射[주사] 약물을 몸속에 넣음.
注文[주문] 물건을 맞춤.
注視[주시] 주의하여 봄.
射擊[사격] 총포를 쏘아 침.
射殺[사살] 쏘아서 죽임.
射藝[사예] 활 쏘는 재주.

飯 食(飠)4 밥 반 ハン(めし)
床 广4 평상 상 ショウ(とこ, ゆか)
入 今 飠 飣 飯 亠 广 广 庆 床

飯床[반상] 밥그릇을 올리는 상.
飯店[반점] 음식을 파는 가게.
飯酒[반주] 밥에 곁들여 먹는 술.
床播[상파] 못자리에 씨를 뿌림.
床奴[상노] 밥상을 나르고 잔 심
　　　　부름을 하는 아이.

起 走3 일어날 기 キ(おきる)
寢 宀11 잘 침 シン(ねる)
土 丰 走 起 起 宀 疒 疒 疒 寢

起居[기거] 사람 살이의 형편.
起工[기공] 공사를 시작함.
起案[기안] 안을 초잡아 씀.
寢具[침구] 잠자는 데 쓰는 도구.
寢臺[침대] 잠자는 평상.
寢食[침식] 자는 것과 먹는 것.

環 玉(王)13 옥고리 환 / 두룰 환 カン(たまき)
境 土11 지경 경 キョウ(さかい)
丁 珥 珚 環 環 土 圹 垆 垍 境

環境[환경] 주위의 사정.
環狀[환상] 둥글게 된 모양.
環攻[환공] 둘러싸고 들이 침.
境界[경계] 사물이 맞닿은 자리.
境內[경내] 지경 안.
境遇[경우] 닥쳐 온 형편.

淨 水(氵)8 깨끗할 정 ジョウ(きよい)
掃 手(扌)8 쏠 소 ソウ(はく)
氵 沪 浐 浄 淨 扌 扫 拭 掃 掃

淨土[정토] 극락 세계.
淨化[정화] 깨끗하게 함.
淨寫[정사] 글씨를 깨끗하게 씀.
掃除[소제] 깨끗이 쓸고 닦음.
掃蕩[소탕] 쓸어 없애 버림.
掃萬[소만] 모든 일을 제쳐 놓음.

安 宀3 편안할 안 アン(やすらか)
眠 目5 잘 면 / 졸 면 ミン(ねむる)
宀 宀 安 安 目 町 眄 眠 眠

安眠[안면] 편안히 잘 잠.
安寧[안녕] 편안함.
安心[안심] 마음이 편안함.
眠期[면기] 누에가 잠자는 기간.
眠食[면식] 살아가는 일.
眠息[면식] 자며 쉬는 것.

衛生　衛生　衛生

行10 衞 막을 위
호위할위
エイ(まもる)

生0 生 날 생
살 생
セイ(いきる)

彳 彳 徉 徣 衞　丿 ⺊ 牛 牛 生

衛生[위생] 몸이 튼튼하고 병이
　　　　안 나게 주의하는 일.
衛兵[위병] 호위하는 병사.
生活[생활] 살아 나감.
生存[생존] 살아 있음.
生捕[생포] 산 채로 잡음.

飲酒　飲酒　飲酒

食(食)4 飲 마실 음
イン(のむ)

酉3 酒 술 주
シュ(さけ)

⺮ 刍 刍 刍 飲 飲　氵 沪 洒 酒 酒

飲酒[음주] 술을 마심.
飲料[음료] 마시는 음식.
飲毒[음독] 독약을 먹음.
酒客[주객] 술을 잘 먹는 사람.
酒幕[주막] 시골 길 가에서 술,
　　　　밥을 팔고 나그네도 치는 집

放免　放免　放免

攴(攵)4 放 내칠 방
놓을 방
ホウ(はなす)

儿5 免 면할 면
メン(まぬかれる)

⺀ ㇗ 方 方 放　⺈ ⺈ 名 孕 免

放免[방면] 가둔 사람을 놓아줌.
放浪[방랑] 지향없이 돌아다님.
放火[방화] 불을 놓음.
免除[면제] 의무를 지우지 않음.
免職[면직] 직무에서 물러남.
免許[면허] 관청에서 허가함.

衰弱　衰弱　衰弱

衣4 衰 쇠할 쇠
スイ(おとろえる)

弓7 弱 약할 약
ジャク(よわい)

⺌ 声 声 衰 衰　㇕ ㇔ 弓 弱 弱

衰弱[쇠약] 여위어서 약함.
衰退[쇠퇴] 쇠하여 퇴폐함.
衰運[쇠운] 쇠하여지는 운수.
弱質[약질] 몸이 약한 사람.
弱體[약체] 어느 조직체가 약함.
弱骨[약골] 몸이 약한 사람.

休息　休息　休息

入(イ)4 休 쉴 휴
キュウ(やすむ)

心6 息 쉴 식
숨쉴 식
ソク(いき)

丿 亻 什 休 休　⺊ 口 自 息 息

休息[휴식] 무슨 일을 하다가 쉼.
休養[휴양] 편안히 쉬어서 몸과
　　　　마음을 잘 기름.
休業[휴업] 사업을 얼마 동안 쉼.
息訟[식송] 서로 잘 타협하여 서
　　　　로 소송을 그침.

全快　全快　全快

入4 全 온전 전
ゼン(すべて)

心(忄)4 快 쾌할 쾌
カイ(こころよい)

丿 入 ⼊ ㇒ 全　⺀ 忄 忄 快 快

全快[전쾌] 병이 다 나음.
全力[전력] 모든 힘.
全然[전연] 아주. 전혀.
快感[쾌감] 상쾌한 느낌.
快諾[쾌락] 시원하게 허락함.
快樂[쾌락] 만족하고 즐거움.

肺病

肺病 肺病 肺病

肉(月)4 **肺** 허파 폐
ハイ(はい)

广5 **病** 병들 병
ビョウ(やまい)

月 月 貯 肺 肺　亠 广 广 病 病

肺病〔폐병〕폐를 앓는 병.
肺腑〔폐부〕마음의 깊은 속.
肺結核〔폐결핵〕'폐병'과 같음.
病中〔병중〕앓는 동안.
病勢〔병세〕병의 증세.
病死〔병사〕병들어 죽음.

齒痛

齒痛 齒痛 齒痛

齒0 **齒** 이 치
나이 치
シ(は)

广7 **痛** 아플 통
ツウ(いたむ)

丨 止 步 茈 齒　广 广 疒 痛 痛

齒痛〔치통〕이 앓이.
齒牙〔치아〕이.
齒序〔치서〕나이 순서.
痛感〔통감〕사무치게 느낌.
痛憤〔통분〕몹시 분함.
痛歎〔통탄〕몹시 한탄함.

濕症

濕症 濕症 濕症

水(氵)14 **濕** 젖을 습
シツ(しめる)

广5 **症** 병증세증
ショウ(しるし)

氵 沪 浿 湿 濕　广 广 疒 疔 症

濕氣〔습기〕축축한 기운.
濕度〔습도〕축축한 정도.
濕地〔습지〕축축한 땅.
症勢〔증세〕앓는 온갖 모양.
渴症〔갈증〕몹시 목이 마름.
痛症〔통증〕아픈 증세.

眼鏡

眼鏡 眼鏡 眼鏡

目6 **眼** 눈 안
ガン(め)

金11 **鏡** 거울 경
キョウ(かがみ)

目 目' 盯 眼 眼　釒 鈩 鈩 鏡 鏡

眼鏡〔안경〕눈에 쓰는 기구.
眼目〔안목〕사물을 분별하는 힘.
眼疾〔안질〕눈 병.
鏡臺〔경대〕거울 세우는 기구.
鏡面〔경면〕거울이 비치는 쪽.
面鏡〔면경〕작은 거울.

細胞

細胞 細胞 細胞

糸5 **細** 가늘 세
サイ(ほそい)

肉(月)5 **胞** 태 포
동포 포
ホウ(えな)

幺 糸 紀 細 細　月 月 肕 肕 胞

細胞〔세포〕생물체 조성의 단위.
細心〔세심〕자세히 주의함.
細則〔세칙〕자세한 규칙.
胞胎〔포태〕아이를 뱀.
胞子〔포자〕식물의 생식세포.
胞宮〔포궁〕자궁.

心臟

心臟 心臟 心臟

心0 **心** 마음 심
シン(こころ)

肉(月)18 **臟** 오장 장
ゾウ(はらわた)

丶 亠 心 心　腴 腂 臟 臟 臟

心臟〔심장〕염통.
心慮〔심려〕마음속으로 근심함.
心腹〔심복〕아주 가까운 사람.
臟器〔장기〕내장의 기관.
臟腑〔장부〕내장 전체.
五臟〔오장〕다섯 가지 내장.

毒 菌　毒菌　毒菌

毒 母4 독할 독
ドク(そこなう)

菌 艸(艹)8 버섯 균 세균 균
キン(きのこ)

一 三 主 青 毒 毒　一 艹 芮 苩 菌

毒菌[독균] 독을 가진 균.
毒感[독감] 심한 감기.
毒舌[독설] 심한 욕.
菌根[균근] 균이 있는 뿌리.
菌傘[균산] 버섯의 웃 머리.
菌類[균류] 곰팡이 따위의 총칭.

傳染　傳染　傳染

傳 人(イ)11 전할 전
デン(つたえる)

染 木5 물들일 염
セン(そめる)

亻 但 俥 傳 傳　氵 氿 氿 染 染

傳染[전염] 병이 옮는 것.
傳統[전통] 전하여 오는 계통.
傳言[전언] 말을 전함.
染色[염색] 피륙에 물을 들임.
染料[염료] 물감.
染俗[염속] 세속에 물들음.

骨肉　骨肉　骨肉

骨 骨0 뼈 골
コツ(ほね)

肉 肉0 고기 육 살 육
ニク(にく)

冂 曱 骨 骨　冂 内 内 肉 肉

骨肉[골육] 뼈와 살.
骨格[골격] 뼈대.
骨子[골자] 긴요한 부분.
肉眼[육안] 안경을 쓰지 않은 눈.
肉感[육감] 육체의 감각.
肉筆[육필] 손수 쓴 글씨.

鮮血　鮮血　鮮血

鮮 魚6 고울 선 생선 선
セン(あざやか)

血 血0 피 혈
ケツ(ち)

魚 魚 魚 鮮 鮮　亻 白 血 血

鮮血[선혈] 상하지 않은 피.
鮮明[선명] 산뜻하고 밝음.
鮮美[선미] 산뜻하고 아름다움.
血氣[혈기] 격동하기 쉬운 의기.
血淚[혈루] 피 눈물.
血書[혈서] 피로 쓴 글씨.

疾患　疾患　疾患

疾 疒5 병 질
シツ(やまい)

患 心7 근심 환
カン(うれえ)

广 疒 疔 疚 疾　口 串 患 患

疾患[질환] 질병.
疾走[질주] 빨리 달림.
疾風[질풍] 몹시 빠른 바람.
患者[환자] 병을 앓는 사람.
患難[환난] 재앙의 근심 걱정.
患候[환후] 병세의 존댓말.

根治　根治　根治

根 木6 뿌리 근
コン(ね)

治 水(氵)5 다스릴 치
ジ,チ(おさめる)

木 杓 杒 柷 根　氵 氿 治 治

根治[근치] 병의 뿌리를 뺌.
根絕[근절] 뿌리를 빼어 버림.
根據[근거] 사물의 토대.
治績[치적] 정치의 공적.
治安[치안] 편안하게 다스림.
治世[치세] 태평한 세상.

頭髮　頭髮　頭髮

頁7 頭 머리 두　髟5 髮 터럭 발
トウ(あたま)　　ハツ(かみ)

口 豆 頭頭頭　镸 髟 髟 髮髮

頭髮〔두발〕 머리털.
頭目〔두목〕 우두머리.
頭序〔두서〕 일의 실마리.
髮膚〔발부〕 머리털과 살.
髮際〔발제〕 목 뒤에 머리털이 난
　　　　근처에 나는 부스름.

洗手　洗手　洗手

水(氵)6 洗 씻을 세　手0 手 손 수
セン(あらう)　　シュ(て)

氵 汀 泙 洪 洗　一 二 三 手

洗手〔세수〕 낯을 씻음.
洗滌〔세척〕 깨끗하게 씻는 일.
洗濯〔세탁〕 빨래.
手交〔수교〕 손수 내 줌.
手續〔수속〕 일하는 절차.
手足〔수족〕 손과 발.

香油　香油　香油

香0 香 향기 향　水(氵)5 油 기름 유
コウ(かおり)　　ユ(あぶら)

二 千 禾 香 香　氵 汩 油 油 油

香油〔향유〕 향내 나는 기름.
香氣〔향기〕 향내.
香料〔향료〕 향을 만드는 원료.
香煙〔향연〕 향이 타는 연기
油菓〔유과〕 기름에 볶는 과자.
油印〔유인〕 프린트.

微笑　微笑　微笑

彳10 微 작을 미／가늘 미　竹4 笑 웃음 소
ビ(かすか)　　ショウ(わらう)

彳 彿 微 微 微　𥫗 笁 竺 笑

微笑〔미소〕 소리없이 빙긋 웃음.
微力〔미력〕 적은 힘.
微物〔미물〕 작은 물건
笑納〔소납〕 편지에 쓰는, 약소하
　　　　나마 받아 달라는 말.
笑話〔소화〕 우스운 이야기.

鎭靜　鎭靜　鎭靜

金10 鎭 진정할진　靑8 靜 고요할정
チン(しずめる)　　セイ(しずか)

牟 釒 鎖 鎭 鎭　主 靑 靑 靜 靜

鎭靜〔진정〕 편안하게 함.
鎭痛〔진통〕 아픈 것을 진정시킴.
鎭壓〔진압〕 눌러서 진정시킴.
靜寂〔정적〕 매우 고요함.
靜肅〔정숙〕 고요하고 엄숙함.
靜止〔정지〕 고요히 그침.

調劑　調劑　調劑

言8 調 고를 조　刀(刂)14 劑 약재료제
チョウ(ととのう)　　ザイ(もる)

言 訒 訊 調 調　亠 产 齊 齊 劑

調劑〔조제〕 약을 지음.
調査〔조사〕 자세히 살펴 알아 봄.
調和〔조화〕 고르게 맞춤.
調節〔조절〕 알맞게 맞춤.
藥劑〔약제〕 여러가지 약을 섞은
　　　　약＝약품〔藥品〕

149

沐浴　沐浴　沐浴

水(氵)4 沐 머리감을 목
モク(かみをあらう)

水(氵)7 浴 목욕할욕
ヨク(あびる)

氵 氵 汁 汖 沐　氵 氵 浴 浴 浴

沐浴[목욕] 머리와 몸을 씻는 일.
沐間[목간] 목욕간의 준말.
沐浴桶[목욕통] 목욕할 때 쓰는 통.
沐沫[목말] 목욕.
浴湯[욕탕] 목욕탕.
海水浴[해수욕] 바닷물에서 미역 감음.

酩酊　酩酊　酩酊

酉6 酩 비틀거릴 명
メイ(よう)

酉2 酊 비틀거릴 정
テイ(よう)

冂 西 酉 酌 酩　厂 冂 酉 酉 酊

酩酊[명정] 몹시 취함.
酩酊無所知[명정무소지] 몹시 취해서 아무 것도 모르는 것.
酩酒[명주] 좋은 술. 단술.
酒酊[주정] 술주정. 주사.

佳肴　佳肴　佳肴

人(亻)6 佳 아름다울 가
カ(よい)

肉(月)4 肴 안주 효
コウ(さかな)

亻 仁 仕 佳 佳　乂 㐅 肴 肴 肴

佳人[가인] 좋은 사람.
佳節[가절] 좋은 시절.
佳肴[가효] 좋은 안주.
佳姬[가희] 예쁜 계집.
肴味[효미] 안주 맛.
肴棵[효과] 안주와 과일.

痘瘡　痘瘡　痘瘡

疒7 痘 마마 두
トウ(ほうそう)

疒10 瘡 부스럼 창
ソウ(かさ)

疒 疒 疒 痘 痘　疒 疒 瘡 瘡 瘡

痘瘡[두창] 천연두.
痘痕[두흔] 천연두 앓은 흔적.
牛痘[우두] 종두.
瘡病「창병」 매독.
瘡傷[창상] 연장에 다침.

膀腺　膀腺　膀腺

肉(月)10 膀 오줌통방
ホウ

肉(月)9 腺 멍울 선 땀구멍선
セン(せん)

月 胗 胯 膀 膀　月 胕 脬 腺 腺

膀胱[방광] 오줌통.
膀胱炎[방광염] 방광의 염증.
腺炎[선염] 분비선의 염증.
分泌腺[분비선] 분비물을 내는 선.
性腺[성선] 성 홀몬을 분비하는 선.
甲狀腺[갑상선] 갑상 홀몬 분비선.

汗顔　汗顔　汗顔

水(氵)3 汗 땀 한
カン(あせ)

頁9 顔 얼굴 안
ガン(かお)

氵 氵 汗 汗 汗　产 彦 顔 顔 顔

汗衫[한삼] 손을 감추기 위하여 두루마기나 여자의 저고리 끝에 흰 헝겊으로 길게 덧대는 소매.
汗衣[한의] 땀이 밴 옷.
汗疹[한진] 땀띠.
顔面[안면] 얼굴. 서로 알만한 친분.
顔色[안색] 얼굴에 나타난 기색.

犧牲 犧牲 犧牲

牛(牛)16 **犧** 희생 희
ギ(いけにえ)

牛(牛)5 **牲** 희생 생
セイ(いけにえ)

牛 牜 牻 牻 犧 牜 牛 牜 牪 牲

犧牲[희생] 몸을 바쳐 일함.
犧牲精神[희생정신] 희생하는 정신.
牲牢[생뢰] 제물로 쓰는 짐승.
牲殺[생살] 제사 때 짐승을 잡음.
牲體[생례] 제사 때 쓰는 고기와
牲酒[생주] 고기와 술. ㄴ술.

炊粥 炊粥 炊粥

心(忄)11 **慘** 슬플 참
혹독할참
サン(みじめ)

火4 **炊** 불땔 취
スイ(たく)

忄 忄 忙 恓 惨 慘 丷 火 炒 炊 炊

自炊[자취] 손수 음식을 지어 먹음.
炊飯[취반] 밥을 지음.
炊食[취식] 밥을 지어 먹음.
炊煙[취연] 밥 짓는 연기.
粥筩[죽통] 마소의 밥통.
米粥[미죽] 쌀 죽.

飽喫 飽喫 飽喫

食(飠)5 **飽** 배부를포
ホウ(あきる)

口9 **喫** 먹을 끽
마실 끽
キツ(のむ)

飠 飠 飠 飽 飽 口 吽 呼 喫 喫

飽食[포식] 배불리 먹음.
飽喫[포끽] 배불리 먹음.
飽暖[포난] 넉넉함.
喫煙[끽연] 담배를 피움.
喫緊[끽긴] 아주 필요함.
喫茶[끽다] 차를 마심.

肝膽 肝膽 肝膽

肉(月)3 **肝** 간 간
カン(きも)

肉(13) **膽** 쓸개 담
タン(きも)

月 月 旷 旴 肝 月 胪 胪 胪 膽

肝膽[간담] 간장과 쓸개.
肝臟[간장] 내장의 하나.
肝銘[간명] 깊이 결심함.
膽囊[담낭] 쓸개보.
膽大[담대] 담력이 많고 큼.
膽略[담략] 대담한 꾀.

沸騰 沸騰 沸騰

水(氵)5 **沸** 끓을 비
フツ(わく)

馬10 **騰** 오를 등
トウ(のぼる)

氵 沪 沪 沸 沸 月 朕 朕 騰 騰

沸騰[비등] 끓어 오름.
沸湯[비탕] 끓음.
沸昇[비승] 물이 끓어 오름.
沸然[불연] 병을 불끈 내는 모양.
沸點[비점] 비등점의 준말.
騰貴[등귀] 물건 값이 오름.

粧飾 粧飾 粧飾

米6 **粧** 단장할장
ショウ(よそおう)

食(飠)5 **飾** 꾸밀 식
ショク(かざる)

丷 半 米 籵 粧 亽 食 食 飾 飾

粧刀[장도] 평복에 차는 칼.
粧帖[장첩] 꾸미어 만든 서화첩.
粉粧[분장] 곱게 꾸밈.
粧飾[장식] 외양을 꾸밈.
飾詐[식사] 남을 속이기 위하여
　　　　　거짓 꾸밈.
飾緖[식서] 피륙의 올이 풀리지
　　　　　않도록 짠 가상자리.

牆涯 牆涯 牆涯

牆 담 장
13
ショウ(かき)

涯 물가 애
水(氵)
8
ガイ(みぎわ)

｜丬丬牆牆 氵汀汇沪涯

牆壁[장벽] 담벽.
牆籬[장리] 담과 울타리.
牆外[장외] 담친 바깥.
涯角[애각] 한쪽으로 치우친 땅.
無涯[무애] 끝 없는 물.
生涯[생애] 일평생.

逢厄 逢厄 逢厄

逢 만날 봉
辵(辶)
7
ホウ(あう)

厄 재앙 액
厂
2
ヤク(わざわい)

夂夆夆逢逢 一厂厄厄

逢年[봉년] 풍년을 만남.
逢變[봉변] 남에게 모욕을 당함.
逢受[봉수] 남의 물건을 받음.
厄運[액운] 액을 당한 운수.
殃厄[앙액] 재앙.
災厄[재액] 재앙과 액운.

挽撤 挽撤 挽撤

挽 당길 만
상여꾼노
래 만
手(扌)
7
バン(ひく)

撤 걷을 철
치울 철
手(扌)
12
テツ(すてる)

扌扩挾挽挽 扌扩捗揹撤

挽回[만회] 바로 잡아 회복함.
挽留[만류] 붙들어 말림.
挽詞[만사] 죽은 이를 회상하여
　　　　쓴 글.
撤去[철거] 걷어서 치워버림.
撤兵[철병] 군대를 철수함.
撤收[철수] 시설을 거두어 들임.

頻徙 頻徙 頻徙

頻 자주 빈
찡그릴빈
頁
7
ヒン(しきりに)

徙 옮길 사
彳
8
シ(うつる)

ト牛步頻頻 彳彳彳徙徙徙

頻度[빈도] 잦은 도수.
頻發[빈발] 자주 일어남.
頻煩[빈번] 매우 잦고 번거로움.
徙居[사거] 옮겨 살음.
徙月[사월] 달이 바뀜.
移徙[이사] 집을 옮김.

痲痺 痲痺 痲痺

痲 저릴 마
마목 마
疒
8
マ(しびれ)

痺 새이름비
疒
8
ヒ(しびれる)

广疒疒疒痲痲 广疒疒疒痹痹

痲痺[마비] 신경, 근육의 기능이
　　　　상실됨.
痲醉[마취] 마비되어 도취됨.
痲藥[마약] 마비시키는 약.
痲藥法[마약법] 마약 취급법의 준
　　　　말.
痲疹[마진] 홍역.
痺疳[비감] 만성 소화기병.

臥賦 臥賦 臥賦

臥 누울 와
臣
2
ガ(ふす)

賦 구실 부
거둘 부
貝
8
フ(とりたて)

｜厂臣臣臥 貝貯貯賦賦

臥病[와병] 병으로 누워 있음.
臥房[와방] 침실. 침방.
臥食[와식] 일하지 않고 놀고 먹
　　　　음.
賦稅[부세] 부과하는 세금.
賦課[부과] 구실을 매김.
賦與[부여] 나누어 줌.

逍遙

逍 거닐 소 辵(辶)7 ショウ(ぶらつく)
遙 멀 요 / 노닐 요 辵(辶)10 ヨウ(はるか)

小 竹 肖 逍　夕 乆 䍃 遙 遙

逍風[소풍] 운동을 목적으로 먼 길을 걷는 일. 「다님.
逍遙[소요] 정한 곳 없이 거닐어
遙望[요망] 멀리 바라봄.
遙拜[요배] 먼 곳을 바라보며 절을 함.
遙遠[요원] 멀고 멀음.
遙度[요탁] 먼 곳에서 남의 마음을 헤아림.

蹉跌

蹉 지날 차 / 넘어질 차 足(𧾷)10 サ(つまずく)
跌 넘어질 질 足(𧾷)5 テツ(つまずく)

𧾷 跣 踤 蹉 蹉　𧾷 𧿦 跌 跌

蹉跌[차질] 발을 헛딛어 넘어짐. 일이 실패로 돌아감.
蹉跎[차타] 미끄러져 넘어짐.
蹉跎光陰[차타광음] 때를 놓침.
跌宕[질탕] 거의 방탕에 가깝도록 흥썬 노는 것.
跌價[질가] 엎드려 넘어짐.

潛跡

潛 잠길 잠 水(氵)12 セン(ひそむ)
跡 자취 적 足(𧾷)6 セキ(あと)

氵 沣 浃 潛 潛　𧾷 跓 跡 跡

潛龍[잠룡] 잠복한 용.
潛伏[잠복] 숨어 엎드림.
潛入[잠입] 가만이 들어옴.
追跡[추적] 뒤를 밟아 쫓음.
遺跡[유적] 옛 건축물이 있었던 곳.

孟浪

孟 첫 맹 / 힘쓸 맹 子5 モウ(おさ、はじめ)
浪 물결 랑 / 함부로쓸 랑 水(氵)7 ロウ(なみ)

了 子 孟 孟 孟　氵 沪 浪 浪 浪

孟春[맹춘] 첫봄. 봄을 셋으로 나눈 처음 봄.
孟風[맹풍] 맹렬히 부는 바람.
孟母三遷[맹모삼천] 맹자의 어머니가 맹자를 위하여 세 번 이사했다는 고사.
風浪[풍랑] 심한 바람과 물결.
海浪[해랑] 바다 물결.

徘徊

徘 배회할 배 彳8 ハイ(さまよう)
徊 배회할 회 彳6 カイ(たちもとおる)

彳 彴 徘 徘 徘　彳 彴 徊 徊

徘徊[배회] 머뭇머뭇 돌아다님.
徘徊庭園[배회정원] 정원을 이리저리 돌아다님.
徘徊於江[배회어강] 강가를 배회함.
暗夜徘徊[암야배회] 캄캄한 밤중에 어슬렁어슬렁 돌아다님.

泡沫

泡 물거품 포 水(氵)5 ホウ(あわ)
沫 물끓는거품 말 水(氵)5 マツ(あわ)

氵 汋 泃 泡　氵 汴 沫 沫

泡沫[포말] 물거품.
泡起[포기] 물거품 모양 불어오름.
泡水[포수] 물을 먹임.
泡影[포영] 물거품과 그림자.
粉沫[분말] 가루.
碎沫[쇄말] 갈아 부숨.

實用漢字 1,800字

順序 順序 順序

順 순할 순 / 좇을 순
頁3
ジュン(したがう)

序 차례 서
4
ジョ(ついで)

丿 川 順 順 順　亠 广 庐 序 序

順序[순서] 차례.
順理[순리] 도리에 따름.
順從[순종] 순하게 따름.
序文[서문] 머릿말.
序曲[서곡] 가극에서 개막전에 아
　　　뢰는 악곡.

愼擇 愼擇 愼擇

愼 삼갈 신
心(忄)10
シン(つつしむ)

擇 가릴 택
手(扌)13
タク(えらぶ)

忄 忄 恒 愼 愼　扌 扩 押 擇 擇

愼重[신중] 삼가고 조심함.
愼言[신언] 말을 삼가함.
愼思[신사] 삼가 생각함.
擇一[택일] 하나를 고름.
擇日[택일] 좋은 날짜를 가림.
擇婚[택혼] 혼인할 자리를 고름.

懇切 懇切 懇切

懇 간절할간 / 정성 간
心13
コン(ねんごん)

切 끊을 절 / 온통 체
刀2
セツ,サイ,(きる)

豸 豸 貇 貇 懇　一 七 切 切

懇切[간절] 지성스러움.
懇請[간청] 간절히 부탁함.
懇望[간망] 간절히 바람.
懇談[간담] 정답게 이야기합.
切望[절망] 간절히 바람.
切實[절실] 아주 긴요함.

揮揚 揮揚 揮揚

揮 뽐낼 휘 / 휘두를휘
手(扌)9
キ(ふるう)

揚 들날릴양
手(扌)9
ヨウ(あげる)

扌 扩 护 揎 揮　扌 扌 押 揚 揚

揮帳[휘장] 둘러 치는 장막.
揮筆[휘필] 붓을 휘두름.
揮發油　　　개솔린.
揚名[양명] 이름을 세상에 떨침.
揚水[양수] 물을 퍼서 올림.
揚揚[양양] 활기찬 모양.

簡單 簡單 簡單

簡 편지 간 / 간략할간
竹12
カン(てがみ)

單 홑 단
口9
タン(ひとえ)

竺 筲 節 簡 簡　吅 吅 胃 置 單

簡單[간단] 간략하고 단출함.
簡略[간략] 간단하게 줄임.
簡易[간이] 간단하고 쉬움.
單獨[단독] 단 하나. 단 혼자.
單純[단순] 까다롭지 아니 함.
單騎[단기] 혼자 말을 타고 감.

過輕 過輕 過輕

過 허물 과 / 지날 과
走(辶)9
カ(すぎる)

輕 가벼울경
車7
ケイ(かるい)

吂 吊 咼 渦 過　戸 車 車 輕 輕

過激[과격] 너무 지나침.
過敏[과민] 너무 재빠름.
過誤[과오] 그릇된 일.
輕蔑[경멸] 깔 봄.
輕擧[경거] 경솔한 행동.
輕快[경쾌] 홀가분함.

海岸 海岸 海岸

水(氵)7 **海** 바다 해
カイ(うみ)

山5 **岸** 언덕 안
ガン(きし)

氵氵氵汇汇海海　屵屵屵岸岸

海岸 [해안] 바닷가의 언덕.
海深 [해심] 바다의 깊이.
海峽 [해협] 육지 사이에 낀 좁은 바다.
海拔 [해발] 육지나 산이 바다보다 높은 정도.
岸壁 [안벽] 배를 육지에 대려고 쌓은 옹벽.

港灣 港湾 港灣

水(氵)9 **港** 항구 항
コウ(みなと)

水(氵)22 **灣** 물굽이 만
ワン(いりうみ)

氵氵氵洪港港　氵氵濟灣灣灣

港灣 [항만] 항구와 해만.
港口 [항구] 배가 나들고 머무는 곳.
港都 [항도] 항구 도시.
灣 [만] 바다가 육지로 넓게 들어온 곳.

河川 河川 河川

水(氵)5 **河** 물 하
カ(かわ)

巛(川)0 **川** 내 천
セン(かわ)

氵氵氵汇河河　丿丿川川

河川 [하천] 강, 내.
河畔 [하반] 강 가, 강 언덕.
河海 [하해] 큰 강과 바다.
川谷 [천곡] 내와 골짜기.
川獵 [천렵] 냇물에서 고기를 잡음.
川澤 [천택] 내와 못.

山脈 山脈 山脈

山0 **山** 메 산
サン(やま)

肉(月)6 **脈** 맥 맥
ミャク(すじ)

丨山山　月肮脈脈脈

山脈 [산맥] 산 줄기.
山菜 [산채] 산 나물.
山火 [산화] 산 불.
脈度 [맥도] 맥이 뛰는 정도.
脈盡 [맥진] 기력이 다 빠짐.
脈搏 [맥박] 쉽지 않고 뛰는 맥.

絶頂 絶頂 絶頂

糸6 **絶** 끊을 절
뛰어날 절
ゼツ(たえる)

頁2 **頂** 이마 정
꼭대기 정
チョウ(いただき)

糸紹紹紹絶　丁丆顶頂頂

絶頂 [절정] 맨 꼭대기.
絶望 [절망] 희망이 끊어짐.
絶交 [절교] 서로 교분을 끊음.
頂門 [정문] 정수리.
頂上 [정상] 산의 맨 꼭대기.
頂禮 [정례] 이마를 땅에 대고 하는 절.

太陽 太陽 太陽

大1 **太** 클 태
콩 태
タイ(ふとい)

阜(阝)9 **陽** 볕 양
ヨウ(ひ)

一ナ大太　阝阝阹陽陽

太陽 [태양] 해.
太古 [태고] 아주 옛날.
太平 [태평] 나라나 집안이 편안함.
陽光 [양광] 따뜻한 봄 빛.
陽氣 [양기] 볕의 기운.
陽曆 [양력] 태양력.

畫間 畫間 畫間

日7 畫 낮 주 門4 間 사이 간
チュウ(ひる)   カン(あいだ)

ㄱ � 聿 畫 書 畫 | �尸 門 門門 間

畫間〔주간〕 낮 동안.
畫夜〔주야〕 밤과 낮.
畫學〔주학〕 낮에 배워서 공부함.
間隙〔간격〕 틈.
間言〔간언〕 남을 이간하는 말.
間諜〔간첩〕 적의 비밀을 알리는
　　　　　사람.

月光 月光 月光

月0 月 달 월 儿4 光 빛 광
ゲツ(つき)   コウ(ひかる)

ノ 月 月   丨 丷 少 当 光

月光〔월광〕 달 빛.
月刊〔월간〕 다달이 퍼내는 출판
　　　　　물.
月例〔월례〕 다달이 행하는 정례.
光明〔광명〕 밝은 빛, 밝고 환함.
光復〔광복〕 빛나게 회복함.
光陰〔광음〕 세월, 시간.

夜燈 夜燈 夜燈

夕5 夜 밤 야 火12 燈 등잔 등
ヤ(よる)   トウ(ひ)

亠 亠 疒 夜 夜   灯 炊 烃 燈 燈

夜燈〔야등〕 등불.
夜行〔야행〕 밤에 길을 감.
夜戰〔야전〕 밤에 하는 싸움.
燈臺〔등대〕 밤중에 뱃길을 알리는
　　　　　신호등.
燈火〔등화〕 등불.
燈下〔등하〕 등잔 밑, 등불 아래.

流星 流星 流星

水(氵)6 流 흐를 류 日5 星 별 성
リュウ(ながれる)   セイ(ほし)

氵 浐 汸 浐 流   口 日 昇 星 星

流星〔유성〕 별똥.
流行〔유행〕 세상에 널리 퍼지어
　　　　　행함.
流彈〔유탄〕 빗나간 총탄.
星霜〔성상〕 세월.
星群〔성군〕 별의 떼.
星期〔성기〕 혼인 날짜.

曲線 曲線 曲線

日2 曲 굽을 곡
　　　　곡조 곡   糸9 線 줄 선
キョク(まがる)   セン(すじ)

丨 冂 曲 曲 曲   幺 糸 綿 綿 線

曲線〔곡선〕 구부러진 선.
曲調〔곡조〕 음악의 가락.
曲藝〔곡예〕 눈을 속이는 재주.
線路〔선로〕 기차, 전차가 다니는
　　　　　길.
線上〔선상〕 선 위.
線分〔선분〕 점 사이의 직선.

陸路 陸路 陸路

阜(阝)8 陸 뭍 륙 足(⻊)6 路 길 로
リク(おか)   ロ(みち)

了 阝 阹 陸 陸   口 ⻊ 趵 路 路

陸路〔육로〕 육지의 길.
陸橋〔육교〕 구름다리.
陸戰〔육전〕 육지에서 싸우는 전쟁
路線〔노선〕 ① 가는 길. ② 주의
　　　　　주장.
路上〔노상〕 길 위.
路傍〔노방〕 길 가, 길 옆.

航空 航空 航空

航 舟4 건널 항
배질할한
コウ(わたる)

空 穴3 빌 공
하늘 공
クウ(そら)

亅 刖 舟 舡 航　宀 宍 空 空

航空[항공] 비행기로 공중을 **날음**
航行[항행] 뱃길을 다님.
航路[항로] 뱃길.
空手[공수] 빈 손.
空氣[공기] 지구를 둘러싸고 있는
　　　　 기체.
空軍[공군] 비행기로 싸우는 군
　　　　 대.

關門 関門 买门

關 門11 통할관
겪을 관
カン(せき)

門 門0 문 문
モン(かど)

尸 門 閂 閟 關　亅 尸 尸 門 門

關門[관문] 국경, 요지에 들어가
　　　　 는 곳.
關心[관심] 마음에 잊지 아니함.
關聯[관련] 서로 관계가 됨.
門人[문인] 제자.
門客[문객] 문안 오는 손님.
門戶[문호] 집으로 드나드는 곳.

經由 經由 经由

經 糸7 날 경
지날 경
ケイ(へる)

由 田0 말미암을
유
ユウ, ユ(よる)

糸 糸 絅 經 經　亅 冂 甶 由 由

經由[경유] 거쳐 감.
經費[경비] 일하는 데 드는 돈
經營[경영] 계획을 세워 일을 다
　　　　 스림.
由來[유래] 일이나 물건의 내력.
由緖[유서] 전하여 오는 이유와
　　　　 내력.
由前由後[유전유후] 앞뒤가 같음.

探訪 探訪 你访

探 手(扌)8 찾을 탐
タン(さぐる)

訪 言4 물을 방
심방할방
ホウ(おとずれる)

亅 扌 扩 挦 探　亖 言 訃 訪 訪

探訪[탐방] 탐문하여 찾아 봄.
探究[탐구] 더듬어서 연구함.
探偵[탐정] 비밀된 사정을 살핌.
探問[탐문] 더듬어서 캐어 물음.
訪問[방문] 남을 찾아 봄.
訪花[방화] 꽃을 찾아 구경함.

地球 地球 地球

地 土3 땅 지
チ(つち)

球 玉(王)7 공 구
둥글 구
キュウ(たま)

亅 ナ 圵 圸 地　丆 王 玡 球 球

地球[지구] 우리가 살고 있는 땅
　　　　 덩이.
地域[지역] 일정한 구역 안의 땅.
地盤[지반] 근거를 삼는 땅.
球菌[구균] 구슬 모양의 세균.
球面[구면] 공의 거죽.
球形[구형] 공같이 둥근 모양.

半島 半島 半岛

半 十3 반 반
ハン(なかば)

島 山7 섬 도
トウ(しま)

丷 겈 쓰 半　亅 鬥 阜 鳥 島

半島[반도] 한쪽만 육지에 닿고
　　　　 그 나머지 세면은 바다에
　　　　 싸인 땅.
半身[반신] 온 몸의 반.
島嶼[도서] 크고 작은 여러 섬.
島民[도민] 섬에서 사는 백성.
島國[도국] 섬 나라.

堤沿 堤沿 堤江

土 9 **堤** 방죽 제　水(氵) 5 **沿** 물따라내려갈 연

テイ(つつみ)　　エン(そう)

土 圵 坍 埠 堤　氵 氵 沿 沿 沿

堤防〔제방〕물을 막기 위해 쌓은 둑.

堤堰〔제언〕① 방축. ② 웅덩이.

沿路〔연로〕큰 길가에 있는 땅.

沿邊〔연변〕국경이나 강가 또는 큰 길가 일대에 있는 지방.

沿革〔연혁〕변하여 내려온 내력.

廣橋 廣橋 廣橋

广 12 **廣** 넓을 광　木 12 **橋** 다리 교

コウ(ひろい)　　キョウ(はし)

广 产 庐 庸 廣　木 栏 栌 棒 橋 橋

廣橋〔광교〕넓은 다리.

廣大〔광대〕넓고 큼.

廣野〔광야〕넓은 들.

橋梁〔교량〕다리.

橋脚〔교각〕다리 전체를 받치는 기둥의 아랫도리.

巨巖 巨巖 巨嵓

工 2 **巨** 클 거　山 20 **巖** 바위 암

キョ(おおきい)　　ガン(いわ)

丨 厂 厏 戶 巨　嵅 嵓 崖 巖 巖

巨巖〔거암〕큰 바위

巨物〔거물〕위엄이 있는 큰 인물.

巨星〔거성〕어떤 사업계의 큰 인물.

巨人〔거인〕키가 매우 큰 사람

巖石〔암석〕바위.

巖窟〔암굴〕바위에 뚫린 굴.

氷庫 氷庫 氷庫

水 1 **氷** 얼음 빙　广 7 **庫** 곳집 고

ヒョウ(こおり)　　コ(くら)

丨 丬 氺 氺 氷　广 庐 庐 庐 庫

氷庫〔빙고〕얼음을 넣어 두는 곳집.

氷結〔빙결〕얼음이 얼어 붙음.

氷河〔빙하〕얼어 붙은 강.

庫間〔고간〕곳간, 곳집.

庫直〔고직〕창고를 지키는 사람.

庫房〔고방〕세간을 넣어 두는 곳.

亞洲 亞洲 亞洲

二 6 **亞** 버금 아　水(氵) 6 **洲** 섬 물 주 주

ア(つぐ)　　シュウ(す)

一 亞 亞 亞 亞　氵 汇 汌 洲 洲

亞洲〔아주〕아시아주.

亞鉛〔아연〕합석.

亞聖〔아성〕성인의 다음가는 사람

亞細亞洲〔아세아주〕오대주의 하나. 동반구의 동북부에 위치해 있는 주.

友邦 友邦 友邦

又 2 **友** 벗 우　邑(阝) 4 **邦** 나라 방

ユウ(とも)　　ホウ(くに)

一 ナ 方 友　一 ᵜ 丯 邦 邦

友邦〔우방〕가까이 사귀는 나라.

友愛〔우애〕형제 사이의 애정.

友情〔우정〕동무 사이의 정.

邦家〔방가〕나라.

邦慶〔방경〕나라의 경사.

邦國〔방국〕나라.

砂漠　砂漠　砂漠

石4 砂 모래 사　水(氵)11 漠 사막 막
サ(すな)　　　バク(すなはら)

丁 石 矽 砂 砂　氵 汁 沪 渲 漠

砂漠[사막] 모래만이 있는 넓은 벌판.
砂金[사금] 모래에 섞인 금.
砂器[사기] 사기 그릇.
漠漠[막막] 넓고 아득한 모양.
漠然[막연] 확실하지 않음. 분명하지 않음.

鉛鑛　鉛鑛　鉛鑛

金5 鉛 납 연　金15 鑛 쇳돌 광
エン(なまり)　　コウ(あらがね)

金 金 釸 鉛 鉛　金 鈩 鐪 鑛 鑛

鉛鑛[연광] 납을 파내는 광산.
鉛筆[연필] 글씨 쓰는 것.
鉛版[연판] 납으로 만든 인쇄판.
鑛山[광산] 광물을 캐내는 산.
鑛産[광산] 광업에서 산출된 물건.
鑛主[광주] 광업의 권리를 가진 사람.

江邊　江邊　江邊

水(氵)3 江 물 강　走(辶)15 邊 가 변
コウ(え)　　　ヘン(はとり)

氵 汀 江 江　自 息 舄 舄 邊

江邊[강변] 강 가.
江山[강산] ① 강과 산. ② 나라땅
江村[강촌] 강 가에 있는 마을.
邊利[변리] 길미로 느는 이자.
邊方[변방] 나라의 변두리 방면.
邊民[변민] 변두리에 사는 백성.

永住　永住　永住

水1 永 길 영　人(イ)5 住 머무를 주
エイ(ながい)　　ジュウ(すむ)

ラ ヲ オ 永 永　イ 亻 什 伴 住

永住[영주] 오래도록 머물러 삶.
永久[영구] 길고 오램.
永遠[영원] 영구한 세월.
住民[주민] 그 땅에 사는 사람.
住居[주거] 머물러 삶.
住持[주지] 절을 주관하는 중.

朝夕　朝夕　朝夕

月8 朝 아침 조, 조정 조　夕0 夕 저녁 석
チョウ(あさ)　　セキ(ゆうべ)

十 古 車 朝 朝　ノ ク 夕

朝夕[조석] 아침 저녁.
朝廷[조정] 옛날 나라의 정치를 보던 곳.
朝野[조야] 조정과 민간.
夕刊[석간] 저녁에 오는 신문.
夕陽[석양] 저녁 나절.
夕照[석조] 해 질 무렵에 비치는 햇빛.

熱冷　熱冷　熱冷

火(灬)11 熱 더울 열　冫5 冷 찰 랭
ネツ(あつい)　　レイ(つめたい)

坴 刲 執 執 熱　冫 冸 冷 冷 冷

熱狂[열광] 좋아서 미친듯이 날뜀.
熱情[열정] 열렬한 애정.
熱誠[열성] 열의와 정성.
冷却[냉각] 차게 함.
冷待[냉대] 푸대접.
冷情[냉정] 쌀쌀하게 사람을 대함

徵兆 徵兆 徵兆

徵 彳12 부를 징 효험 징
チョウ(しるし)

兆 儿4 조짐 조 조 조
チョウ(きざし)

彳 彳 彳 彳 徵 丿 儿 儿 兆 兆

徵兆[징조] 미리 보이는 조짐.
徵收[징수] 거두어 들임.
徵集[징집] 불러서 모음.
兆 [조] 억의 만 배.
兆朕[조짐] 미리 드러나는 징조.
兆域[조역] 무덤이 있는 지역.

磁極 磁極 磁極

磁 石10 지남석 자 사기 그릇 자
ジ(じしゃく)

極 木9 다할 극 지극할극
キョク(きわむ)

石 矽 矽 磁 磁 木 朾 柯 極 極

磁極[자극] 자석의 음양의 두 극.
磁性[자성] 쇠를 끌어 당기는 성 질.
磁石[자석] 지남석.
極度[극도] 더 할 수 없는 정도.
極貧[극빈] 지극히 가난함.
極刑[극형] 가장 중한 형벌.

律曆 律曆 律曆

律 彳6 법 률
リツ(のり)

曆 日12 책력 력 세월 력
レキ(こよみ)

彳 彳 彳 律 律 厂 厂 厤 厤 曆

律曆[율력] 책력.
律動[율동] 규율이 바른 활동.
律令[율령] 법.
律文[율문] 형률의 조문.
曆書[역서] 달력. 책력.
曆數[역수] 자연의 운수.

創置 創置 創置

創 刀(リ)10 날에 다칠 창 비로소 창
ソウ(はじめ)

置 网(罒)8 둘 치
チ(おく)

人 仝 合 倉 創 罒 罒 罗 罟 置

創置[창치] 처음으로 만들어 둠.
創立[창립] 업세를 처음 이록함
創業[창업] 사업을 처음 시작함.
置重[치중] 중요하게 여김.
置身[치신] 남을 대하는 위신.
置簿[치부] 금전 물품의 출납을 기록함.

晴雨 晴雨 晴雨

晴 日8 갤 청
セイ(はれる)

雨 雨0 비 우
ウ(あめ)

日 旷 晴 晴 晴 一 冂 币 雨 雨

晴雨[청우] 날이 갬과 비가 내림.
晴曇[청담] 날씨의 맑음과 흐림.
晴天[청천] 맑게 갠 하늘.
雨天[우천] 비오는 날.
雨量[우량] 비가 오는 분량.
雨氣[우기] 비가 올 듯한 기운.

雲曇 雲曇 雲曇

雲 雨4 구름 운
ウン(くも)

曇 日12 구름낄담
ドン(くもる)

一 千 乒 雫 雲 日 昻 曇 曇 曇

雲雀[운작] 종달새.
雲霞[운하] 구름과 놀.
雲霧[운무] 구름과 안개.
曇天[담천] 구름낀 하늘.
曇後晴[담후청] 날씨가 흐리다가 뒤에는 개임.

氣象 氣象 氣象

気
6 氣 기운 기
キ(いき)

豕
5 象 코끼리상
ショウ(ぞう)

一 气 气 気 氣 ⺈ 爭 象 象 象

氣象[기상] 날씨가 변하는 현상.
氣魄[기백] 썩썩한 기상과 정신.
氣勢[기세] 기운과 세력.
象徵[상징] 눈에 보이지 않는 내
　　　　용을 물건이나 일을
　　　　통해서 나타내는 일.
象牙[상아] 코끼리의 어금니.

測候 測候 測候

水(氵)
9 測 측량할 측
ソク(はかる)

人(イ)
8 候 살필 후
철 후
コウ(きこう)

氵 氵刂 氵目 氵目 測 イ 亻 伃 侯 候

測候[측후] 날씨의 변함을 헤아
　　　　림.
測量[측량] 지형의 생김새를 재
　　　　어서 헤아림.
候補[후보] 어떤 지위에 오를 자
　　　　격이 있는 사람.
候鳥[후조] 철을 따라 옮겨 사는
　　　　새.

倉卒 倉卒 倉卒

人
8 倉 곳집 창
갑자기창
ソウ(くら)

十
6 卒 군사 졸
항오 졸
ソツ(おわる)

人 今 合 倉 倉 亠 ナ 众 众 卒

倉卒[창졸] 갑작스러움.
倉庫[창고] 곳간. 곳집.
倉穀[창곡] 곳집에 쌓아 둔 곡식.
卒兵[졸병] 병사.
卒地[졸지] 갑자기.
卒倒[졸도] 갑자기 쓰러짐.

變更 變更 變更

日
3 更 고칠 경
다시 갱
コウ(ふける)

言
16 變 변할 변
ヘン(かわる)

一 亘 亘 更 更 言 緣 緣 變 變

變更[변경] 바꾸어 다르게 고침.
變動[변동] 움직여서 변함.
變貌[변모] 바뀐 모습.
更張[경장] 고치어 새로 함.
更迭[경질] 사람을 바꾸어 넣음.
更生[갱생] 사경에서 되살아 남.

霞靄 霞靄 霞靄

雨
9 霞 놀 하
カ(かすみ)

雨
16 靄 아지랭이
애
アイ(もや)

雨 雫 雫 霞 霞 雫 雫 雲 靄 靄

霞觴[하상] 옛날 선인들이 쓰던
　　　　술잔.
朝霞[조하] 아침 놀.
夕霞[석하] 저녁 놀.
烟霞[연하] 연기 같은 놀.
靄然[애연] 온화함.
靄靄[애애] 안개가 많이 낀 모양.

濃霧 濃霧 濃霧

水(氵)
13 濃 두터울농
무르녹을
농
ノウ(こい)

雨
11 霧 안개 무
ム(きり)

氵 氵曲 濃 濃 濃 雫 雫 雺 霧 霧

濃淡[농담] 짙고 엷음.
濃藍[농람] 짙은 남색.
濃霧[농무] 짙은 안개.
濃熟[농숙] 무르녹은 듯이 익음.
霧露[무로] 안개.
霧散[무산] 안개가 흩어지듯이
　　　　헤어짐.

淋漓

淋 水(氵)8 축일 림, 지적지적할 림, 할 림 リン(そそぐ)
漓 水(氵)11 물스밀리 リ(したたる)

氵氵汁淋淋　氵氵沪沪漓漓

淋漓[임리] 물이 뚝뚝 흘러 멀어지는 것.
淋疾[임질] 성병의 일종.
淋汗[임한] 땀.
淋灑[임쇄] 계속했다가 끊어지는 모양.
淋渗[임삼] 새의 깃의 보드라운 모양.

池淵

池 水(氵)3 못 지 チ(いけ)
淵 水(氵)9 못 연 エン(ふち)

氵氵汌沪池　氵沪沪淵淵淵

池塘[지당] 연못가.
池澤[지택] 연못.
池魚[지어] 연못 고기.
淵叢[연총] 사물이 많이 모인 곳.
淵水[연수] 깊은 강.
深淵[심연] 깊은 연못.

沼澤

沼 水(氵)5 못 소, 늪 소 ショウ(ぬま)
澤 水(氵)13 못 택, 덕 택 택 タク(さわ)

氵氵沪沼沼　氵沪澤澤澤澤

沼澤[소택] 늪.
沼地[소지] 늪 근처의 땅.
沼氣[소기] 늪에서 발하는 기체
澤畔[택반] 못가. 물가.
澤地[택지] 못가의 땅.
潤澤[윤택] 비옥하고 풍부함.

幽奧

幽 幺6 숨을 유, 그윽할유 ユウ(かすか)
奧 大10 깊을 오 オウ(おく)

丨幺ㄠ幽幽　冂向角奧奧

幽靈[유령] 죽은 사람의 영혼.
幽冥[유명] 그윽하고 어두움.
幽明[유명] 이 세상과 저 세상.
幽僻[유벽] 깊숙하고 궁벽함.
奧妙[오묘] 심오하고 미묘함.
深奧[심오] 깊고 그윽함.

寂寞

寂 宀8 고요할적 ジャク(さびしい)
寞 宀11 쓸쓸할 막 バク(さびしい)

宀宁宇宋寂宀宙宵寘寞

寂寞[적막] 쓸쓸하고 고요함.
寂滅[적멸] 번뇌의 경계를 떠남.
寂然[적연] 아주 조용함.
寂寥[적요] 고요하고 적적함.
寞寞[막막] 피피하고 쓸쓸함.

炎涼

炎 火4 불꽃 염 エン(ほのお)
涼 水(氵)8 서늘할량 リョウ(すずしい)

丷少火火炎　氵沪沪涼涼

炎涼[염량] 더위와 추위.
炎熱[염열] 심한 더위.
炎症[염증] 몸의 어떤 부분이 덥고 붓고 아픈 병.
炎天[염천] 몹시 더운 시절. 남쪽 하늘.
涼薄[양박] 얼굴이 푸더분하지 못함.
淸涼[청량] 맑고 시원함.

旱魃 旱魃 旱魃

日 3 旱 가물 한
カン(ひでり)

鬼 5 魃 가물귀신 발
ハツ(ひでり)

丨 冂 日 旦 早 旱 𠂊 曲 鬼 魃 魃

旱魃[한발] 몹시 가뭄.
旱稻[한도] 밭 벼.
旱毒[한독] 가뭄의 해독.
旱路[한로] 육로.
旱害[한해] 가뭄의 피해.
旱損[한손] 한발로 인한 손해.

潭塘 潭塘 潭塘

水(氵) 12 潭 연못 담 깊을 담
タン(ふち)

土 10 塘 못 당
トウ(つつみ)

氵 氵 氵 氵 潭 潭 潭 土 圹 圹 塘 塘

潭影[담영] 연못의 그림자.
雲潭[운담] 구름같이 맑은 못.
池潭[지담] 연못.
塘馬[당마] 말 탄 척후의 임무를 군사.
塘報[당보] 척후병이 적의 사정 을 알림.
池塘[지당] 연못.

苑囿 苑囿 苑囿

艸(卝) 5 苑 동산 원
エン(その)

口 6 囿 논밭유
ユウ(その)

艹 艹 艻 芬 苑 冂 冂 冂 冃 囿 囿

苑囿[원유] 궁중 동산.
昌慶苑[창경원] 서울에 있는 궁 명.
秘苑[비원] 궁궐 안의 동산.
淵苑[연원] 연못 있는 동산.
宮囿[궁유] 왕궁의 동산.

溪畔 溪畔 溪畔

水(氵) 10 溪 시내 계
ケイ(たに)

田 5 畔 밭두둑반
ハン(あぜ、ほとり)

氵 氵 氵 溪 溪 溪 冂 田 町 町 畔

溪谷[계곡] 골짜기.
溪流[계류] 산골짜기에서 흐르는 물.
溪水[계수] 시냇물.
溪畔[계반] 시냇가 둔덕. 냇가.
畔界[반계] 경계가 되는 두둑.
畔疇[반주] 비오리.

冥闇 冥闇 冥闇

冖 8 冥 어두울명
メイ(くらい)

門 9 闇 어두울암
アン(くらい)

冖 冖 冝 冝 冥 冥 𨳩 門 門 門 闇 闇

冥界[명계] 저승.
冥福[명복] 죽은 뒤에 저승에서 받는 복.
冥漠[명막] 멀고 넓어 까마득함.
闇昧[암매] 사리에 어두움. 어리 석음.
闇夜[암야] 어두운 밤. 캄캄한 밤.
闇弱[암약] 어리석고 겁이 많음.

峻嶺 峻嶺 峻嶺

山 7 峻 높을 준
シュン(けわしい)

山 14 嶺 재 령
レイ(みね)

山 屸 屸 峮 峻 屵 岑 峇 嶺 嶺

峻急[준급] 몹시 가파르고 험함.
峻德[준덕] 큰 덕.
峻嶺[준령] 험한 산 고개.
嶺南[영남] 경상도.
嶺峯[영봉] 산봉우리.
嶺頭[영두] 제일 높은 마루.

蒼穹 蒼穹 蒼穹

蒼 艸(艹)10 푸를 창 / 백성 창
ソウ(あお)

穹 穴3 높을 궁 / 하늘 궁
キュウ(そら)

艹 芒 莟 苍 蒼 穴 宍 穷 穹 穹

蒼穹[창궁] 새파란 하늘.
蒼茫[창망] 넓고 멀어서 아득함.
蒼白[창백] 해쓱함.
蒼生[창생] 백성.
穹天[궁천] 넓은 하늘.
穹谷[궁곡] 깊은 골짜기.

兩泉 兩泉 兩泉

兩 入6 둘 량 / 양 량
リョウ(ふたつ)

泉 水5 샘 천
セン(いずみ)

一 丆 币 兩 兩 白 白 卓 身 泉

兩便[양편] 두 편.
兩家[양가] 두 집.
兩親[양친] 아버지와 어머니.
泉脈[천맥] 땅 속에 있는 샘 줄기.
泉水[천수] 샘물.
泉下[천하] 저승.

泰虹 泰虹 泰虹

泰 水5 클 태
タイ(おおきい)

虹 虫3 무지개 홍
コウ(にじ)

三 夫 奏 泰 泰 口 虫 虹 虹 虹

泰山[태산] 높고 큰 산.
泰安[태안] 크게 편안한 시절.
泰平[태평] 크게 편안함.
虹彩[홍채] 눈알을 둘러싼 얇은 막.
鮮虹[선홍] 아름다운 무지개.
虹洞[홍동] 깊고 먼 모양.

螢岳 螢岳 螢岳

螢 虫10 개똥벌레 형
ケイ(ほたる)

岳 山5 큰산 악
ガク(たけ)

炏 炏 燃 營 螢 厂 丘 丘 乒 岳

螢光[형광] 반딧불.
螢虫[형충] 개똥 벌레.
螢光體[형광체] 형광을 내는 물질.
山岳[산악] 산.
岳丈[악장] 장인의 경칭.
岳母[악모] 장모.
岳父[악부] 장인.

蘇赫 蘇赫 蘇赫

蘇 艸(艹)16 깨어날 소
ソ(よみがえる)

赫 赤7 빛날 혁
カク(かがやく)

艹 蒥 蔛 蒢 蘇 土 赤 赤 赫 赫

蘇生[소생] 다시 살아남.
蘇聯[소련] 나라 이름. 〈소비에트 연방〉.
蘇復[소복] 다시 회복함.
赫怒[혁노] 버럭 성을 냄.
赫業[혁업] 빛나는 업적.
赫赫[혁혁] 빛나는 모양.

男女 男女 男女

男 田2 사내 남
ダン(おとこ)

女 女0 계집 녀
ジョ(おんな)

口 田 田 甲 男 人 女 女

男女[남녀] 남자와 여자.
男便[남편] 장가 든 남자를 그 아내가 일컫는 말.
女息[여식] 딸.
女王[여왕] 여자 임금.
女優[여우] '여배우'의 준말. 여자 배우.

老少 老少 老少

老 늙을 로 ／ 少 적을 소 / 젊을 소

ロウ(おいる) ショウ(すこし)

十 土 耂 老 老 ／ 小 小 少

老少[노소] 늙은 이와 젊은 이.
老松[노송] 늙은 소나무.
老僧[노승] 늙은 중.
少女[소녀] 나이가 어린 여자 애.
少量[소량] 적은 분량.
少數[소수] 적은 수효.

兄弟 兄弟 兄弟

兄 맏 형 / 弟 아우 제

キョウ(あに) ダイ(おとうと)

口 口 尸 兄 ／ ⺌ ⺍ 弟 弟

兄弟[형제] 형과 아우.
兄嫂[형수] 형의 아내.
兄夫[형부] 언니의 남편.
弟嫂[제수] 아우의 아내.
弟氏[제씨] 남의 아우의 존칭.
弟子[제자] 가르침을 받는 사람.

父母 父母 父母

父 아비 부 / 母 어미 모

フ(ちち) ボ(はは)

ノ ハ グ 父 ／ ㄴ ㅁ 므 母 母

父母[부모] 아버지와 어머니.
父子[부자] 아버지와 아들.
父親[부친] 아버지.
母女[모녀] 어머니와 딸.
母校[모교] 자기가 다닌 학교.
母親[모친] 어머니.

妻子 妻子 妻子

妻 아내 처 / 子 아들 자

サイ(つま) シ(こ)

ㄱ 三 妻 妻 妻 ／ 了 子

妻子[처자] 아내와 자식.
妻弟[처제] 아내의 누이동생.
妻家[처가] 아내의 친정.
子婦[자부] 며느리.
子息[자식] 아들 또는 아들 딸.
子女[자녀] 아들 딸.

夫婦 夫婦 夫婦

夫 지아비 부 / 婦 지어미부 / 며느리부

フ(おっと) フ(おんな, つま)

一 二 キ 夫 ／ 女 妒 婦 婦

夫婦[부부] 남편과 아내.
夫君[부군] 남편의 존칭.
夫人[부인] 아내의 존칭.
婦女[부녀] 시집간 여자.
婦德[부덕] 부인의 덕행.
婦道[부도] 부녀자의 도리.

愛情 愛情 愛情

愛 사랑 애 / 情 뜻 정

アイ(おしむ) ジョウ(なさけ)

⺜ 罒 恶 愛 愛 ／ 忄 忄 情 情

愛情[애정] 사랑하는 마음.
愛讀[애독] 즐겨서 읽음.
愛嬌[애교] 귀엽게 뵈는 태도.
情熱[정열] 힘있는 감정.
情報[정보] 사정의 통지.
情緒[정서] 감정의 실마리.

字 音 索 引

卑	73	査	64	想	87	**선**		**세**		率	113	**숙**		
婢	36	死	97	桑	123					**송**		叔	30	
鼻	80	砂	158	相	104	先	27	世	60	松	52	塾	61	
碑	83	社	60	祥	119	善	67	勢	99	送	139	宿	99	
祕	94	私	118	箱	90	宣	106	洗	148	訟	69	熱	112	
肥	122	絲	130	裳	23	旋	31	歲	33	誦	42	**순**		
譬	82	舍	124	象	160	選	66	稅	64	**쇄**		巡	51	
費	137	詞	42	賞	117	線	155	細	146	刷	17	瞬	104	
非	118	謝	119	**쌍**		腺	149	貰	136	灑	127	純	54	
飛	53	赦	86	雙	43	船	137	**소**		**쇠**		舜	61	
悲	74	辭	91	**색**		鮮	147	召	96	衰	145	順	153	
빈		**산**		嗇	38	**설**		所	18	**수**		馴	21	
貧	74	山	154	色	93	設	143	小	86	修	73	**술**		
賓	43	散	103	**생**		說	86	少	164	受	59	述	77	
頻	151	産	124	牲	150	**섬**		掃	144	囚	108	術	90	
빙		算	111	生	145	閃	17	沼	161	壽	46	**숭**		
憑	82	酸	134	**서**		**섭**		消	101	嫂	39	崇	111	
氷	157	**살**		序	153	涉	143	昭	63	守	57	**습**		
사		殺	75	徐	138	**성**		燒	101	帥	98	拾	16	
事	107	**삼**		恕	40	城	49	蘇	163	授	117	濕	146	
仕	83	三	44	暑	15	妊	51	逍	152	狩	22	習	116	
似	78	森	101	書	141	性	27	笑	148	隨	91	**승**		
使	56	**삽**		瑞	119	成	110	素	134	手	148	乘	112	
司	97	插	127	緒	86	星	155	訴	69	收	87	升	44	
史	93	**상**		署	65	盛	60	**속**		樹	122	承	33	
嗣	61	上	113	西	15	省	53	屬	89	殊	63	勝	117	
四	44	傷	73	鋤	20	聖	70	束	71	水	25	**시**		
士	115	像	52	**석**		聲	92	俗	78	獸	22	侍	36	
奢	35	償	129	夕	158	誠	56	速	141	遂	56	始	104	
姿	40	商	128	席	68	醒	26	續	107	瘦	38	屍	39	
寫	92	喪	31	析	95	姓	51	**손**		秀	95	市	47	
寺	49	常	29	石	16			孫	28	粹	94	施	143	
射	144	床	144	釋	88			損	105	羞	23	是	51	
師	143							遜	38	輸	130			
徙	151							**솔**		需	131			
思	93													

時 104	十 45	**압**	洋 132	譯 88	營 131	王 75
示 66	拾 16	壓 18	陽 154	驛 138	英 96	往 15
視 51	**아**	**앙**	樣 77	**연**	纓 17	**왜**
詩 88	兒 57	仰 111	羊 124	延 139	迎 76	倭 108
試 110	啞 34	央 58	讓 27	捐 135	**예**	**외**
씨	阿 80	殃 26	養 113	沿 157	叡 95	外 98
氏 30	我 99	鴦 23	**어**	淵 161	藝 90	畏 41
식	芽 122	**애**	圄 85	演 90	裔 61	**요**
式 91	衙 63	哀 74	御 41	煙 101	譽 117	堯 61
息 145	雅 54	涯 151	漁 25	燃 101	豫 143	曜 109
植 122	餓 35	隘 127	於 58	然 111	預 129	遙 152
識 90	鴉 19	愛 164	語 89	燕 21	**오**	要 113
食 121	亞 157	曖 38	魚 125	硏 87	五 44	謠 89
飾 150	**악**	靄 160	**억**	緣 30	傲 80	樂 92
신	樂 92	**액**	憶 112	衍 120	午 32	**욕**
信 72	岳 163	厄 151	**언**	軟 134	嗚 37	浴 149
愼 153	握 26	液 134	言 106	鉛 158	奧 161	慾 118
新 87	惡 69	額 65	諺 62	**열**	惡 69	**용**
申 77	齷 120	隘 127	**엄**	熱 158	迂 140	傭 40
神 70	**안**	**앵**	嚴 101	**염**	誤 139	勇 102
臣 55	安 144	櫻 22	掩 108	厭 84	**옥**	容 55
身 71	岸 154	鸚 24	**업**	染 147	屋 48	庸 136
辛 84	顔 149	**야**	業 129	炎 161	沃 127	用 98
실	案 114	夜 155	**여**	鹽 133	玉 88	**우**
失 66	眼 146	野 52	如 117	**엽**	獄 76	偶 30
實 93	雁 21	**약**	與 106	葉 141	**와**	優 117
室 123	鞍 20	弱 145	興 20	**영**	臥 151	又 102
심	**알**	若 125	餘 79	塋 83	蝸 22	友 157
審 71	謁 40	藥 143	**역**	影 95	**완**	右 46
深 47	**암**	約 105	亦 51	泳 25	完 56	宇 61
心 146	巖 157	**양**	域 48	映 95	玩 62	尤 37
甚 105	庵 126	壤 121	役 90	榮 117	緩 120	郵 142
십	暗 76	孃 31	易 128	永 158	**왕**	
	闇 162	揚 153	逆 58			

委 任 狀 (위임장)

本人이 서울特別市城東區馬場洞187-2番地
崔辰玉을 代理人으로 定하여 다음의 權限을
委任함

記 : 全南光州市忠壯路1街1
代表 朴 祥 文에게서 書籍代金
一金 貳百萬원을 受領하는 件
19 年 月 日
서울特別市 中區 明洞 10−1
新明社 李 昌 基 ㊞
貴下

覺 書 (각서)

一金 五拾萬원整 ₩ 500,000
위 金額을 西紀 壹九七九年參月拾日까지
支拂하되 萬一 約束을 履行하지 못할 경우
어떤 法的措置도 甘受하겠기에 覺書에 明
示함

西紀 19 年 月 日
서울特別市 鍾路區 崇仁洞 131
金 益 達
貴下

辭 職 書 (사직서)

금반 本人은 一身上의 事情으로 不得已
小職을 辭職코자 하오니 聽許하여 주시기
바랍니다.

19 年   月   日

總務課

㊞

社長 貴下

始 末 書 (시말서)

本人은 19 年   月   日 勤務中 本意아닌
事務錯誤로 會社 財産上의 損失을 가져온데
對하여 깊히 反省하고 謝過하는 同時에
損失金은 辨償하겠아오며 앞으로 다시는
如此한 不注意한 일을 하지 않을 것을 盟誓
하고 玆히 始末書를 提出하옵니다.

19 年   日   月

營業部   ㊞

社長 貴下

주 문 서

날로 사업이 잘되시기를
바랍니다.
다음에 적은 책을 주문
하오니 꼭 부처 주시기
바랍니다.
책이름 : 세계위인전
수   량 : 10권
정   가 : 500원
금   액 : 5,000원
　　　　19 년 월 일
　　　　　○○교육도서실
　　○○서점 귀하

결석신고서

　　2 학년 3 반　56번

사유 : 독감
기간 : 3 월10일부터12일까지
　　위와 같이 결석하겠압기
이에 결석신고서를 제출하
나이다.
　　　　19 년 월 일
　　　　　　　　㊞
　　보호자　　　㊞

　○○고등학교장 귀하

청 구 서

一金 四阡参百壹拾貳원整
　上記 代金은 便紙發送
料金으로 請求함.
　　19 年 月 日

　　　　　　　㊞

　○○會 貴下

인 수 증

한글펜글씨교본　40부
서예입문　　　　25부
　위의 서적을 이상없이
인수함

　　　19 년 월 일

　　　　　　서림

　○○출판사 귀하

사자소학

父生我身 (부생아신) 아버지는 내 몸을 낳게 하시고
母鞠吾身 (모국오신) 어머니는 내 몸을 기르셨다.
腹以懷我 (복이회아) 배로써 나를 품으시고
乳以補我 (유이보아) 젖으로써 나를 먹이셨다.
以衣溫我 (이의온아) 옷으로써 나를 따뜻이 하고
以食活我 (이식활아) 음식으로써 나를 키우셨도다.
恩高如天 (은고여천) 은혜가 높기는 하늘과 같고
德厚似地 (덕후사지) 덕이 두텁기는 땅과 같도다.
爲人子者 (위인자자) 자식된 자로서
曷不爲孝 (갈불위효) 어찌 효도를 하지 않으리오.
欲報深恩 (욕보심은) 깊은 은혜를 갚고자 한다면
昊天罔極 (호천망극) 하늘처럼 다함이 없도다.
父母呼我 (부모호아) 부모가 나를 부르시거든
唯而趨之 (유이추지) 곧 대답하고 달려 갈지니라.
父母之命 (부모지명) 부모님의 명령은
勿逆勿怠 (물역물태) 거스르지도 말고 게을리도 말라.
侍坐親前 (시좌친전) 어버이 앞에 모시고 앉을 때는
　　　　　　　　　　　몸을 바르게 하라.
勿踞勿臥 (물거물와) 걸터앉지도 눕지도 말라.
對案不食 (대안불식) 밥상을 대하고 먹지 않는 것은
思得食饌 (사득식찬) 좋은 반찬을 생각하는 것이 되고
父母有病 (부모유병) 부모가 병환이 있으시거든
憂而謀療 (우이모료) 근심하여 치료할 것을 꾀하여라.
裹糧以送 (과양이송) 양식을 싸서 보내게 되면
勿懶讀書 (물라독서) 독서하기를 게을리 말라.
父母唾痰 (부모타담) 부모님의 침이나 가래는
每必覆之 (매필부지) 매번 반드시 덮어야 하니라.
若告西適 (약고서적) 서쪽으로 간다고 말씀드리고서
不復東性 (불복동성) 동쪽으로는 가지 말라.

出必告之 (출필고지) 나갈 때는 반드시 아뢰고

進退必恭 (진퇴필공) 나아가고 물러감을 반드시 공손히 하고

膝前勿坐 (슬전물좌) 어른 무릎 앞에 앉지 말고

親面勿仰 (친면물앙) 어버이 얼굴을 똑바로 쳐다보지 말라.

父母臥命 (부모와명) 부모님이 누워서 명하시면

僕首聽之 (복수청지) 머리를 숙이고 들을 것이요

居處靖靜 (거처정정) 거처는 평안하고 고요히 하며

步覆安詳 (보부안상) 걸음은 편안하고 자세히 하라.

飽食暖衣 (포식난의) 배불리 먹고 옷을 따뜻이 입으며

逸居無敎 (일거무교) 편히 살면서 가르치지 않으면

卽近禽獸 (즉근금수) 곧 금수에 가까이 될 것이니

聖人憂之 (성인우지) 성인은 그것을 걱정하시니라.

愛親敬兄 (애친경형) 어버이를 사랑하고 형을 공경함은

良知良能 (양지양능) 타고난 앎이요 타고난 능력이라.

口勿雜談 (구물잡담) 입으로는 잡담을 하지 말고

手勿雜戱 (수물잡희) 손으로는 잡된 장난을 하지 말라.

寢則連衾 (침즉연금) 잠자리인즉 이불을 연대서 자고

食則同案 (식즉동안) 먹는 것인즉 밥상을 함께 하라.

借人冊籍 (차인책적) 남의 책을 빌렸거든

勿毁必完 (물훼필완) 헐지 말고 반드시 오롯이 하라.

兄無衣服 (형무의복) 형에게 의복이 없으면

弟必獻之 (제필헌지) 동생은 반드시 드려야 하고

弟無飮食 (제무음식) 동생이 먹을 것이 없다면

兄必與之 (형필여지) 형은 마땅히 주어야 하니라.

兄飢弟飽 (형기제포) 형은 굶는데 동생만 배부르다면

禽獸之遂 (금수지수) 금수가 할 짓이라.

兄弟之情 (형제지정) 형제간의 정은

友愛而己 (우애이기) 서로 우애할 따름이니라.

飮食親前 (음식친전) 어버이 앞에서 음식을 먹을 때는

返必拜謁 (반필배알) 돌아와서도 반드시 아뢰고

立則視足 (입즉시족) 서서는 반드시 그 발을 보고

坐則視膝 (좌즉시슬) 앉아서는 반드시 무릎을 보라.

昏必定褥 (혼필정욕) 저녁에는 반드시 요를 정하고

晟必省候 (성필성후) 새벽에는 반드시 안후를 살피라.

父母愛之 (부모애지) 부모가 나를 사랑하시거든

喜而勿忘 (희이물망) 기뻐하여 잊지 말고

父母惡之 (부모오지) 부모가 나를 미워하시더라도

懼而無怨 (구이무원) 두려워하고 원망하지 말지니라.

行勿慢步 (행물만보) 걸음을 거만하게 걷지 말고

坐勿倚身 (좌물기신) 앉음에는 몸을 기대지 말라.

勿立門中 (물입문중) 문 가운데는 서지 말고

勿坐房中 (물좌방중) 방 한가운데는 앉지 말라.

鷄鳴而起 (계명이기) 닭이 우는 새벽에 일어나서

必盥必漱 (필관필수) 반드시 세수하고 양치하고

言語必愼 (언어필신) 말은 반드시 삼가하고

居處必恭 (거처필공) 거처는 반드시 공손히 하라.

始習文字 (시습문자) 비로소 문자를 익힘에는

字劃楷正 (자획계정) 자획을 바르고 똑똑하게 하라.

父母之年 (부모지년) 부모님의 나이는

不可不知 (불가부지) 꼭 알아야 한다.

飮食雅惡 (음식아악) 음식이 비록 좋지 않을지라도

與之必食 (여지필식) 주시면 반드시 먹어야 하고

衣服雅惡 (의복아악) 의복이 비록 나쁘더라도

與之必着 (여지필착) 주시거든 반드시 입어라.

衣服帶鞋 (의복대혜) 의복과 혁대와 신발은

勿失勿裂 (물실물열) 잃어버리지도 말고 찢지도 말라.

寒不敢襲 (한불감습) 춥다고 감히 옷을 껴입지 말고

暑勿寒裳 (서물한상) 덥다고 치마를 걷지 말라.

夏則扇枕 (하즉선침) 여름에는 부모님이 베개 베신 데를 부채질하여 시원하게 하여 드리고

冬則温被 (동즉온피) 겨울에는 이불을 따뜻하게 하여 드린다.

侍坐親側 (시좌친측) 어버이 곁에 모시고 앉을 때는

勿出器聲 (물출기성) 그릇 소리를 내지 말라.

居必擇隣 (거필택린) 거처는 반드시 이웃을 가려 하고

蹴必有德 (축필유덕) 나아감에는 유덕한 이에게 가라.

父母衣服 (부모의복) 부모님의 의복은

勿踰勿踐 (물유물천) 넘지도 말고 밟지도 말라.

書机書硯 (서궤서연) 책상과 벼루는

自黥其面 (자경기면) 그 바닥을 정면으로부터 하라.

勿與人鬪 (물여인투) 남과 함께 싸우지 말라.

父母憂之 (부모우지) 부모가 그것을 근심하나니라.

出入門戶 (출입문호) 문을 들고 날 때에는

開閉必恭 (개폐필공) 열고 닫음은 반드시 공손히 하라.

紙筆硯墨 (지필연묵) 종이와 붓과 벼루와 먹은

文房四友 (문방사우) 글방의 네 벗이라.

晝耕夜讀 (주경야독) 낮엔 밭 갈고, 밤엔 글을 읽고

憂禮春詩 (하례춘시) 여름엔 예를 봄엔 시를 배운다.

言行相違 (언행상위) 말과 행실이 서로 어기어지면

辱及于先 (욕급우선) 욕이 선영하게 미친다.

行不如言 (행불여언) 행실이 말과 같지 않으면

辱及于身 (욕급우신) 욕이 몸에 미치나니라.

事親至孝 (사친지효) 어버이 섬김에 지극히 효도하고

養志養體 (양지양체) 뜻을 받들고 몸을 잘 봉양해 드려야 하나라.

雪裡求筍 (설리구순) 눈 속에서 죽순을 구해 옴은

孟宗之孝 (맹종지효) 맹종의 효도요.

叩冰得鯉 (고빙득리) 얼음을 두드려 잉어를 얻음은

王祥之孝 (왕상지효) 왕상의 효도니라.

晨必先起 (신필선기) 새벽에는 반드시 먼저 일어나고

暮須後寢 (모수후침) 저녁에는 모름지기 늦게 잠을 잘 것이라.

冬溫夏淸 (동온하청) 겨울에는 따뜻하게 하여 드리고 여름에는 서늘하게 해드리며

昏定晨省 (혼정신성) 저녁에는 자리를 펴드리고 새벽
에는 안후를 살펴야 한다.

出不易方 (출불역방) 나감에 방소를 바꾸지 말고

遊必有方 (유필유방) 놀되 반드시 방소가 있어야 한다.

身體髮膚 (신체발부) 신체와 모발과 살갗은

受之父母 (수지부모) 부모로부터 받은 것이니

不敢毁傷 (불감훼상) 감히 상하게 하지 않는 것이

孝之始也 (효지시야) 효도의 시작이요,

立身行道 (입신행도) 출세하여 도를 행하고

揚名後世 (양명후세) 이름을 후세에 날리어

以顯父母 (이현부모) 부모의 명성을 드러냄이

孝之終也 (효지종야) 효도의 마침이니라.

言必忠信 (언필충신) 말은 반드시 충성스럽고 진실하
게 하고

行必篤敬 (행필독경) 행실은 반드시 진실하고 공손히
하라.

見善從之 (견선종지) 선을 보거든 그것을 따르고

知過必改 (지과필개) 허물을 알았거든 반드시 고쳐라.

容貌端莊 (용모단장) 용모는 단정하게 하며

衣冠肅整 (의관숙정) 의복과 모자는 엄숙히 정제하라.

作事謀始 (작사모시) 일을 할 때에는 처음을 꾀하고

出言顧行 (출언고행) 말을 할 때에는 행할 것을 돌아
보라.

常德固持 (상덕고지) 떳떳한 덕을 굳게 지니고

然諾重應 (연낙중응) 대답은 신중하게 응하라.

飮食愼節 (음식신절) 음식은 삼가 절제하고

言爲恭順 (언위공순) 말씨는 공손하게 하라.

起居坐立 (기거좌립) 일어서고 앉으며 앉아 있고 서 있
는 것이

行動擧止 (행동거지) 다름아닌 행동거지니라.

禮義廉恥 (예의염치) 예와 의와 염과 치

是謂四維 (시위사유) 이것을 사유라 하니라.

德業相勸(덕업상권) 덕업은 서로 권면하고
過失相規(과실상규) 과실은 서로 규제하라.
是謂太古(시위태고) 이 때를 태고라 하나니라.
君爲臣綱(군위신강) 임금은 신하의 근본이 되고
父爲子綱(부위자강) 아버지는 자식의 근본이 되고
夫爲婦綱(부위부강) 남편은 아내의 근본이 되니
是謂三綱(시위삼강) 이것을 삼강이라 하나니라.
父子有親(부자유친) 부모와 자식 사이는 친함이 있고
君臣有義(군신유의) 임금과 신하 사이는 의리가 있고
夫婦有別(부부유별) 남편과 부인 사이는 분별이 있고
長幼有序(장유유서) 어른과 아이는 차례가 있고
朋友有信(붕우유신) 벗 사이에는 신의가 있는 것.
是謂五倫(시위오륜) 이것을 오륜이라 하나니라.
視思必明(시사필명) 볼 적엔 반드시 밝게 볼 것이며
聽思必聰(청사필총) 들음에는 반드시 밝게 들을 것을
생각하고
色思必温(색사필온) 낯빛은 반드시 온순하게 할 것을
생각하고
貌思必恭(모사필공) 얼굴 모습은 반드시 공손하게 할
것을 생각하고
言思必忠(언사필충) 말함에는 반드시 충성스럽게 할
것을 생각하며
事思必敬(사사필경) 일은 반드시 삼가할 것을 생각하고
疑思必問(의사필문) 의문이 나는 것은 반드시 묻고
憤思必難(분사필란) 분노가 나면 더욱 어려워질 것을
생각하며
見得思義(견득사의) 이득을 봄에는 의리를 생각하라.
是謂九思(시위구사) 이것을 구사라 하나니라.
足容必重(족용필중) 발 모습은 반드시 무겁게
手容必恭(수용필공) 손 모습은 반드시 공손하게
目容必端(목용필단) 눈 모습은 반드시 단정하게
口容必止(구용필지) 입 모습은 반드시 다물고

184

禮俗相交 (예속상교) 예의와 풍속으로 서로 사귀고
患難相恤 (환난상휼) 환난은 서로 구휼하라.
父義母慈 (부의모자) 아버지는 의롭고 어머니는 자애
　　　　　 롭고
兄友弟恭 (형우제공) 형은 우애하고 동생은 공손하라.
夫婦有恩 (부부유은) 부부는 은혜로움이 있어야 하고
男女有別 (남녀유별) 남녀는 분별이 있어야 하나니라.
貧窮患難 (빈궁환난) 빈궁이나 환난에는
親戚相救 (친척상구) 친척끼리 서로 구휼하고
婚姻死喪 (혼인사상) 혼인이나 초상에는
隣保相助 (인보상조) 이웃끼리 서로 도울지니라.
在家從父 (재가종부) 집에 있을 때 아버지를 따르고
適人從夫 (적인종부) 시집가서는 남편을 따르고
夫死從子 (부사종자) 남편이 가시면 자식을 따르는 것
是謂三從 (시위삼종) 이것을 삼종지도라 하니라.
元亨利貞 (원형이정) 원, 형, 이, 정은
天道之常 (천도지상) 천도의 떳떳함이요
仁義禮智 (인의예지) 인, 의, 예, 지는
人性之綱 (인성지강) 인성의 벼리라.
非禮勿視 (비례물시) 예가 아니거든 보지 말며
非禮勿聽 (비례물청) 예가 아니거든 듣지도 말며
非禮勿言 (비례물언) 예가 아니거든 말하지도 말라.
孔孟之道 (공맹지도) 공맹의 도와
程朱之學 (정주지학) 정주의 학은
正其宣而 (정기선이) 그 의를 바르게 할 뿐
不謀其利 (불모기리) 그 이익을 꾀하지 아니하며
明其道而 (명기도이) 그 도를 밝게 할 뿐
不計其功 (불계기공) 그 공을 계교하지 아니하니라.
終身讓路 (종신양로) 남에게 평생 길을 양보하더라도
不枉百步 (불왕백보) 백보를 굽히지는 않을 것이요
終身讓畔 (종신양반) 한평생 밭둑을 양보한다 해도
不失一段 (불실일단) 일단보를 잃지는 않을 것이라.

天開於子 (천개어자) 하늘이 자시에 열리고

地闢於丑 (지벽어축) 땅이 축시에 열리고

人生於寅 (인생어인) 사람이 인시에 태어나니

聲容必靜 (성용필정) 음성은 반드시 고요하게

氣容必肅 (기용필숙) 기운은 반드시 엄숙하게

立容必德 (입용필덕) 서 있는 모습은 반드시 덕 있게

色容必莊 (색용필장) 얼굴 모습은 반드시 씩씩하게

是謂九容 (시위구용) 이것을 구용이라 한다.

修身齊家 (수신제가) 몸을 닦고 집안을 정제함은

治國之本 (치국지본) 나라를 다스리는 근본이다.

士農工商 (사농공상) 선비와 농군과 공인과 상인은

國家利用 (국가이용) 국가의 이로움이라.

鰥孤獨寡 (환고독과) 나이든 홀아비와 나이 든 과부와
어린 고아와 자식

謂之四窮 (위지사궁) 이를 사궁이라 하니라.

發政施仁 (발정시인) 정사를 펴고 인을 베풀되

先施四者 (선시사자) 먼저 사궁에게 베풀어야 하니
라.

十室之邑 (십실지읍) 열집 되는 마을에도

必有忠信 (필유충신) 반드시 충성되고 믿음 있는 사람
이 있다.

元是孝者 (원시효자) 원래 효라는 것은

爲仁之本 (위인지본) 인을 행하는 근본이라.

言則信實 (언칙신실) 말은 믿음 있고 참되어야 하고

行必正直 (행필정직) 행실은 반드시 정직해야 한다.

一粒之食 (일입지식) 한 톨의 곡식이라도

必分以食 (필분이식) 반드시 나누어 먹어야 하고

一縷之衣 (일루지의) 한 오라기의 의복이라도

必分以衣 (필분이의) 반드시 나누어 입어야 하니라.

積善之家 (적선지가) 선을 쌓은 집안에는

必有餘慶 (필유여경) 반드시 남은 경사가 있고

積惡之家 (적악지가) 악을 쌓은 집안에는

必有餘殃 (필유여앙) 반드시 남은 재앙이 있나니라.
非我言老 (비아언로) 내 말이 늙은이의 망녕이라 하지
　　　　　　　　　　말라.
惟聖之謀 (유성지모) 오직 성인의 말씀이니라.
嗟嗟小子 (차차소자) 소자들아
敬受此書 (경수차서) 공경하여 이 글을 수업하라.

모양이 비슷한 한자

干(간)	干城(간성)	具(구)	具備(구비)	何(하)	如何(여하)
于(우)	于今(우금)	貝(패)	貝物(패물)	河(하)	河川(하천)
千(천)	千里(천리)				
		九(구)	九拾(구십)	券(권)	福券(복권)
犬(견)	忠犬(충견)	丸(환)	丸藥(환약)	卷(권)	卷數(권수)
大(대)	大小(대소)				
太(태)	太初(태초)	矛(모)	矛戟(모극)	北(북)	北方(북방)
		予(여)	予奪(여탈)	比(비)	比例(비례)
刀(도)	短刀(단도)			此(차)	此後(차후)
刃(인)	刃創(인창)	玉(옥)	玉石(옥석)		
		王(왕)	王家(왕가)	人(인)	人口(인구)
曰(왈)	曰可(왈가)	壬(임)	壬午(임오)	入(입)	入口(입구)
日(일)	日課(일과)			八(팔)	八道(팔도)
		拘(구)	拘束(구속)		
午(오)	午前(오전)	狗(구)	走狗(주구)	兩(량)	兩立(양립)
牛(우)	牛馬(우마)			雨(우)	風雨(풍우)
		分(분)	分數(분수)		
句(구)	句節(구절)	兮(혜)	耶兮(야혜)	氷(빙)	氷雪(빙설)
旬(순)	下旬(하순)			水(수)	食水(식수)
		末(말)	末日(말일)	永(영)	永久(영구)
己(기)	自己(자기)	未(미)	未着(미착)		
巳(사)	乙巳(을사)			夫(부)	夫君(부군)
已(이)	已往(이왕)	旦(단)	元旦(원단)	矢(시)	弓矢(궁시)
		且(차)	苟且(구차)	失(실)	失物(실물)
戊(무)	戊種(무종)				
戌(술)	戌時(술시)	各(각)	各種(각종)	困(곤)	疲困(피곤)
成(성)	成功(성공)	名(명)	姓名(성명)	囚(수)	囚人(수인)
				因(인)	因習(인습)
巨(거)	巨大(거대)	瓦(와)	瓦解(와해)		
臣(신)	臣下(신하)	互(호)	相互(상호)	功(공)	功勞(공로)
				巧(교)	巧妙(교묘)
		士(사)	士林(사림)	切(절)	切斷(절단)
		土(토)	土木(토목)		

代(대)	代身(대신)	浩(호)	浩茫(호망)	壇(단)	祭壇(제단)
伐(벌)	征伐(정벌)	活(활)	生活(생활)	檀(단)	檀君(단군)
亦(역)	亦時(역시)	遣(견)	派遣(파견)	堂(당)	堂號(당호)
赤(적)	赤色(적색)	遺(유)	遺産(유산)	當(당)	當否(당부)
島(도)	島民(도민)	幣(폐)	幣物(폐물)	密(밀)	密度(밀도)
烏(오)	烏口(오구)	弊(폐)	弊端(폐단)	蜜(밀)	蜜語(밀어)
鳥(조)	鳥獸(조수)	頃(경)	頃刻(경각)	漫(만)	漫評(만평)
甲(갑)	甲兵(갑병)	項(항)	項鎖(항쇄)	慢(만)	慢心(만심)
申(신)	申告(신고)	遂(수)	完遂(완수)	側(측)	側近(측근)
今(금)	今年(금년)	逐(축)	驅逐(구축)	測(측)	測量(측량)
令(령)	命令(명령)	揚(양)	揚名(양명)	官(관)	官民(관민)
由(유)	理由(이유)	楊(양)	楊柳(양류)	宮(궁)	宮女(궁녀)
田(전)	田畓(전답)	場(장)	場所(장소)	早(조)	早朝(조조)
明(명)	光明(광명)	堤(제)	堤防(제방)	旱(한)	旱害(한해)
朋(붕)	朋友(붕우)	提(제)	提携(제휴)	斤(근)	斤量(근량)
宣(선)	宣布(선포)	師(사)	師弟(사제)	斥(척)	排斥(배척)
宜(의)	便宜(편의)	帥(수)	將帥(장수)	起(기)	起床(기상)
壞(괴)	破壞(파괴)	侯(후)	諸侯(제후)	赴(부)	赴任(부임)
壤(양)	土壤(토양)	候(후)	氣候(기후)	雪(설)	白雪(백설)
懷(회)	懷疑(회의)	佛(불)	佛教(불교)	雲(운)	雲集(운집)
墳(분)	墳墓(분묘)	拂(불)	拂子(불자)	技(기)	技術(기술)
憤(분)	憤怒(분노)	綠(록)	綠色(녹색)	枝(지)	枝葉(지엽)
粉(분)	粉末(분말)	緣(연)	緣分(연분)	客(객)	主客(주객)
紛(분)	紛爭(분쟁)	墨(묵)	墨畫(묵화)	容(용)	容貌(용모)
弦(현)	弦月(현월)	黑(흑)	黑幕(흑막)	設(설)	建設(건설)
絃(현)	絃樂(현악)	栽(재)	栽培(재배)	說(설)	說教(설교)
與(여)	授與(수여)	裁(재)	裁斷(재단)	暑(서)	避暑(피서)
興(흥)	興亡(흥망)	恨(한)	恨歎(한탄)	署(서)	官署(관서)
漸(점)	漸次(점차)	限(한)	限定(한정)	享(향)	享樂(향락)
慚(참)	無慚(무참)	刑(형)	刑罰(형벌)	亨(형)	亨通(형통)
衰(쇠)	盛衰(성쇠)	形(형)	形象(형상)	辛(신)	辛苦(신고)
哀(애)	哀歡(애환)	毫(호)	秋毫(추호)	幸(행)	幸福(행복)
		豪(호)	豪傑(호걸)	閉(폐)	閉門(폐문)
				閑(한)	閑暇(한가)

間(간) 間接(간접)	陳(진) 陳列(진열)	墓(묘) 墓地(묘지)
問(문) 質問(질문)	幕(막) 天幕(천막)	析(석) 分析(분석)
開(개) 開拓(개척)	慕(모) 追慕(추모)	折(절) 屈折(굴절)
聞(문) 見聞(견문)	募(모) 募集(모집)	微(미) 微力(미력)
陣(진) 陣營(진영)	暮(모) 暮雪(모설)	徵(징) 徵集(징집)

두가지 이상의 음을 가진 한자

降	내릴 강	昇降(승강)
	항복할 항	降服(항복)
更	다시 갱	更生(갱생)
	시각 경	三更(삼경)
見	볼 견	見聞(견문)
	드러날 현	見齒(현치)
契	맺을 계	契約(계약)
	나라이름글	契丹(글안)
句	글귀 구	句讀(구두)
	귀절 귀	句節(귀절)
龜	땅이름 구	龜浦(구포)
	거북 귀	龜船(귀선)
	터질 균	龜裂(균열)
金	쇠 금	金銀(금은)
	성 김	金氏(김씨)
豈	어찌 기	豈敢(기감)
	승전악 개	豈樂(개락)
內	안 내	內外(내외)
	여관 나	內人(나인)
奈	어찌 내	奈何(내하)
	어찌 나	奈落(나락)
茶	차 다	茶房(다방)
	차 차	茶禮(차례)
糖	엿 당	糖分(당분)
	엿 탕	砂糖(사탕)

度	법도 도	制度(제도)
	헤아릴 탁	度地(탁지)
讀	읽을 독	讀書(독서)
	귀절 두	吏讀(이두)
洞	골 동	洞穴(동혈)
	통한 통	洞察(통찰)
樂	즐길 락	苦樂(고락)
	풍류 악	音樂(음악)
	좋아할 요	樂山(요산)
率	비율 률	能率(능률)
	거느릴 솔	統率(통솔)
反	돌이킬 반	反擊(반격)
	뒤칠 번	反畓(번답)
復	회복할 복	回復(회복)
	다시 부	復活(부활)
否	아닐 부	否定(부정)
	막힐 비	否塞(비색)
北	북녘 북	南北(남북)
	달아날 배	敗北(패배)
射	쏠 사	射擊(사격)
	벼슬이름야	僕射(복야)
邪	간사할 사	正邪(정사)
	어조사 야	怨邪(원야)
殺	죽일 살	殺生(살생)
	감할 쇄	相殺(상쇄)

狀	형상 상 문서 장		狀態(상태) 賞狀(상장)
塞	변방 새 막힐 색		要塞(요새) 語塞(어색)
索	찾을 색 쓸쓸할 삭		思索(사색) 索莫(삭막)
說	말씀 설 달랠 세		說明(설명) 遊說(유세)
省	살필 성 덜 생		反省(반성) 省略(생략)
衰	쇠할 쇠 상복 최		衰弱(쇠약) 齊衰(재최)
數	셀 수 자주 삭		數式(수식) 數數(삭삭)
宿	잘 숙 별 수		投宿(투숙) 星宿(성수)
拾	주울 습 열 십		拾得(습득) 五拾(오십)
氏	성씨 씨 나라이름 지		姓氏(성씨) 月氏(월지)
食	먹을 식 밥 사		飮食(음식) 疏食(소사)
識	알 식 기록할 지		知識(지식) 標識(표지)
惡	악할 악 미워할 오		惡人(악인) 憎惡(증오)
易	바꿀 역 쉬울 이		交易(교역) 容易(용이)
刺	찌를 자 찌를 척		刺客(자객) 刺殺(척살)
著	나타낼 저 붙을 착		著述(저술) 著色(착색)

切	끊을 절 모두 체		切斷(절단) 一切(일체)
齊	가지런할제 재계할 재		整齊(정제) 齊戒(재계)
辰	별 진 날 신		辰宿(진수) 生辰(생신)
車	수레 차 수레 거		車庫(차고) 車馬(거마)
參	참여할 참 석 삼		參席(참석) 參等(삼등)
拓	열 척 밀칠 탁		開拓(개척) 拓本(탁본)
則	법 칙 곧 즉		規則(규칙) 然則(연즉)
沈	잠길 침 성 심		沈沒(침몰) 沈氏(심씨)
宅	집 택 댁 댁		住宅(주택) 宅內(댁내)
便	편할 편 오줌 변		便利(편리) 便所(변소)
暴	사나울 포 드러날 폭		暴惡(포악) 暴露(폭로)
幅	폭 폭 폭 복		大幅(대폭) 幅巾(복건)
合	합할 합 홉 홉		合邦(합방) 五合(오홉)
行	다닐 행 항렬 항		行路(행로) 行列(항렬)
畫	그림 화 꾀할 획		圖畫(도화) 計畫(계획)
活	살 활 물소리 괄		生活(생활) 活活(괄괄)

필순의 일반적인 원칙

1. 한자의 필순 : 한 자의 한자(漢字)를 쓸 때의 바른 순서를 필순 또는 획순이라 한다. 한자는 바른 순서에 따라 쓸 때, 가장 쓰기 쉬울 뿐 아니라, 쓴 글자의 모양도 아름다와진다.

2. 필순의 기본적 원칙
   (1) 위에서 아래로 : 위에 있는 부분부터 쓰기 시작하여 차츰 아랫부분으로 써 내려간다.
   言 (말씀 언)……… ` 一 二 三 言 言 言

   (2) 왼쪽에서 오른쪽으로 : 왼쪽 부분부터 쓰기 시작하여 차츰 오른쪽 부분으로 써 나간다.
   仁 (어질 인)……… ノ イ 仁 仁
   測 (측량할 측)…… 氵 汀 泪 泪 測 測

3. 필순의 여러 가지
   (1) 가로 획을 먼저 쓰는 경우 : 가로획과 세로획이 서로 엇걸릴 때에는 보통 가로획을 먼저 긋는다.
   ① 가로획→세로획의 순서.
   十 (열 십)…… 一 十 . 土 (흙 토)…… 一 十 土
   ② 가로획→세로획→세로획의 순서.
   共 (한가지 공)…… 一 十 廾 井 共 共
   ③ 가로획→가로획→세로획의 순서.
   春 (봄 춘)………… 一 二 三 声 夫 耒 耒 春 春
   未 (아닐 미)……… 一 二 牛 牛 未

   (2) 세로 획을 먼저 쓰는 경우 : 가로획과 세로획이 서로 엇걸릴 때, 다음의 경우에 한하여 세로획을 먼저 긋는다.
   田 (밭 전)………… 丨 冂 冊 冊 田

   (3) 가운데 부분은 먼저 쓴다 : 글자의 모양이 좌·중·우와 같이 구성되어 있을 때는 한가운데 부분을 먼저 쓴다.
   小 (작을 소)……… 亅 小 小
   水 (물 수)……… 亅 刁 水 水

赤 (붉을 적)········ 十 土 キ 寺 赤 赤

주의 다음의 경우는 예외가 된다.

火 (불 화)········ ㆍ ㆍ⁄ ⁄ 火

問 (물을 문)········ ㄱ ㄹ ㄹ' ㄲ 門 問

(4) 몸은 먼저 쓴다 : 안을 에워싸고 있는 바깥 둘레를 "몸"이라
고 하는데, 몸은 안보다 먼저 쓴다.

國 (나라 국)········ l 冂 冂 冃 囻 國 國 國

同 (한가지 동)······ l 冂 冂 同 同 同

司 (맡을 사)······· ㄱ ㄱ 司 司

주의 다음의 경우는 예외가 된다.

匹 (짝 필)··········· 一 丆 兀 匹

凶 (흉할 흉)······ ノ メ 凶 凶

(5) 삐침(ノ)과 파임(乀)이 어울린 글자는 삐침을 먼저 쓴다.

文 (글월 문)········ ㆍ 亠 ナ 文

父 (아비 부)········ ノ 八 父 父

(6) 글자 전체를 꿰뚫는 세로획은 최후에 쓴다.

中 (가운데 중)······ l 冂 口 中

주의 아래나 위, 또는 전체를 꿰뚫지 않는 세로획은 예외가 된다.

里 (마을 리)········ l 冂 曰 曰 旦 甲 里

(7) 글자 전체를 꿰뚫는 가로획은 최후에 쓴다.

女 (계집 녀)········ く ㄑ 女

母 (어미 모)········ ㄴ 乄 乄 乄 母

주의 다음 글자는 예외가 된다.

世 (인간 세)········ 一 十 卅 卌 世

(8) 삐침과 가로획을 동시에 쓸 경우 : 다음과 같은 것은 틀리게
쓰는 일이 많으니 특히 유의해서 쓰도록 해야 한다.

① 삐침은 짧고 가로획은 길게 써야 할 글자는 삐침을 먼저 쓴다.

右 (오른 우)········ ノ ナ 大 右 右

有 (있을 유)········ ノ ナ ナ 冇 有 有

② 삐침은 길고 가로획은 짧게 써야 할 글자는 가로획을 먼저
쓴다.

左 (왼   좌)········ 一 ナ 左 左 左

友 (벗   우)········ 一 ナ 方 友

4. 특히 주의해야 할 필순

(1) 받침(走, 辶, 廴)은 먼저 쓰는 경우와 나중에 쓰는 경우가 있다.

① 먼저 쓰는 경우.

起 (일어날 기)······ 一 十 土 キ キ 走 走 起 起

勉 (힘쓸 면)······ ノ ハ 伃 曶 曶 免 免 免 勉

② 나중에 쓰는 경우.

近 (가까울 근)······ ノ 仁 仁 斤 斤 䜣 近

建 (세울   근)······ ᄀ ᄀ ᄏ ᄏ ᄅ 聿 律 律 建

(2) "必"의 필순 : 다음의 여러 가지가 있으나 ㉠으로 쓰는 것이 바
른 필순이며, 글자 모양을 잡는 데도 유리하다.

必 (반드시 필) {
` ン 义 义 必 ·················· ㉠
ᐟ 心 心 必 必 ·················· ㉡
ᐟ 心 心 心 必 ·················· ㉢
}

(3) "上"의 필순 : 두 가지가 쓰이나 ㉠의 필순이 옳다.

上 (위   상) {
一 卜 上 ·····················㉠
丨 卜 上 ·····················㉡
}

(4) "登·發" 등의 "癶"의 필순 : 여러 가지가 있으나 보통 ㉠의
필순을 쓴다.

登 (오를 등) {
ᄀ ᄀ 癶 癶 癶 ·················· ㉠
ᄀ ᄀ 癶 癶 癶 ·················· ㉡
}

(5) "耳"의 필순 : 두 가지가 쓰이나 보통 ㉠의 필순을 쓴다.

耳 (귀   이) {
一 丆 币 耳 耳 ········· ㉠
一 丆 丌 月 耳 ········· ㉡
}

(6) "馬"의 필순 : 두 가지가 쓰이나 보통 ㉠의 필순을 쓴다.

馬 (말 마)

(7) "興"의 필순 : 두 가지가 있으나 보통 ㉠을 쓴다.

興 (일어날 흥)

(8) "삐침"의 순서 : 같은 삐침이라도 ① 은 먼저, ② 는 뒤에 쓴다.

① 九 (아홉 구)…………丿 九

② 力 (힘 력)…………㇇ 力

5. 필순을 바꿔쓰기 쉬운 한자 (○ 내 숫자는 획수)

음은 같으나 뜻이 다른 한자

가무(歌舞)	노래와 춤	가설(加設)	더 설치
(家務)	집안 일	(架設)	건너 지름
가보(家譜)	집안 보첩	가장(假裝)	거짓 꾸밈
(家寶)	집안 보물	(家長)	집안 어른

간부 (姦夫) 간통한 남자
　　(姦婦) 간통한 여자
　　(間夫) 샛서방
감상 (感想) 느끼는 생각
　　(感傷) 느끼어 슬픔
개정 (改定) 다시 고침
　　(改正) 바로 고침
　　(開廷) 법정을 엶
고시 (考試) 시험
　　(告示) 국민에게 알
　　　　　림
　　(古詩) 옛날의 시
관례 (慣例) 예전 버릇
　　(冠禮) 어른이 되는
　　　　　예식
관리 (官吏) 벼슬아치,
　　　　　공무원
　　(管理) 맡아서 다스
　　　　　림
국정 (國政) 나라의 정치
　　(國情) 나라의 형편
　　(國定) 나라에서 정
　　　　　함
기술 (技術) 기예의 재주
　　(奇術) 기묘한 요술
　　(記述) 기록하여 진

술
기호 (記號) 기록하는 표
　　(嗜好) 즐겨하고 좋
　　　　　아함
　　(畿湖) 경기도와 충
　　　　　청도
내정 (內定) 속으로 작정
　　(內情) 형편 속
　　(內政) 집안 살림
단정 (斷定) 판단하여 작
　　　　　정
　　(端正) 바르고 얌전
　　(端艇) 경기용의 작
　　　　　은 배
대화 (大火) 큰 불
　　(大禍) 큰 재앙
　　(對話) 마주하는 이
　　　　　야기
독창 (獨唱) 혼자 노래부
　　　　　름
　　(獨創) 혼자 생각해
　　　　　냄
동성 (同性) 같은 성
　　(同姓) 같은 성씨
　　(同聲) 같은 소리
동심 (童心) 아이의 마음
　　(同心) 같은 마음

	(動心)	마음이 움직임	(浮動)	떠서 움직임
동정	(同情)	가엾게 여김	부정(不正)	바르지 않음
	(動靜)	사람의 행동	(不定)	일정하지 않음
동향	(同鄕)	한 고향		
	(動向)	움직임	(不淨)	깨끗하지 않음
	(東向)	동쪽 방향		
무용	(武勇)	무예와 용맹	(不貞)	정조를 지키지 않음
	(無用)	쓸데 없음	사고(思考)	생각, 궁리
	(舞踊)	춤	(事故)	뜻밖의 탈
밀봉	(密封)	단단히 봉함	(社告)	회사의 알림
	(密峰)	꿀벌, 참벌	사기(史記)	역사 책
발전	(發展)	널리 퍼짐	(沙器)	사기 그릇
	(發電)	전기를 일으킴	(死期)	죽으려 할때
			(士氣)	병사들의 기운
방화	(防火)	불을 막음		
	(放火)	불을 지름	사실(事實)	실제의 일
범인	(犯人)	죄 지은 사람	(史實)	역사에 있는 일
	(凡人)	평범한 사람	(寫實)	실지로 그려냄
법정	(法廷)	재판하는 방		
	(法定)	법으로 규정	사용(私用)	개인의 소용
보수	(保守)	구습을 지킴	(使用)	씀
	(報酬)	갚음, 보답	(社用)	회사의 소용
부동	(不同)	같지 않음	사형(死刑)	죽이는 형벌
	(不動)	움직이지 않음	(私刑)	개인이 주는 벌

사회	(司會)	모임에서 진행을 맡음
	(社會)	세상
상품	(上品)	좋은 물건
	(商品)	장사하는 물건
	(賞品)	상으로 주는 물건
생식	(生食)	날것으로 먹음
	(生殖)	낳아서 불림
수사	(搜査)	찾아서 조사
	(修辭)	말을 닦아서 뜻을 밝힘
	(數詞)	셈 이름씨
수용	(收用)	거둬 들여 씀
	(收容)	데려다 넣어 둠
	(需用)	구하여 씀
수입	(收入)	거둬 드림
	(輸入)	다른 나라에서 들어옴
습득	(拾得)	주어 얻음
	(習得)	배워 얻음
시비	(是非)	옳고 그름
	(施肥)	거름을 줌
야경	(夜警)	밤을 경계
	(夜景)	밤의 경치
	(野景)	들의 경치
야유	(夜遊)	밤 놀이
	(野遊)	들 놀이
	(揶揄)	놀림
약설	(略說)	대강 설명
	(略設)	대강 설비
양서	(洋書)	서양의 책
	(良書)	좋은 책
양약	(良藥)	효험이 좋은 약
	(洋藥)	서양의 약
연도	(沿道)	큰 길 옆
	(年度)	한해 동안의 기한
연소	(年少)	나이가 젊음
	(燃燒)	불에 탐
	(延燒)	연이어 탐
연장	(年長)	자기보다 나이가 많음
	(延長)	길게 늘임
예방	(豫防)	미리 방비
	(禮訪)	예로 방문
요지	(要旨)	중요한 뜻
	(要地)	중요한 땅
유민	(流民)	유리하는 백

성		일단 (一旦)	한번
(遊民)	놀고 사는 백성	(一端)	한 끝
(遺民)	없어진 나라 백성	(一團)	한 뭉치
유산 (流産)	아이를 지움	일체 (一體)	한 몸
(遺産)	남겨준 재산	(一切)	모든, 온갖
의안 (義眼)	만든 눈알	자의 (自意)	제뜻, 스스로의 생각
(議案)	회의 안건	(姿意)	방자한 마음씨
이의 (異意)	다른 의견	(字議)	글씨의 뜻
(異義)	다른 주의	자제 (自制)	스스로 억누름
(異議)	다른 주장	(自製)	손수 만들음
인가 (人家)	사람사 집	잡기 (雜技)	놀음
(隣家)	이웃 집	(雜記)	여러가지를 적음
(認可)	인정하여 허가		

고사성어

◙ 家家戸戸 (가가호호)
집집마다.

◙ 街談巷說 (가담항설)
길거리나 항간에 떠도는 소문. 즉, 세상의 풍문, 길거리의 화제로써 항담(巷談)과 같은 말.

◙ 苛斂誅求 (가렴주구)
세금을 혹독하게 징수하고, 강제로 제물을 빼앗음. 탐관오리, 도탄지고(塗炭之苦), 함분축원(含憤蓄怨)과 유사한 의미.

◪ 佳人薄命(가인박명)

아름다운 여자는 명이 짧다는 말. 즉 여자의 용모가 너무 아름다우면 운명이 기박하다는 뜻.

어린 비구니를 노래한 소동파의 시에서 나온 말로, 시인 소동파는,

自古佳人多命薄
閉門春盡楊花落

예로부터 미인은 박명하다고 하거니와

대문을 잠근 채 절 안에만 틀어박혀 있는 중에 봄도 거의 다 가고 말아서 버들꽃이 저렇게 지는구나 라고 읊었다.

◪ 家藏什物(가장집물)

집안의 온갖 세간들.

◪ 家和萬事成(가화만사성)

집안이 화목하면 하는 모든 일들이 잘 이루어진다는 말.

◪ 刻骨難忘(각골난망)

은혜가 뼈에 새겨져 잊혀지지 않는다는 말로, 남의 은덕을 잊지 않음을 뜻한다. 유사한 의미의 숙어로 백골난망(百骨難忘), 결초보은(結草報恩) 등이 있다.

◪ 刻骨痛恨(각골통한)

뼈에 사무쳐 맺힌 원한이란 말로써, 원한이 매우 깊음을 뜻한다. 각골지통(刻骨之痛)과 같은 뜻.

◪ 各人各説(각인각설)

사람마다 주장하는 설이나 의견이 다름.

◪ 乾木水生(간목수생)

마른 나무에서 물이 난다는 뜻. 아무 것도 없는 사람에게 무리하게 무엇인가를 내놓으라고 요구함을 비유한 말로, 강목수생(剛木水生)과 뜻이 같다.

◙渴而穿井 (갈이천정)

목이 말라서야 우물을 판다는 뜻으로, 어떤 일을 미리 예비해 두지 않고 임박하여 급히 한다는 말.

◙感慨無量 (감개무량)

지나간 일이나 자취에 대해 느끼는 감흥이 한량없이 크고 깊다는 말.

◙鑑明者塵垢弗能埋 (감명자진구불능매)

맑은 거울이 모든 것을 환하게 비추어 주는 것과 같이 사람의 마음도 밝으면 올바른 도리를 얻는다는 말.

◙敢不生心 (감불생심)

감히 생각하지도 못함.

◙甘言利說 (감언이설)

다른 사람의 비위에 맞도록 꾸민 달콤한 말과 이로운 조건을 내세운 그럴 듯한 말.

◙改過遷善 (개과천선)

지나간 허물을 고치어 착한 사람이 된다는 말로, 개사귀정(改邪歸正), 개과자신(改過自新), 방하도도(放下屠刀)라고도 한다.

◙去頭截尾 (거두절미)

머리와 꼬리를 자른다는 뜻으로, 전후의 부수적인 잔 사설을 빼고 요점만을 말함.

◙擧世皆濁 (거세개탁)

온 세상이 다 흐리다는 말. 즉 지위의 고하를 막론하고 모든 사람이 바르지 못함을 뜻하는 것으로써, 혼돈지세(混沌之世), 혹세무민(惑世誣民)과 유사한 말.

◙車載斗量 (거재두량)

물건을 수레에 싣고 말로 헤아린다는 뜻으로, 아주 흔해서 귀하지 않음을 의미. 한우충동(汗牛充棟)과 같은 의미.

◙ **擧族一致** (거족일치)

온 겨레가 한 마음 한 뜻이 됨.

◙ **據虛博影** (거허박영)

어찌할 수 없는 것. 즉 속수무책(束手無策).

◙ **乾坤一色** (건곤일색)

하늘과 땅이 한 빛깔임.

◙ **乾坤一擲** (건곤일척)

운명이나 흥망을 걸고 단판걸이로 승부나 성패를 겨룬다는 말. 유사한 말로 해하지탄(垓下之戰), 중원축녹(中原逐鹿)이 있다.

◙ **見蚊拔劍** (견문발검)

모기를 보고 칼을 뺀다는 말로, 곧 보잘 것 없는 조그만 일에 지나치게 큰 대책을 세움을 비유한 말.

◙ **見物生心** (견물생심)

실물을 보면 욕심이 생긴다는 말.

◙ **結者解之** (결자해지)

맺은 사람이 풀어야만 한다는 뜻으로, 자신이 저지른 일에 관하여는 자신 스스로가 해결해야 한다는 말.

◙ **結草報恩** (결초보은)

죽어 혼령이 되어도 은혜를 잊지 않고 갚는다는 뜻.

◙ **傾國之色** (경국지색)

임금이 혹하여 국정을 게을리함으로써 나라를 위기에 빠뜨리게 할 만큼의 미인이라는 뜻. 즉 썩 뛰어난 미인을 일컫는 말로, 경성지색(傾城之色), 절세가인(絶世佳人), 화용월태(花容月態), 단순호치(丹脣皓齒), 월하가인(月下佳人)과 유사한 말이다.

◙ **輕敵必敗** (경적필패)

적을 업신여기면 반드시 패한다는 말.

◎ **膏粱珍味** (고량진미)

살찐 고기와 좋은 음식. 이와 유사한 말로써는 산해진미 (山海珍味), 주지육림(酒地肉林), 진수성찬(珍羞盛饌) 등이 있다.

◎ **高麗公事三日** (고려공사삼일)

고려의 정책이나 법령이 사흘 간격으로 바뀌었었다는 데 서 유래한 말이다. 곧 시작한 일이 오래 가지 못하고 자주 변 경됨을 지적하는 말.

◎ **苦盡甘來** (고진감래)

쓴 것이 다하면 단 것이 온다는 뜻으로, 고생 끝에 즐거움 이 온다는 말.

◎ **孤枕單衾** (고침단금)

홀로 쓸쓸히 자는 여자의 이부자리를 일컫는 말.

◎ **古稀** (고희)

두보(杜甫) 시의 인생칠십고래희(人生七十古來稀)에서 나 온 말로, 일흔 살을 일컫는 말.

◎ **骨肉相殘** (골육상잔)

뼈와 살이 서로 싸움.

가까운 친척이나 동족끼리 서로 싸우고 다투는 것을 칭하 는 말로써 골육상쟁(骨肉相爭), 자중지란(自中之亂), 갈치 가 갈치 꼬리 문다는 것과 서로 상통한다.

◎ **空中樓閣** (공중누각)

공중에 세운 누각. 곧 사물의 기초가 견고하지 못함을 비 유하는 말로, 사상누각(沙上樓閣), 허장성세(虛張聲勢), 빛 좋은 개살구, 이름 좋은 한울타리와 일맥 상통하는 말.

◎ **管鮑之交** (관포지교)

관중(管仲)과 포숙(鮑叔)의 사이같이 썩 친한 친구의 사이 를 가리키는 말로써 오늘날까지 널리 쓰이고 있다.

◙ 矯角殺牛 (교각살우)

뿔을 고치려다가 소를 죽인다는 말로, 결점이나 흠을 고치려다가 수단이 지나쳐 일을 망친다는 뜻. 이와 유사한 의미로 소탐대실(小貪大失), 빈대 잡다가 초가 삼칸 태운다. 멧돼지 잡으러 갔다가 집돼지 잃는다 등이 있다.

◙ 巧言令色 (교언영색)

남의 환심을 사기 위하여 아첨하는 교묘한 말과 보기 좋게 꾸미는 얼굴빛이란 뜻으로, 곡학아세(曲學阿世), 지당장관(至當長官), 아유구용(阿諛苟容)과 일맥 상통함.

◙ 九死一生 (구사일생)

죽을 고비를 여러 차례 겪고 겨우 살아남을 이르는 말.

◙ 九牛一母 (구우일모)

아홉 마리 소에서 뽑아낸 털 한 개란 말로, 썩 많은 가운데서 극히 적은 미미한 것을 일컫는 말. 유사한 의미의 숙어로는 창해일속(滄海一栗), 홍노점설(紅爐點雪), 해변에 모래알 등이 있다.

◙ 群雄割據 (군웅할거)

뭇 영웅이 세력을 다투어 땅을 갈라 버틴다는 말로. 제 마음대로 위세를 부리는 것을 지칭한다.

◙ 窮餘之策 (궁여지책)

궁박한 끝에 나온 한가지 꾀를 지칭하는 말로, 궁여일책(窮餘一策)이라고도 한다.

◙ 權謀術數 (권모술수)

권모와 술수. 목적을 위해서는 수단과 방법을 가리지 않고

◙ 杞憂 (기우)

기인지우(杞人之憂)의 준말로, 기나라 사람이 하늘이 무너져 내려 앉지 않을까 걱정했다는 고사에서 유래한 말. 즉 쓸데없는 군걱정을 지칭하는 말이다.

◎ **難中之難** (난중지란)

어려운 가운데서도 어려움. 즉 몹시 어려운 일.

◎ **難兄難弟** (난형난제)

누구를 형이라 해야 하는지 아우라 해야 하는지 구별하기 어렵다는 말. 즉 두 사람의 우열을 분간하기 어려움을 비유하는 말로써, 莫上莫下(막상막하), 伯仲之勢(백중지세)와 같은 뜻.

◎ **南男北女** (남남북녀)

우리 나라에서 남쪽 지방은 남자가 잘 생기고, 북쪽 지방은 여자가 이쁘다는 말.

◎ **內憂外患** (내우외환)

나라 안팎의 근심 걱정.

◎ **內柔外剛** (내유외강)

사실은 마음이 여리고 약하나, 밖으로 드러나는 태도는 강건하게 보임을 뜻하는 말로, 외유내강(外柔內剛)과 상대가 되는 숙어이다.

◎ **來者可追** (내자가추)

이미 지난 과거의 일은 어찌 할 수 없으나, 장차의 일은 조심하여 과거와 같은 과실을 범하지 않고 잘 할 수 있다는 뜻.

◎ **內助之賢** (내조지현)

내조란 안에서 돕는다는 뜻으로, 남편이 현숙한 아내의 도움을 받는다는 말.

◎ **綠衣紅裳** (녹의 홍상)

연두 저고리에 다홍치마. 즉 젊은 여자가 곱게 차린 모습을 가르킨다.

◎ **弄假成眞** (농가성진)

장난삼아 한 것이 참으로 한 것과 같이 됨을 이르는 말.

◙ **多情多感**(다정다감)

생각과 느낌이 많음.

◙ **單刀直入**(단도직입)

한 칼로 대적을 거침없이 쳐서 들어감. 즉 너절한 허두를 빼고 요점이나 본 문제를 곧바로 말함.

◙ **斷末磨**(단말마)

말마는 인도에서 온 것으로 숨이 끊어질 때의 고통 또는 임종을 가르킴.

◙ **膽大心小**(담대심소)

문장을 지을 때 배짱을 크게 갖되 주의는 세심해야 한다는 말.

◙ **大驚失色**(대경실색)

크게 놀라 얼굴빛이 변함.

◙ **大公無私**(대공무사)

조금도 사욕이 없이 공평하다는 뜻.

춘추시대 평공과 기황양 사이에서 유래한 말로, 평공이 기황양에게 인재를 천거해 줄 것을 부탁하자, 그는 원수라 하여 추호도 편견을 두지 않고 현장자리에 추천했고, 남의 군소리를 꺼리지 않고 자신의 아들을 법관으로 추천하였다 하여 나온 말이다.

◙ **大器晩成**(대기만성)

큰 그릇을 만드는데 오랜 시간이 걸리듯이, 큰 인물은 오랜 공을 쌓아 늦게 이루어진다는 뜻.

◙ **大同小異**(대동소이)

거의 같고 조금 다름. 즉 큰 차이가 없다는 뜻.

◙ **戴盆望天**(대분망천)

동이를 이면 하늘을 바라볼 수 없고 하늘을 바라보면 동이를 일 수 없다는 말. 즉 두가지 일을 동시에 할 수 없다는 뜻.

◎ **大書特筆** (대서특필)

특히 드러나게 큰 글씨로 씀.

◎ **大義名分** (대의명분)

사람으로써 마땅히 지켜야 할 의리와 직분.

◎ **大慈大悲** (대자대비)

넓고 커서 가이없는 자비.

특히, 관음보살이 중생을 사랑하고 불쌍히 여기는 마음.

◎ **桃園結義** (도원결의)

의형제를 맺음.

이 숙어의 유래는 후한 때 황건적의 난으로 만난 유비, 관우, 장비 사이에서의 이야기로, 이들이 복숭아 밭에서 검은 소와 흰 말과 지전을 준비하고 향을 사르며 의형제를 맺었다 한다.

◎ **東問西答** (동문서답)

동쪽에서 물으면 서쪽에서 대답한다는 말로, 물음에 대하여 엉뚱하게 대답함을 의미.

◎ **同病相憐** (동병상련)

같은 처지에 있는 사람끼리 동정하고 돕는 것을 의미한다.

◎ **頭寒足熱** (두한족열)

머리를 차게, 발을 덥게 하는 건강법의 한가지.

◎ **得隴望蜀** (득롱망촉)

사람의 욕심이 끝이 없다는 말.

후한의 광무제는 25년에 제위에 오른 인물로, 그가 군웅할거 시대에 잠팽에게 보낸 편지에서,

"사람의 욕심이란 자족할 줄을 모르는 것이어서, 농서를 얻고 보면 다시 촉을 바라보게 되는 모양이다. 그러나 장병들의 노고를 생각하면, 군대를 움직일 때마다 머리가 희어지는 느낌이 든다." 하였다 한다.

◎登龍門 (등용문)

이 말은 후한 말기 환제 때의 유래한 말로, 이당시 항상 정의를 수호하고 고결하게 지조를 지킨 이응이란 사람의 주위에서 선비들이 그의 지우(知遇)를 얻는 것을 '등용문'이라 일컬어 큰 영광으로 여겼다는 말에서 나왔다.

「이응전」의 주에 의하면,

'용문(龍門)은 황하(黃河) 상류에 있는 급류(急流)의 곳으로 보통의 고기는 도저히 거슬러 올라가지 못한다. 그래서 잉어가 거기에 올라가면 용이 된다'

는 것이다.

그리하여 '등용문'이란 심한 난관을 극복하여 영광을 차지하는 것을 이르는 말이 되었다.

◎燈下不明 (등하불명)

가까운 곳 사정에 어둡다는 말로, 등잔 밑이 어둡다, 업은 아이 삼년 찾는다와 같은 뜻이다.

◎燈火可親 (등화가친)

가을이 되어 서늘하면 밤에 등불을 가까이 하여 글읽기에 좋다는 뜻.

◎馬耳東風 (마이동풍)

말 귀에 봄바람. 즉 남의 말을 귀담아 듣지 않고 흘려 버림을 이르는 말.

◎萬覇不聽 (만패불청)

바둑에서 큰 패가 생겼을 때 상대방이 어떤 패를 쓰더라도 듣지 않음. 즉 아무리 집적거려도 듣지 않고 고집함을 이르는 말이다.

◎末大必折 (말대필절)

나무의 가지가 커지면 반드시 부러진다는 뜻. 곧 변방의 힘이 세어지면 나라가 위태함을 지칭한다.

◎亡國之音 (망국지음)

나라를 망칠 저속스럽고 잡스러운 음악을 일컫는 말로, 망국지성(亡國之聲)이라고도 한다.

이는 「예기」에 전하는 은나라 주왕의 음악사 사연(師涓)의 죽은 혼이 허공을 헤매면서 주연하는 곡을 지칭한데서 유래하였다.

◎亡國之歎 (망국지탄)

나라가 망한 것에 대한 한탄. 즉 망국지한(亡國之恨).

◎亡年之友 (망년지우)

나이를 따지지 않고 재주와 학문으로만 사귀는 벗. 망년우(亡年友), 망년지교(亡年之交), 망년교(亡年交).

◎孟母三遷 (맹모삼천)

어린이의 교육은 환경이 주는 영향이 크다는 것을 깨우쳐 주는 말.

맹자의 어머니가 맹자를 가르치기 위하여 처음에는 묘지 근처에, 두번째는 시장 근처에, 마지막에는 학교 근방으로 세번이나 이사를 했다는 고사에서 유래된 말.

◎盲人摸象 (맹인모상)

눈먼 소경이 코끼리 만지는 것처럼 사물의 일부만을 보고 함부로 결론을 내리는 좁은 소견을 일컫는 말.

◎盲人眼疾 (맹인안질)

있으나 없으나 아무 영향이 없다는 뜻.

◎盲者丹靑 (맹자단청)

소경이 단청 구경. 곧 사물을 감정할 능력이 없는 것을 이른다.

◎滅罪生善 (멸죄생선)

부처의 힘으로 현세의 죄장(罪障)을 소멸하고 후세의 선근(善根)을 도움.

◙ **明見萬里** (명견만리)

먼뎃일이나 먼 앞일을 훤히 내다봄.

◙ **明鏡止水** (명경지수)

거울과 같이 맑고 잔잔한 물로, 마음이 고요하고 깨끗한 것을 비유.

◙ **名實相符** (명실상부)

이름과 실상이 서로 들어 맞음.

◙ **命也福也** (명야복야)

연거푸 생기는 행복.

◙ **名若觀火** (명약관화)

불을 보는 것처럼 밝음. 곧 더 말할 나위 없이 명백함.

◙ **毛骨竦然** (모골송연)

아주 끔찍한 일을 당하거나 볼 때에 머리털이 쭈뼛해진다는 말.

◙ **矛盾** (모순)

초나라에 창과 방패를 파는 사람이 있었다. 그는 방패를 팔 때는 '이 방패는 어떠한 창으로도 뚫을 수 없는 방패'라고 하고, 창을 팔 때에는 '이 창은 어떠한 방패라도 뚫을 수 있는 창'이라고 하였다. 옆에 듣고 있던 사람이, '그러면 그 창으로 그 방패를 찌르면 어떻게 되느냐' 하고 묻자, 장수는 말문이 막혔다는 고사에서 유래한 말이다.

곧 말의 앞뒤가 서로 맞지 않는 것을 이른다.

◙ **目不忍見** (목불인견)

눈으로 차마 볼 수 없음을 이르는 말.

◙ **無念無想**(무념무상)

무아(無我)의 경지에 이르러 일체의 상념을 떠나 마음이 빈 듯이 담담한 상태. 삼매경(三昧境), 명경지수(明鏡止水), 물심일여(物心一如), 물아일체(物我一體)와 같은 뜻.

◎門外漢 (문외한)

어떤 일에 직접 관계가 없는 사람, 또는 그 일에 전문가가 아닌 사람.

◎聞一知十 (문일지십)

한 가지를 들으면 열 가지를 미루어 안다는 뜻.

◎門前乞食 (문전걸식)

이집 저집 돌아다니며 빌어 먹음.

◎門前成市 (문전성시)

권세가 드날리거나 부자가 되어 집 문앞이 방문객으로 저자를 이룬다는 뜻.

◎門前沃畓 (문전옥답)

집 앞에 있는 기름진 논. 곧 많은 재산을 뜻함.

◎反覆無常 (반복무상)

언행을 이랬다 저랬다 하여 종잡을 수 없음. 이런 사람을 반복소인(反覆小人)이라 한다.

◎半生半死 (반생반사)

거의 죽게 되어서 죽을는지 살는지 알 수 없는 지경에 이름.

◎半僧半俗 (반승반속)

반은 중, 반은 속인이란 뜻으로, 사물이 이것도 아니고 저것도 아닌 뚜렷한 명목을 붙이기 어려울 때 쓰는 말.

◎伴食宰相 (반식재상)

당나라때 노회신이 자기의 재능이 요숭에게 미치지 못함을 깨닫고는 항상 요숭을 앞세워 정치를 하였다는 고사에서 유래한 말로, 재능이 없는 사람이 유능한 사람 옆에서 일을 처리하는 것을 이른다.

◎半信半疑 (반신반의)

반쯤은 믿고 반쯤은 의심한다는 뜻.

◎ **背水之陣**(배수지진)

위태함을 무릅쓰고 필사적으로 모든 힘을 다하여 성패를 다투는 경우를 비유하는 말.

이는 한나라때 한신이 조와 싸울때 물을 등에 지고 싸워 이겼다는 데서 유래한 말이다.

◎ **百年佳約**(백년가약)

젊은 남녀가 결혼하여 한평생을 아름답게 지내자는 언약.

◎ **百年河清**(백년하청)

중국의 황하가 항상 흐리어 맑을 때가 없다는 말로, 아무리 세월이 가도 일이 이루워지기 어려움을 이름.

◎ **白年偕老**(백년해로)

부부가 화락하여 함께 늙음을 지칭한다.

◎ **百代之親**(백대지친)

오래 전부터 친하게 지내오던 친분.

◎ **百伶百俐**(백령백리)

여러 가지 일에 민첩함. 모든 일에 영리함.

◎ **百里負米**(백리부미)

빈한하면서도 부모에게 효도하는 것을 뜻함.

◎ **白面書生**(백면서생)

글만 읽고 세상 일에 경험이 없는 사람.

송나라 문제가 북위를 토벌할 즈음에 귀족들에게 찬동을 얻으려 하자, 심경지가 '적군을 치려 하면서 백면서생(白面書生)들에게 일을 도모하면 어찌 성공하겠읍니까?' 하며 문제와 귀족들을 꾸짖었다는 데서 유래한 말로, 얼굴이 하얀 선비를 말한다.

◎ **百聞而不如一見**(백문이불여일견)

백 번 듣는 것이 한 번 보는 것만 못하다는 뜻으로, 무엇이든지 실지로 경험해야 확실히 안다는 뜻.

◎拔本塞源 (발본색원)

나무의 뿌리를 뽑고 물의 근원을 막는다는 뜻. 곧 폐단의 근본을 아주 뽑아서 없애버린다는 말.

◎發憤忘食 (발분망식)

발분하여 끼니를 잊음.

◎旁岐曲徑 (방기곡경)

꾸불꾸불한 길. 곧 공명정대한 방법을 떠나서 옳지 못한 길로 들어 일을 한다는 뜻.

◎傍若無人 (방약무인)

좌우에 사람이 없는 것 같이 언어와 행동이 기탄없는 것을 말한다.

위나라 때 형가(荊軻)가 술에 취하여 고점리와 화답하여 즐기다가 마침내는 서로 껴안고 울기를 주위에 사람이 없는 것 처럼 하였다 하여 유래한 말이다.

◎白眉 (백미)

여럿 가운데 가장 뛰어난 사람을 일컫는 말.

중국 촉한의 마량(馬良)은 5 형제가 수재여서 '마씨(馬氏)의 오상(五常)'이라 불리웠는데, 그 중에서도 량이 가장 뛰어났었다. 특히 량은 눈썹 속에 흰털이 나 있었으므로, 이런 고사에 연유하여 생긴 말이다.

◎百發百中 (백발백중)

총·활 등이 겨눈 곳에 꼭꼭 맞음. 곧 앞서 생각한 일들이 꼭꼭 들어맞는 것을 뜻한다.

◎百拜謝罪 (백배사죄)

수없이 절을 하며 자신이 지은 죄에 대해 용서를 빎.

◎白首北面 (백수북면)

재덕이 없는 사람은 늙어서도 북쪽을 향하여 스승의 가르침을 빈다는 뜻.

◎百惡具備 (백악구비)

온갖 나쁜 짓이 다 갖추어져 있음.

◎白眼視 (백안시)

시쁘게 여기거나 냉대하여 본다는 뜻.

죽림칠현 중 한 사람이었던 완적이 어머니의 장례식때 조문객이 와도 흰자위로 외면하였다. 그러나, 혜강이 거문고와 술을 들고 찾아가자 검은 자위를 보이며 환영했다는 고사에서 유래한 말.

◎百藥無効 (백약무효)

좋다는 약은 다 써도 병이 낫지 않는다는 뜻.

◎百八煩惱 (백팔번뇌)

108가지의 번뇌. 곧 눈, 귀, 입, 코, 몸, 뜻의 육근(六根)에 각각 고(苦), 락(樂), 불고불락(不苦不樂)이 있어 18가지가 되고, 거기에 탐(貪), 무탐(無貪)이 있어 36가지가 되며, 이것을 다시 현재, 과거, 미래에 풀면 모두 108가지가 된다는 것.

◎百弊俱存 (백폐구존)

온갖 폐단이 죄다 있다는 뜻.

◎百廢俱興 (백폐구흥)

일단 없어진 것이 다시금 일어난다는 뜻.

◎百害無益 (백해무익)

해는 있어도 이로움이 전혀 없음을 뜻함.

◎蓬篳生輝 (봉필생휘)

가난한 사람의 집에 고귀한 손님이 찾아옴을 영광으로 생각한다는 뜻.

◎富貴在天 (부귀재천)

부귀는 하늘에 매어 있어 인력(人力)으로는 어찌할 수 없다는 뜻.

◙**父子有親**(부자유친)

오륜의 하나. 아버지와 자식 사이의 도(道)는 친애에 있다는 뜻.

◙**父傳子傳**(부전자전)

그 아버지에 그 아들. 곧 자식이 아버지를 닮음을 의미하는 말.

◙**不知其數**(부지기수)

너무 많아서 그 수효를 알 수가 없다는 뜻.

◙**不知不覺**(부지불각)

미처 깨닫지 못하는 결.

◙**不知歲月**(부지세월)

세월의 돌아가는 형편을 모름.

◙**父執尊長**(부집존장)

아버지의 친구로 아버지와 나이가 비슷한 어른.

◙**夫唱夫隨**(부창부수)

남편이 창을 하면 아내도 따라 하듯, 남편의 뜻에 아내가 따르는 것이 부부 화합의 도리라는 뜻. 이와 유사어로는 여필종부(女必從夫), 부전자전(父傳子傳) 등이 있다.

◙**赴湯蹈火**(부탕도화)

물불을 가리지 않고 뛰어든다는 뜻. 곧 목숨을 내놓고 일한다는 말.

◙**父風母習**(부풍모습)

부모를 고루 닮음.

◙**附和雷同**(부화뇌동)

일정한 주관이 없이 남들 여럿의 의견을 그대로 쫓아 따르거나 덩달아서 같이 행동한다는 뜻.

이와 유사어로서는 부화수행(附和隨行), 기회주의(機會主義) 등이 있다.

粉骨碎身 (분골쇄신)

뼈가 가루가 되고 몸이 부서지도록 노력한다는 뜻. 곧 목숨을 걸고 힘을 다하는 것을 뜻한다.

髀肉之嘆 (비육지탄)

재능을 발휘할 기회를 얻지 못하고 헛되이 세월만 보내는 것을 탄식함. 곧 역량을 발휘하지 못하는 탄식.

중국 촉나라의 유비가 오랫동안 말을 타고 전장에 나가지 못하여 넓적다리에 쓸데없는 살만 찜을 한탄했다는 고사에서 유래한 말.

非一非再 (비일비재)

한두 번이 아님을 뜻함.

四顧無親 (사고무친)

사방을 둘러보아도 친한 사람이 없음. 곧 의지할 곳이 전혀 없는 외로움을 의미한다.

四君子湯 (사군자탕)

인삼·백출·백복령·감초의 네 가지를 각각 한 돈중씩 조합하여 원기와 소화를 돕는 데에 쓰는 탕약.

士氣衝天 (사기충천)

사기가 하늘을 찌를 듯이 높음.

四面楚歌 (사면초가)

전후 좌우에 초나라 군인들의 노래란 뜻으로, 적에게 포위되어 고립된 상태나 주위 사람들이 모두 자기 의견에 반대하여 고립된 상태를 뜻한다.

似而非者 (사이비자)

겉으로는 제법 비슷하나 본질적으로는 완전히 다름.

만장(萬章)이 맹자에게 '향원은 덕(德)의 적'이라는 공자의 말에 대해 계속 질문을 하자, 맹자는 다음과 같이 말하였다.

◎三從之道 (삼종지도)

여자는 어려서 아버지에게 순종하고, 시집가서는 남편에게 순종하고, 남편이 죽은 뒤에는 아들에게 순종해야 한다는 말.

◎三尺案頭 (삼척안두)

석자의 책상 머리라는 뜻으로, 곧 좁은 책상 위를 뜻한다.

◎桑田碧海 (상전벽해)

뽕나무 밭이 바다로 바뀐다는 말로, 세상 일의 변천이 심하여 사물이 바뀜을 비유한다.

이는 당시인 유정지의 「대비백발옹(代悲白髮翁)」이라는 장시에서 보인다.

◎上濁下不淨 (상탁하부정)

윗물이 맑아야 아랫물도 맑음. 곧 웃사람이 정직하지 못하면 아랫사람도 그렇게 되기 마련이라는 말.

◎傷風敗俗 (상풍패속)

풍속을 문란하게 함. 또 부패하고 문란한 풍속.

◎上行下効 (상행하효)

웃사람이 하는 일을 아랫사람이 본받음.

◎塞翁之馬 (새옹지마)

인생의 행·불행은 돌고 도는 것이어서 예측할 수 없다는 뜻.

중국 변방에 사는 늙은이에게는 말이 한 필 있었는데, 어느 날 기르던 말이 달아났다가 준마와 함께 돌아왔다. 이에 노인은 매우 기뻐하였는데, 새옹의 외아들이 이 준마를 타다가 떨어져 절름발이가 되었다. 때마침 난리가 일어나 마을의 모든 젊은이들이 모두 전쟁에 끌려 나가 죽었으나 새옹의 아들은 절름발이여서 목숨을 보존하였다는 고사에서 유래하였다.

◎生老病死 (생로병사)

인간이 사는 동안 겪는 4가지 고통. 곧 낳음과 늙음과 병듦과 죽음.

◎ **生面不知**(생면부지)

한 번도 만나본 일이 없어 도무지 모르는 사람.

◎ **生不如死**(생불여사)

형편이 몹시 어려워서 사는 것이 죽느니만 못하다는 뜻.

◎ **生死立判**(생사입판)

살고 죽는 것이 당장에 판정됨.

◎ **生殺與奪**(생살여탈)

살리고 죽이고 주고 뺏고 마음대로 하는 일.

◎ **生三死七**(생삼사칠)

사람이 난 뒤의 사흘 동안과 사망한 뒤의 이레 동안을 부정하다고 꺼리는 일.

◎ **生而知之**(생이지지)

배우지 않아도 스스로 통해서 안다는 뜻.

◎ **生者必滅**(생자필멸)

무릇 이 세상에 생명이 있는 것은 빠름과 늦음의 차는 있어도 반드시 죽기 마련이라는 뜻.

◎ **生丁不辰**(생정불신)

좋지 못한 시대에 태어남.

◎ **生存競爭**(생존경쟁)

모든 생물이 그 생존을 유지하기 위해 서로 경쟁하는 것을 이른다.

◎ **生知安行**(생지안행)

천성이 총명하여 나면서부터 도의에 통하여 편안한 마음으로 도를 행함

◎ **隨時應變**(수시응변)

그때그때 변하는 대로 따름.

◎ **修身齊家**(수신제가)

자신의 몸을 닦고 집안을 다스리는 일.

◎純潔撫垢 (순결무구)

순결하여 조금도 더러운 티가 없음.

◎脣亡齒寒 (순망치한)

입술이 없으면 이가 시리다는 뜻으로, 가까운 두 사람 중에서 한 사람이 망하면 다른 사람도 그 영향을 받아 위험하게 됨을 이른다.

주의 혜왕 22년, 진의 헌공이 우(虞)에게 괵을 치겠다고 하며 길을 열어 줄 것을 요청하였다.

이때 우의 궁지기(宮之奇)라는 사람은 우와 괵이 표리의 관계임을 주장하며 진의 요청을 거절할 것을 간했다. 그러나 진의 뇌물에 눈이 어둔 우공은 이를 허락하므로써 진에게 멸망했다는 고사에서 유래한 말로, 이 때의 우(虞)와 괵의 관계를 말한다.

◎舜 – 百姓 (순적백성)

착하고 어진 백성을 이르는 말.

◎神出鬼没 (신출귀몰)

귀신이 출몰하듯 자유자재하여 그 변화를 이루 다 헤아리지 못한다는 뜻.

◎實事求是 (실사구시)

「한서」에 '수학호고(修學好古) 실사구시(實事求是)'라는 문귀에서 유래한 말로, 사실을 얻기에 힘써 그 사실을 토대로 하여 진리를 탐구하는 것을 뜻한다.

◎深思熟考 (심사숙고)

깊이 생각하고 익히 생각한다는 뜻.

◎心心相印 (심심상인)

말없이 마음과 마음으로 서로 뜻이 통한다는 뜻.

◎阿諛苟容 (아유구용)

남에게 아첨하여 구차스럽게 구는 모양.

◎ 我田引水 (아전인수)

'내 논에 물대기'란 뜻으로, 자기에게만 이롭도록 말하고 행동하는 것을 뜻한다.

◎ 惡事千里 (악사천리)

나쁜 일은 곧 세상에 퍼진다는 뜻.

◎ 惡因惡果 (악인악과)

나쁜 일을 하면 반드시 그 재앙이 뒤따른다는 뜻.

◎ 眼下無人 (안하무인)

눈 아래 사람이 없음. 곧 사람을 업신여기고 교만하다는 뜻. 안중지인(眼中之人)과 같은 말.

◎ 暗中摸索 (암중모색)

물건을 어둠 속에서 더듬어 찾음. 또는 어림짐작으로 무엇을 알아내거나 찾아내려는 것을 이른다.

◎ 藥房甘草 (약방감초)

무슨 일에나 꼭 끼어든다는 뜻.

◎ 弱者先手 (약자선수)

장기나 바둑에서 수가 약한 쪽이 먼저 두는 것.

◎ 良賈深藏 (양고심장)

장사를 잘하는 사람은 좋은 물건을 깊숙이 숨겨두고 가게 앞에 너절하게 벌리지 않는다는 뜻. 곧 어진 사람이 학덕이나 재능을 감추고 함부로 나타내지 않음을 비유.

◎ 羊頭狗肉 (양두구육)

「항언록(恒言錄)」에 '양(羊)의 머리를 내걸고 실은 개고기를 판다'에서 유래한 말로, 겉으로는 훌륭하게 내세우나 속은 변변치 않음을 뜻한다.

◎ 良虎遺患 (양호유환)

호랑이를 길러 근심을 산다는 뜻으로, 화근을 만들어 근심하는 것을 뜻한다.

◎ **魚頭肉尾** (어두육미)

물고기는 머리, 짐승은 꼬리 쪽이 맛이 있다는 말로, 어두일미(魚頭一味) 와 유사.

◎ **魚魯不辨** (어로불변)

'어(魚)' 자와 '노(魯)' 자를 구별하지 못한다는 말로, 매우 무식하다는 뜻.

◎ **漁夫之利** (어부지리)

황새가 조개를 쪼아 먹으려 하자 조개가 황새의 부리를 잡고 놓지 않아 서로 이러지도 저러지도 못하고 다투는 통에 어부가 둘다 잡아 이득을 보았다는 고사에서 유래한 말로, 서로 다투는 사이에 제3자가 엉뚱하게 이익을 보는 것을 이른다.

◎ **語不成説** (어불성설)

말이 조금도 사리에 맞지 않고 어긋나는 것을 이른다.

◎ **延年益壽** (연년익수)

수명을 더 오래 늘여 나간다는 뜻.

◎ **緣木求魚** (연목구어)

나무 위에 올라가서 물고기를 구한다는 뜻으로, 곧 불가능한 일을 굳이 하려함을 이른다.

이는 제나라 선왕과 맹자의 대화 중에 나오는 말로, 선왕의 욕망을 깨우친 맹자의 대답에서 유래한다.

◎ **連戰連勝** (연전연승)

싸울 때마다 계속 이긴다는 뜻.

◎ **拈花示衆** (염화시중)

서로의 마음과 마음이 말을 하지 않아도 통한다는 뜻으로, 이심전심(以心傳心), 심심상인(心心相印)과 같은 뜻이다.

◎ **榮枯盛衰** (영고성쇠)

사물의 성하고 쇠함이 서로 뒤바뀌는 현상.

◙ **梧桐一葉**(오동일엽)

오동나무 잎사귀 하나를 보고 가을이 온 것을 안다는 뜻.

◙ **五里霧中**(오리무중)

5 리에 걸친 안개 속. 곧 무슨 일에 대하여 알 길이 막연함을 이르르는 말.

후한 중기의 장해(張楷)는 뛰어난 학자로 명성이 높았으나 끝내 벼슬길에 나가지 않고 산중에 은거하였다.

그런데 이 장해는 도술에도 뛰어나 오리무(五里霧)를 일으킬 수 있었는데, 삼리무(三里霧)를 일으키는 배우라는 인물이 나쁜 짓을 하다가 잡히자 장해로 부터 배운 기술이라 하여 장해는 옥에 갇히게 되었다. 그러나 결국은 무죄임이 판명되어 석방되어 70의 장수를 누렸다 한다.

요즘은 말 뜻이 변하여 마음이 갈팡 질팡 하여 어찌할 바를 모르는 것을 이르르게 되었다.

◙ **五馬作隊**(오마작대)

마병(馬兵)이 행군할 때 5 열 종대로 편성하는 것을 이름.

◙ **呉越同舟**(오월동주)

이는「손자병법」에 나오는 말로, 오나라 왕 부차와 월나라 왕 구천은 오래된 숙적이나 그 양국 사람이 같은 배를 탔다가 중류에서 갑자기 바람을 만난다면 배가 전복되지 않게 하기 위해 서로 협력한다는 말이다. 곧 원수끼리더라도 같은 처지나 한 자리에 서로 놓이면 돕는다는 뜻.

◙ **五風十雨**(오풍십우)

닷새에 한 번씩 바람이 불고 열흘에 한 번씩 비가 온다는 뜻. 곧 기후가 순조로와 풍년이 들어 천하가 태평하다는 뜻.

◙ **烏合之卒**(오합지졸)

갑자기 모인 훈련없는 군사를 지칭함. 오합지중(烏合之衆)이라고도 한다.

◙ **臥薪嘗膽**(와신상담)

섶에 누워 자고 쓸개를 씹는다는 뜻. 곧 원수를 갚으려고 괴롭고 어려움을 참고 견딤을 비유한다.

중국 오나라 왕 부차(夫差)는 아버지 합려(闔閭)가 월왕인 구천(句踐)과 싸우다 부상당하여 죽자, 원수를 갚기 위해 거북한 섶위에서 잠을 자며 복수심을 길러 월왕 구천에게 신하가 된다는 항복을 받았다. 한편 구천은 오왕 부차에게 항복해 신하가 된 치욕을 씻고자 항상 곁에 쓸개를 매달아 놓고 그 쓸개를 핥으며 항복의 치욕을 되씹어 복수심을 길러 오의 부차를 쳐 항복받았다는 고사에서 유래한 말.

◙ **臥遊江山**(와유강산)

산수화를 보며 즐김.

◙ **外柔內剛**(외유내강)

겉은 부드러운 듯하나 속은 꿋꿋하고 굳음. 외강내유(外剛內柔)와 상대되는 말.

◙ **欲速不達**(욕속부달)

일을 서두르면 되려 이루어지지 않는다는 뜻.

◙ **龍頭蛇尾**(용두사미)

용의 머리에 뱀의 꼬리. 곧 출발은 요란한데 결말은 흐지부지 되어 좋지 않음을 비유.

◙ **右往左往**(우왕좌왕)

오른쪽으로 갔다 왼쪽으로 갔다 함. 곧 갈팡질팡 하는 것을 이름.

◙ **優柔不斷**(우유부단)

우물쭈물 하며 결단을 내리지 못하는 것.

◙ **牛耳讀經**(우이독경)

소 귀에 경 읽기. 즉 아무리 가르치고 일러 주어도 알아듣지 못함을 비유함. 마이동풍(馬耳東風)과도 유사한 말.

◉雨天順延 (우천순연)

미리 정한 모임 당일에 비가 오면 그 다음 날로 순차 연기하는 일.

◉雨後竹筍 (우후죽순)

비 온 뒤에 돋는 죽순처럼, 어떤 일이 한 때에 많이 일어남을 비유.

◉旭日昇天 (욱일승천)

아침 해가 떠오르는 것처럼 세력이 성대함을 비유.

◉雲捲天晴 (운권천청)

구름이 걷혀 하늘이 맑게 갠다는 뜻으로, 병이나 근심이 씻은 듯이 사라짐을 비유.

◉偉編三絶 (위편삼절)

책을 맨 가죽 끈이 세 번 끊어졌다는 뜻으로, 되풀이 하여 열심히 책을 읽는 것을 의미한다.

공자가 만년에 역(易)에 심취하여 책의 가죽 끈이 세 번이나 끊어지기에 이르렀다는 고사에서 유래한다.

◉威風堂堂 (위풍당당)

행동에 기세가 있고 훌륭한 것을 이름.

◉有脚陽春 (유각양춘)

은혜를 베푸는 것이 마치 봄이 만물을 따뜻하게 함과 같음을 비유한 말.

◉有口無言 (유구무언)

입이 있어도 말이 없다는 뜻으로, 변명이나 항변한 말이 없음을 비유한다.

◉有口不言 (유구불언)

할 말이 있으되 사정이 거북하여 말을 하지 못한다는 뜻.

◉有難無難 (유난무난)

있으나 없으나 곤란하다는 뜻.

◎有不如無 (유불여무)

있어도 없음만 못함. 곧 없는 것이 더 낫다는 뜻.

◎有備無患 (유비무환)

어떤 일에 미리 준비가 있으면 근심이 없다는 말.

춘추시대 진나라 도공의 신하 사마위강의 일화에서 유래한 고사성어이다.

진나라가 정나라의 화친을 받아들이자 정나라에서 어여쁜 가희들을 선물로 받쳤다. 그러나 위강은 도공에게 다음과 같이 말하였다 한다.

"편안히 지낼 때는 항상 위태로움을 생각하고, 위태로움을 생각하게 되면 항상 준비가 있어야 하며, 준비가 있으면 근심과 재난이 없을 것입니다."

◎以食爲天 (이식위천)

사람이 삶을 영위하는 데 먹는 것이 가장 소중하다는 뜻.

◎頤神養性 (이신양성)

마음을 가다듬어 고요하게 정신 수양하는 것.

◎以實直告 (이실직고)

사실 그대로를 말하는 것.

◎以心傳心 (이심전심)

말이나 글로써 전해지지 못하는 것이 마음에서 마음으로 전해짐을 이름.

석가모니께서 영취산에서 설법할 때, 연꽃을 따서 제자들에게 보이셨는데, 제자들은 그 뜻을 헤아릴 수 없어서 가만히 있었다. 그러나 가섭만이 그 뜻을 깨닫고 미소를 지었다. 이에 석가모니께서 이렇게 말씀하셨다 한다.

"나에게 정법안장(正法眼藏)·열반묘심(涅槃妙心)·실상무상(實相無相)·미묘법문(微妙法門)·불립문자(不立文字)·교외별전(敎外別傳)이 있노니, 이를 가섭에게 전하리라."

◎ **以熱治熱**(이열치열)

열은 열로써 다스린다는 말로, 힘은 힘으로써 물리침을 뜻
함.

◎ **二律背反**(이율배반)

서로 모순되는 두 개의 명제가 한 행동이나 사건 속에 동
등한 권리를 가지고 주장되는 일.

◎ **以蚓投魚**(이인투어)

미물인 지렁이도 물고기가 좋아하듯, 보잘 것 없는 것이라
하더라도 다 쓸모가 있다는 뜻.

◎ **人生無常**(인생무상)

인생의 덧없음을 이르는 말.

◎ **人性本善**(인성본선)

사람의 본성은 원래 착하다는 뜻.

◎ **人心所關**(인심소관)

사람의 마음에 따라 각기 그 취의가 달리됨을 뜻함.

◎ **因噎廢食**(인열폐식)

목이 메어 음식을 먹지 않는다는 말. 곧 사소한 장애를 꺼
려 큰 일을 그만 두는 것을 비유함.

◎ **因人成事**(인인성사)

남의 힘으로 어떤 일을 이룸을 뜻함.

춘추 전국 시대 조나라가 진의 침입을 받아 위기에 빠졌
을 때 평원군이 초와 힘을 합쳐 이를 물리치려 하였다.

그러나 초나라 조정이 한나절이 지나도록 아무런 결정을
내리지 못하고 있자, 평원군의 한 수행원 모수가 초 국왕을
설득하고 조약 체결을 하기에 이르렀다. 모수는 나머지 수
행원들에게 다음과 같이 크게 말하였다 한다.

"여러분들은 그저 일행으로 쫓아와서 남의 힘을 빌어 일
을 이룩한 사람들입니다."

◙ **仁者無敵** (인자무적)

어진 사람은 모든 사람이 그를 따르므로 적이 없다는 말.

◙ **人衆勝天** (인중승천)

사람이 많으면 가히 하늘도 이길 수 있다는 뜻. 곧 많은
힘이 모이면 이루지 못할 일이 없다는 말.

◙ **日久月深** (일구월심)

날이 오래고 달이 깊어진다는 말로, 골똘히 바라는 것을
의미함.

◙ **一口二言** (일구이언)

한 입으로 두 말을 한다는 뜻. 일구양설(一口兩説) 이라고
도 함.

◙ **一氣呵成** (일기가성)

단숨에 문장을 짓는다는 뜻. 곧 일을 단숨에 처리하는 것
을 의미한다.

◙ **一騎當千** (일기당천)

한 사람의 기병이 천 사람을 당해낸다는 말로 무예가 썩
뛰어남을 이른다.

◙ **一瀉千里** (일사천리)

강물의 물살이 빨라, 한 번 흘러 천리 밖에 다다른다는 뜻.
곧 사물이 거침없이 진행되는 것.

◙ **一石二鳥** (일석이조)

돌팔매질을 할 때 하나의 돌로 두 마리의 새를 잡는다는
말로, 한 가지 일로 두 가지 이득을 얻는 것을 이름.

◙ **臨機應變** (임기응변)

그때 그때 일의 형편에 따라 변통성 있게 처리함.

◙ **臨農奪耕** (임농탈경)

농사 지을 무렵에 경작하는 사람을 바꾸는 것. 곧 이미 다
마련된 것을 빼앗음을 뜻한다.

◙**自家撞着** (자가당착)
자기가 한 말이나 글의 앞뒤가 서로 모순되는 것.

◙**自強不息** (자강불식)
스스로 힘써 행하여 쉬지 않음.

◙**刺客奸人** (자객간인)
마음씨가 몹시 모진 사람.

◙**自激之心** (자격지심)
자기가 한 일에 대해 스스로 미흡하게 여기는 마음. 자곡지심 (自曲之心) 이라고도 한다.

◙**自繩自縛** (자승자박)
제 새끼로 제 목을 맨다는 뜻. 곧 제 마음씨나 행동으로 자기가 괴로움을 당하는 것을 이름.

◙**自勝之癖** (자승지벽)
제가 남보다 나은 줄로만 여기는 마음.

◙**賊反荷杖** (적반하장)
도둑이 오히려 매를 든다는 뜻으로, 잘못한 사람이 도리어 잘한 사람에게 시비나 트집을 잡아 덤비는 것을 비유하여 이른다.

◙**赤貧無依** (적빈무의)
몹시 구차한 데다 의지할 곳마저 없음.
적빈여세(赤貧如洗) 는 씻는 듯이 가난함을 이른다.

◙**積小成大** (적소성대)
작은 것이 모여 큰 것이 된다는 뜻으로, '티끌 모아 태산' 과 같은 뜻.

◙**赤手空拳** (적수공권)
맨손과 빈 주먹, 곧 아무것도 지닌 것이 없다는 뜻.

◙**前無後無** (전무후무)
전에도 없었고 앞으로도 없음.

◎ **漸入佳境**(점입가경)

점점 재미있는 경지로 들어감.

◎ **接待等節**(접대등절)

손님을 접대하는 모든 예절.

◎ **精金美玉**(정금미옥)

인품·시문 따위가 아름답고 깨끗함.

◎ **正當防衛**(정당방위)

부당한 침해에 대해서 자신을 보호하기 위하여 취하는 부득이한 가해 행위.

◎ **朝令暮改**(조령모개)

아침에 내린 명령을 저녁에 고침. 곧 변덕이 심하여 종잡을 수 없다는 뜻. 조변석개(朝變夕改), 고려공사삼일(高麗公事三日), 변덕이 죽 끓듯 하다와 같은 뜻.

◎ **朝三暮四**(조삼모사)

간사한 꾀로 어리석은 사람을 농락함을 이르는 말.

송나라때의 저공(狙公)은 원숭이를 기르고 있었는데, 그는 원숭이의 뜻을 알고, 원숭이 또한 그의 마음을 알아차렸다.

그런데 갈수록 먹이가 부족해지자 원숭이에게 도토리를 아침에 3개, 저녁에 4개를 주겠다고 하니 원숭이들은 골을 내었다. 그리하여 저공은 아침에 4개, 저녁에 3개씩을 주겠다고 제안을 하니 원숭이들은 사실은 같은데도 불구하고 엎드려서 기뻐하였다는 우화에서 유래한다.

◎ **主客一致** (주객일치)

주체와 객체가 하나가 된다는 말로, 물심일여(物心一如)와 같은 뜻.

◎ **主客顚倒**(주객전도)

주인과 손님의 위치가 바뀜. 곧 사물의 경중·선후·완급 등이 서로 바뀜.

228

◎ **畫耕夜讀** (주경야독)

낮에는 밭 갈고 밤에는 글을 읽음. 곧 가난을 극복하고 어렵게 공부함을 뜻함.

◎ **主權在民** (주권재민)

나라의 주권은 국민에게 있다는 말.

◎ **畫短夜長** (주단야장)

낮은 짧고 밤은 긴 동지 무렵.

◎ **走馬加鞭** (주마가편)

달리는 말에 채찍질 하기. 곧 정진하는 사람이 더 잘 되어 가도록 부치기거나 격려하는 것.

◎ **走馬看山** (주마간산)

말을 타고 달리면서 산을 본다는 뜻. 곧 바빠서 자세히 보

◎ **竹馬故友** (죽마고우)

어렸을 때의 친한 벗.

대나무로 말 비슷하게 만든 것에 걸터서서 놀던 옛 친구란 뜻으로, 어릴 때부터 친하게 놀며 자란 친구를 이른다.

◎ **竹帛之功** (죽백지공)

이름을 청사에 남길 만한 공적.

◎ **衆寡不敵** (중과부적)

적은 수효로 많은 수의 적을 대적하지 못함.

즉 쌍방의 세력 차이가 매우 큰 것을 뜻한다.

◎ **衆口難防** (중구난방)

뭇사람의 입을 막기 어려움.

◎ **芝蘭之交** (지란지교)

벗 사이의 깨끗하고도 고상한 교제.

◎ **進退兩難** (진퇴양난)

앞으로 나아갈 수도 뒤로 물러설 수도 없는 상황.

진퇴유곡(進退維谷) 이라고도 한다.

◎ **天高馬肥**(천고마비)

하늘은 높고 말이 살찐다는 뜻으로, 가을이 썩 좋은 계절임을 이른다.

◎ **天方地軸**(천방지축)

못난 사람이 종작없이 덤벙이는 것. 또는 너무 바빠서 방향을 잡지 못하고 허둥지둥 내닫는 모양을 이름. 천방지방(天方地方)이라고도 한다

◎ **天崩地壞**(천붕지괴)

하늘이 무너지고 땅이 꺼짐.

◎ **天崩之痛**(천붕지통)

하늘이 무너지는 듯한 아픔이라는 뜻으로, 임금이나 아버지의 상사로 인한 슬픔을 이른다.

◎ **千思萬考**(천사만고)

여러 가지로 생각한다는 말로, 천사만량(千思萬量)과 비슷한 의미.

◎ **天生配匹**(천생배필)

하늘에서 미리 마련하여 준 배필.

◎ **千載一遇**(천재일우)

천 년에나 한 번 만날 수 있을까 하는 어려운 기회.

◎ **天井不知**(천정부지)

물가가 자꾸 오름을 이르는 말.

◎ **天之亡我**(천지망아)

아무 허물이 없이 저절로 망함.

◎ **天眞爛漫**(천진난만)

아무런 꾸밈없이 천진 그대로 나타나는 것. 천진무구(天眞無垢)와 유사한 말.

◎ **千差萬別**(천차만별)

여러 가지 사물이 모두 차이가 있고 구별이 있다는 뜻.

◎ **楚材晉用**(초재진용)

초나라 인재를 진나라에서 쓴다는 말로, 자기 나라 인재를 다른 나라에서 이용함을 이른다.

◎ **初志一貫**(초지일관)

처음에 먹은 마음을 끝까지 밀고 나감.

◎ **觸目傷心**(촉목상심)

사물이 눈에 보이는 대로 마음이 아픔.

◎ **觸處逢敗**(촉처봉패)

가서 부딪치는 곳마다 낭패를 당함.

◎ **寸善尺魔**(촌선척마)

좋은 일은 아주 적고 언짢은 일이 많다는 뜻.

◎ **寸田尺土**(촌전척토)

얼마 안 되는 전토.

◎ **寸進尺退**(촌진척퇴)

진보는 적고 퇴보는 많다는 말로, 얻은 것에 비해 잃은 것이 많음을 비유.

◎ **惻隱之心**(측은지심)

불쌍히 여겨서 언짢아 하는 마음.

맹자가 말한 사단의 하나로, 맹자는 인간의 본성이 선하다고 보고 이 선한 마음을 확충해 가는 것이 인간의 도리로 여겼다.

◎ **層層侍下**(층층시하)

부모·조부모가 다 살아있는 시하.

◎ **七顚八起**(칠전팔기)

일곱 번 넘어지고 여덟 번 일어난다는 뜻으로, 수없이 실패해도 꺾이지 않고 다시 분투하여 일어남을 뜻함.

◎ **七顚八倒**(칠전팔도)

일곱 번 구르고 여덟 번 거꾸러진다는 뜻.

◙ 七縱七擒(칠종칠금)

촉(蜀)의 제갈량(諸葛亮)이 맹획을 일곱번 잡았다가 일곱번 놓아 주었다는 고사에서 유래한 말로, 무슨 일을 제 마음대로 할 수 있음을 뜻한다.

◙ 沈默多智(침묵다지)

아무 말도 하지 않고 있으나 지혜는 많다는 뜻.

◙ 針小棒大(침소봉대)

바늘을 몽둥이 라고 말하듯, 작은 일을 크게 허풍떨어 얘기하는 것을 이름.

◙ 他山之石(타산지석)

「시경」 소아(小雅)의 「학명」이라는 시중에서 나오는 말로, 다른 산에서 캔 나쁜 돌도 자기의 구슬을 가는 데에 숫돌로써 쓸 수 있다는 뜻이다. 즉 다른 사람의 하찮은 언행도 자기의 지덕을 연마하는데 도움이 된다는 의미.

◙ 卓上空論(탁상공론)

실천성이 없는 허황된 의논.

◙ 太剛則折(태강즉절)

너무 세거나 빳빳하면 부러지기 쉽다는 말로, 지나치게 단단한 사람은 도리어 실수를 하기 쉽다는 뜻.

◙ 泰山北斗(태산북두)

세상 사람들로부터 우러러 존경을 받는 사람. 또는 어떤 전문 분야에서 썩 뛰어나 있는 사람을 이름.

당송팔대가의 한 사람인 한유는 사륙변려체가 극도로 기교에 치우친 점을 발견하고 산문의 문체를 개혁함으로써 백화문(白話文) 운동이 일어나기 전까지의 산문 문장의 주류를 형성한 문장가로 유명하다. 이에 「당서」 한유전에는 그를 가르켜 '한유가 죽은 뒤에도 그 학문은 크게 행하여져, 학자들은 그를 우러러 태산북두와 같이 보았다' 라고 전하고 있다.

232

◙ 波瀾曲折(파란곡절)

생활이나 일의 진행에 있어 일어나는 많은 곤란과 변화. 파란중첩(波瀾重疊)도 이와 유사한 뜻.

◙ 破廉恥漢(파렴치한)

염치도 부끄러움도 모르는 사람.

◙ 破竹之勢(파죽지세)

세력이 강대하여 대적을 거침없이 물리치고 쳐들어가는 당당한 기세.

삼국을 통일하기 전인 진 무제 때의 정남군대장군(征南軍大將軍) 두예는 진의 대군을 이끌고 쳐들어가 형주(荊州)에까지 이르렀다.

그런데 여기서 장군들이 모여 작전회의를 여는 중에 한 사람이 말했다.

"지금 단번에 승리를 거두기는 어렵읍니다. 마침 봄이라 비도 많고 역병도 발생하기 쉬우니 후퇴하여 겨울을 기다리는 것이 좋다고 생각합니다."

그러자 두예가 말했다.

"지금 우리 군사들의 사기는 높다. 비유하자면 대추나무를 쪼개는 것과 같으니 두세 마디만 가르면, 그 뒤는 힘들이지 않아도 저절로 쪼개질 것이다."

◙ 皤皤老人(파파노인)

백발이 된 늙은이.

◙ 八年兵火(팔년병화)

항우(項羽)와 유방(劉邦)과의 싸움이 8년이나 걸렸다는 데서 유래한 말로, 승부가 오래도록 결정나지 아니함을 비유한다.

◙ 八面六臂(팔면육비)

어느 일을 당해도 묘하게 처리하는 수완이 있는 것.

◎ **抱腹絶倒**(포복절도)
너무 우스워서 배를 잡고 몸을 가누지 못할 만큼 웃음.

◎ **飽食煖衣**(포식난의)
배불리 먹고 따뜻이 입음. 곧 의식이 풍부함.

◎ **皮骨相接**(피골상접)
살가죽과 뼈가 맞붙을 정도로 몹시 마름을 일컫는 말로, 피
골상련(皮骨相連)이라고도 한다.

◎ **皮裏春秋**(피리춘추)
사람마다 마음속에 셈속과 분별이 있음을 뜻함.

◎ **被髮徒跣**(피발도선)
부모가 돌아가셨을 때 여자가 머리를 풀고 버선을 벗음.

◎ **皮肉不關**(피육불관)
서로 아무런 관계가 없음.

◎ **被害妄想**(피해망상)
남이 자기에게 해를 입힌다고 생각하는 일.

◎ **筆問筆答**(필문필답)
글로 묻고 글로써 대답하는 것.

◎ **匹夫之勇**(필부지용)
소인의 혈기에서 나오는 용기란 뜻으로, 경솔한 행동을 이
른다.

◎ **下意上達**(하의상달)
아랫 사람의 의사가 웃사람에게 전달되는 것.

◎ **下學上達**(하학상달)
낮고 쉬운 것을 배워 높고 어려운 이치를 깨달음.

◎ **河海之澤**(하해지택)
하해와 같이 넓고 큰 은덕을 이름.

◎ **下厚上薄**(하후상박)
아랫 사람에게는 후하고 웃사람에게는 박함.

◎ **何厚何薄** (하후하박)

한편은 후하게 하고 한편은 박하게 한다는 말로, 차별있게 대우함을 뜻함.

◎ **鶴首苦待** (학수고대)

학의 목처럼 길게 늘여 고대함. 즉 몹시 기다린다는 뜻.

◎ **漢江投石** (한강투석)

한강에 돌 던지기. 즉 아무리 애써도 보람이 없는 것.

◎ **邯鄲之夢** (한단지몽)

세상의 부귀 영화가 허황됨을 이름.

당나라 현종 때 한단(邯鄲) 땅에 살던 노생(盧生)은 사회 현실에 대해 불평불만이 대단한 사람이었다.

하루는 길을 가다 날이 저물어 객주에 들러 여옹이라는 노인과 얘기를 하던 중 한참을 떠들다 보니 피곤하여 여옹의 베개를 빌려 베고 잠이 들어 팔십 년의 영화로움을 누리고 깨어났다는 고사에서 유래한다.

◎ **咸興差使** (함흥차사)

한 번 가기만 하면 돌아오지 않거나 소식이 없다는 뜻으로, 심부름을 시킨 뒤에 아무 소식도 없음을 비유함.

조선 태조가 선위(禪位)하고 함흥에 가서 은퇴하고 있을 때, 태종이 보낸 사신이 죽거나 갇혀 있어서 돌아오지 않았다는 고사에서 유래한다.

◎ **項羽壯士** (항우장사)

항우와 같이 힘이 센 사람을 일컫는 말.

◎ **降者不殺** (항자불살)

항복하여 오는 사람은 죽이지 않음.

◎ **海枯見底** (해고견저)

바다가 마르지 않으면 그 바닥을 볼 수 없듯이 사람의 마음도 평소에는 다 알기 힘들다는 뜻.

◎ 偕老同穴 (해로동혈)

살아서 함께 늙고 죽어서도 같은 무덤에 묻힌다는 뜻으로, 생사를 같이하는 부부의 사랑의 맹세를 이름.

이는 「시경」 '격고(擊鼓)' 중의 與子偕老와 '대거(大車)'의 死則同穴이라는 싯구에서 유래한다.

◎ 海誓山盟 (해서산맹)

산이나 바다가 영구히 존재함과 같이 소멸되지 않는 맹세를 이른다.

◎ 螢雪之功 (형설지공)

온갖 고생을 이기며 공부하여 쌓은 보람.

동진의 손강(孫康)은 집이 가난하여 기름 살 돈이 없기에 겨울이 되면 눈빛에 비추어 책을 읽었고, 차윤(車胤)은 여름에 얇은 비단 주머니에 수십 마리의 반딧불을 잡아넣어 그 빛으로 책을 읽어 출세하였다는 고사에서 유래한다.

◎ 形影相弔 (형영상조)

자기의 몸과 그림자가 서로 불쌍히 여긴다는 뜻으로, 몹시 외로움을 이른다.

◎ 兄弟之誼 (형제지의)

형제간처럼 지내는 친구의 우의.

◎ 狐假虎威 (호가호위)

다른 사람의 권세를 빌어 위세를 부림.

초의 선왕(宣王) 때 타국에서 소해휼을 두려워 하였는데, 이것은 마치 짐승들이 호랑이가 무서워 여우를 피하는 것과 같다는 비유에서 유래한 말로, 타국에서 소해휼이 두려운 것이 아니라 초왕을 두려워 하고 있다는 말.

◎ 忽往忽來 (홀왕홀래)

문득 가는가 하면 갑자기 옴. 홀현홀몰(忽顯忽没)은 문득 나타났다가 사라지는 것을 의미함.

◙ **紅爐點雪**(홍로점설)

벌겋게 단 화로에 눈 한 송이. 즉 크나큰 일에 적은 힘이 아무런 보탬이 되지 않는다는 뜻.

◙ **紅顔薄命**(홍안박명)

썩 예쁜 여자는 팔자가 사나웁다는 뜻.

◙ **和氣靄靄**(화기애애)

여럿이 모인 자리에 온화한 기색이 넘쳐 흐르는 모양.

◙ **和光同塵**(화광동진)

'화광'은 빛을 부드럽게 하는 일이며, '동진'은 속세의 티끌에 동화되는 것을 이르는 말로, 자기의 재주를 감추고 세속을 쫓는 것을 이름.

◙ **畫龍點睛**(화룡점정)

사물의 가장 요긴한 곳, 또는 무슨 일을 함에 가장 긴한 부분을 마치어 완성시킴을 이름.

양나라의 장승요가 금릉의 안락사(安樂寺)의 벽면에 눈동자를 뺀 4 마리의 용을 그렸는데, 주위의 사람이 자꾸 용의 눈동자를 그려 넣을 것을 요구하여 눈동자를 그려 넣었더니, 그 용이 하늘로 올라갔다는 고사에서 유래한다.

◙ **禍福無門**(화복무분)

화복은 문이 있는 것이 아니라, 사람의 선악의 행위에 따라 각기 받는 것이라는 뜻.

◙ **畫蛇添足**(화사첨족)

쓸데없는 짓을 덧붙여 하다가 도리어 실패함.

◙ **花朝月夕**(화조월석)

꽃 피는 아침과 달 밝은 저녁. 즉 경치가 좋은 때를 이름.

◙ **花中君子**(화중군자)

꽃 중의 군자. 즉 연꽃을 이름. 화중신선(花中神仙)은 해당화를 일컬음.

◙ **華燭洞房** (화촉동방)

혼인한 신랑 신부가 첫날밤에 자는 방. 화촉지전 (華燭之典) 은 혼인식.

◙ **確固不動** (확고부동)

확고하여 움직이지 않음.

◙ **環顧一世** (환고일세)

세상에 유능한 인물이 없음을 탄식하는 말.

◙ **換骨奪胎** (환골탈태)

얼굴이 변해 전보다 아름답게 되는 것. 또는 남의 문장의 취의를 본뜨되 그것을 완전히 자기 것으로 만들어 버리는 것.

◙ **鰥寡孤獨** (환과고독)

늙고 아내가 없는 사람, 늙어 남편이 없는 사람, 어려서 부모를 여읜 사람, 늙어서 자식이 없는 사람. 곧 의지할 곳이 없는 사람을 의미한다.

◙ **還歸本主** (환귀본주)

물건을 임자에게 돌려줌.

◙ **患難相救** (환난상구)

근심과 재앙을 당해 서로 구해 줌.

◙ **荒唐無稽** (황당무계)

말이나 행동이 허황하여 믿을 수 없음.

◙ **恍惚難測** (황홀난측)

황홀하여 분별하기 어려움.

◙ **遑遑罔措** (황황망조)

마음이 급하여 허둥지둥 하며 어찌할 줄 모름.

◙ **會稽之恥** (회계지치)

월왕(越王) 구천이 오왕 부차에게 회계산에서 생포되어 굴욕적인 강화를 맺었다는 데서 유래한 말로, 마음속에 깊이 새겨져 영원히 잊을 수 없는 치욕.

◎回賓作主 (회빈작주)

주장하는 남의 의사를 무시하고 제 마음대로 일을 함.

◎灰色分子 (회색분자)

소속·주의·노선 등이 뚜렷하지 못한 사람.

◎會心之友 (회심지우)

마음이 잘 맞는 벗.

◎回心向道 (회심향도)

마음을 돌려 바른 길로 들어섬.

◎膾炙人口 (회자인구)

시문(詩文) 등이 사람들의 입에 오르내리는 것.

◎會者定離 (회자정리)

만나면 반드시 헤어지기 마련이라는 말.

◎回避不得 (회피부득)

피하려고 하나 피할 수 없음.

◎橫說竪說 (횡설수설)

조리가 없는 말을 이러쿵 저러쿵 함부로 지껄임.

◎厚德君子 (후덕군자)

생김새나 하는 것이 후덕하고 점잖은 사람.

◎後來三杯 (후래삼배)

술자리에서 뒤늦게 온 사람에게 먼저 권하는 석 잔의 술.

◎後悔莫及 (후회막급)

일이 잘못되고 난 다음에는 아무리 후회하여도 어찌할 수 없다는 뜻.

◎興亡盛衰 (흥망성쇠)

흥하고 망하고 번성하고 쇠약함.

◎興盡悲來 (흥진비래)

즐거운 일이 다하면 슬픈 일이 온다는 뜻으로, 세상이 돌고 돌아 순환된다는 것.

이름에 사용되는 한자(대법원 확정 2854자)

가

佳 아름다울가, 좋을가 假 거짓가, 빌릴가 價 값가 加 더할가 可 옳을가, 허락할가 嘉 아름다울가, 좋을가 嫁 시집갈가, 떠넘길가 家 집가, 전문가가 暇 겨를가, 한가할가 架 시렁가, 건너지를가 歌 노래가, 노래할가 稼 심을가 街 거리가, 한길가 賈 姓, 값가 駕 수레가, 멍에할가

각

刻 새길각, 시각각 却 물리칠각, 발어사각 各 각각, 제각기각 恪 삼갈각 珏 쌍옥각 殼 껍질각, 칠각 脚 다리각, 발각覺 깨달을각, 발각될각 角 뿔각, 다툴각 閣 집각, 빗장각

간

刊 새길간, 책 펴낼간 侃 강직할간 姦 간음할간, 간사할간 干 방패간, 천간간 幹 줄기간, 몸뚱이간 懇 정성간, 간절할간 揀 가릴간 杆 줄기간, 방패간 玕아름다운돌간, 옥돌간 看 볼간, 지켜볼간 簡 편지간, 대쪽간 竿 대줄기간, 낚싯대간 肝 간간, 중요할간 艮 간방간 諫 간할간, 충고할간 間 사이간, 틈간 墾 개간할간

갈

渴 목마를갈

감

勘 다스릴감, 헤아릴감 堪 견딜감 感 감동할감, 느낄감 瞰 볼(바라볼)감 敢 구태감, 감히감 減 덜감, 덜릴감 甘 달감, 맛감 監 볼감, 살필감 鑑 거울감, 모범감

갑

甲 갑옷갑, 첫째천간갑 鉀 갑옷갑

강

剛 굳셀강, 강할강 堈 둔덕강, 언덕강 姜 姓 岡 메강 崗 메뿌리강 康 편안할강, 몸강 强 강할강, 姓 杠 적은 다리강, 깃대 橿 싸리강, 박달나무 江 물강, 강강 綱 벼리강, 대강 講 외일강, 익힐강 鋼 강철강 降 내릴강, 항복할 항 疆 강할강, 이길강 慷 강개할강

개

介 낱개, 딱지개 价 클개, 착할개 個 낱개 凱 화할개, 개선할개 愷 편안할개, 즐거울개 慨 슬퍼할개, 강개할개 改 고칠개 漑 물을 댈개, 씻을개 皆 다개, 箇 낱개, 이개 蓋 덮을개, 대개개 開 열개, 개척할개

객

客 손객, 나그네객

갱

更 다시갱, 다시 경 坑 구덩이갱, 구덩이에 묻을갱

거

去 갈거, 지날거 居 살거, 있을거 巨 클거
拒 막을거, 맞설거 據 웅거할거, 의지할거
擧 들거, 다거 渠 개천거, 클거 距 떨어질
거, 막을거 車 수레거, 수레 차 遽 역말
거, 급히거

건

乾 하늘건, 괘이름건 件 물건건, 사건건
健 건장할건, 굳셀건 巾 수건건, 두건건,
建 세울건, 베풀건 楗 문빗장건, 방죽건
虔 정성건, 삼갈건 鍵 자물쇠건, 비녀장건

걸

傑 호걸걸, 뛰어날걸 杰 이름걸(＝傑)

검

儉 검박할검, 검소할검 劍 칼검 檢 검사할
검, 봉함검

게

憩 쉴게 揭 들게, 보일게

격

擊 칠격, 마주칠격 格 이를격, 품위격 隔
막힐격, 막을격 激 격동할격, 물결 부딪칠
격

견

堅 굳을견, 굳셀견 牽 이끌견, 끌어 당길견
犬 개견 絹 비단견, 깁견 肩 어깨견 見
볼견, 보일견 遣 보낼견 鵑 두견견, 소쩍새
견

결

決 결단할결, 정할결 潔 맑을결, 깨끗할결
結 맺을결, 마칠결 缺 이지러질결, 모자랄
결 訣 이별할결, 끊을결

겸

兼 겸할겸, 아우를겸 謙 겸손할겸, 괘명겸
鎌 낫겸

경

京 서울경 俓 곧을경 倞 굳셀경, 멀경
傾 기울경, 위태로울경 儆 경계할경 勁
굳셀경 梗 가시나무경, 근심경 橄 등경걸
이경, 바로잡을경 硬 굳을경, 단단할경
卿 벼슬경, 아주머니경 坰 들경 境 지경
경, 경계경 庚 별경, 일곱째 천간경 經 지름
길경, 곧을경 慶 경사경 性 憬 깨달을경,
동경할경 擎 받들경, 들경 敬 공경할경,
삼갈경 景 볕경, 맑을경 暻 밝을경 更
고칠경 바꿀경 涇 물경, 통할경 莖 줄기
경, 버팀목경 炅 빛날경 璟 옥빛경 逕
좁은 길경, 지날경 瓊 구슬경 竟 마침경,
다할경 競 다툴경, 겨룰경 經 글경, 경서경
耕 밭 갈경 耿 빛날경, 깜박거릴 頃 빛
경, 불빛경 警 경계할경, 일어날경 輕
가벼울경, 경솔할경 鏡 거울경, 거울삼을경
頃 이랑경, 잠깐경 驚 놀랄경, 놀랠경 鯨
고래경

계

係 이을계, 관계될계 啓 열계, 일깨울계
契 계계, 맺을계 季 말재계, 끝계 炷 화덕
계, 밝을계 戒 경계계, 재계할계 桂 계수나
무계, 性 械 기계계, 형구계 溪 시내계
界 지경계, 한도계 癸 북방계, 열째 천간계

系 맬계, 이을계 繼 이을계 計 셈할계,
회계할계 誡 경계계 階 섬돌계, 계단계
鷄 닭계

고

古 예고, 비로소고 告 고할고, 알릴고 叩
두드릴고, 조아릴고 固 굳을고, 완고할고
姑 시어미고, 고모 孤 외로울고, 부모 없을
고 皐 부리는 소리고, 느릴고 庫 곳집고,
창고고 故 연고고, 죽을고 敲 두드릴고
枯 마를고 稿 짚고, 원고 考 상고할고,
헤아릴고 苦 괴로울고, 쓸고 顧 돌아볼
고, 생각할고 高 높을고, 공경할고 鼓 북
고, 북칠고

곡

哭 울곡 曲 굽을곡, 구석곡 穀 곡식곡,
좋을곡 谷 골곡, 姓

곤

困 곤할곤, 지칠곤 坤 땅곤, 괘 이름곤
崑 산 이름곤 昆 맏곤, 형곤 棍 아름다운
옥곤 錕 구리곤, 칼 이름곤

골

骨 뼈골, 뼈대골

공

供 이바지할공, 바칠공 公 귀공, 공변될공
共 한가지공, 함께공 功 공공, 복 입을공
孔 구멍공, 매우공 工 장인공, 공교할공
拱 두손 마주잡을공, 팔짱낄공 恐 두려울
공 恭 공손할공, 공경할공 功 칠공, 닦을공
珙 빌공, 하늘공 貢 바칠공, 공물공 空
빌공, 하늘공

과

寡 적을과, 과부과 戈 창과 果 과실공,
결과공 瓜 오이과, 참외과 科 과거과, 과목
과 菓 과실과, 과자과 誇 자랑할과, 뽐낼과
課 공부과, 부과할과 過 지날과, 지날칠과

곽

廓 넓을곽, 클곽 郭 성곽, 바깥곽

관

冠 갓관, 관관 官 벼슬관, 관가관 寬 너그
러울관, 넓을관 慣 익힐관, 익숙할관 款
정성스러울관, 공경할관 灌 물 댈관, 씻을
관 琯 옥저관, 피리관 舘 비녀장관 瓘
서옥관, 사람 이름관 梡 도마 管 대롱관,
주관할관 舘 객사관, 집관 觀 볼관, 형용관
貫 꿸관, 꿰뚫을관 關 집관, 빗장관 館
객사관, 집관

괄

括 쌀괄, 맺을괄

광

侊 클광 光 빛광, 빛날광 匡 바를광, 바로
잡을광 廣 넓을광, 널리광 曠 빌광, 횡할광
洸 물솟을광, 姓 桄 베틀광, 나무 이름광
珖 사람 이름광 鑛 쇳돌광, 광석광

괘

掛 걸괘, 달괘

괴

塊 덩어리괴, 흙덩어리괴 壞 무너질괴,
무너뜨릴괴 怪 괴이할괴, 기이할괴 愧
부끄러울괴

굉

宏 클굉, 넓을굉

교

交 사귈교, 섞일교 僑 나그네교, 객지에 살교 喬 크고 높은 나무교, 창갈구리교 嬌 아름다울교, 아리따울교 巧 공교로울교, 교묘할교 教 가르칠교 校 학교교, 헤아릴교 矯 다리교 矯 들교, 거짓교 膠 아교교, 굳을교 較 비교교, 간략교 郊 들교, 교외교

구

丘 언덕구, 姓 久 오랠구 九 아홉구, 많을구 俱 함께구, 갖출구 具 갖출구, 姓 區 갈피구, 구역구 口 입구, 말할구 句 글귀구 坵 언덕구 懼 두려워할구 拘 거리낄구, 잡을구 救 구원할구, 도울구 構 얽을구, 얽어맞구 求 구할구, 탐낼구 溝 도랑구, 시내구 購 살구, 구매할구 狗 개구, 강아지구 玖 옥돌구 球 구슬구, 공구 矩 법구, 곡척구 究 상고할구, 궁구할구 舊 예구, 옛구 苟 진실로구, 다만구 邱 언덕구, 땅이름구 銶 끌구 驅 몰구, 몰아낼구 鳩 비둘기구, 편안할구 鷗 갈매기구 龜 땅이름구 溝 도랑구 購 살구 軀 몸구

국

國 나라국 局 판국, 사태국 菊 국화국 鞠 국문국, 기를국

군

君 임금군, 남편군 群 무리군, 많을군 軍 군사군, 진칠군 郡 고을군

굴

屈 굽을굴, 굽힐굴 窟 구멍굴, 굴굴

궁

宮 집궁, 궁궐궁 弓 활궁, 姓 窮 궁할궁, 다할궁 躬 몸궁, 몸소궁

권

券 문서권, 증서권 勸 권할권, 가르칠권 卷 책권, 접을권 拳 주먹권, 굳게 지닐권 權 권세권, 방편권 圈 우리권, 바리권 眷 고념할권, 돌아볼권

궐

厥 그궐, 나라 이름궐 闕 대궐문궐, 빠질궐

궤

軌 법궤, 굴대궤

귀

歸 돌아갈귀, 허락할귀 貴 귀할귀, 값 비쌀귀 鬼 귀신귀, 도깨비귀 龜 거북귀, 땅이름구

규

叫 부르짖을규, 울규 圭 홀규, 서옥규 奎 별규 揆 헤아릴규, 법규 珪 서옥규 規 법규, 간할규 閨 안방규, 규수규 窺 엿볼규 逵 구거리규, 한길규

균

均 고를균, 평평할균 均 따비균, 쟁기균 菌 버섯균, 세균균 鈞 무거울균, 삼십근균

귤

橘 귤귤, 귤나무귤

극

克 이길극, 능할극 尅 이길극 劇 심할극, 연극극 極 극진극, 지극할극 隙 틈극

근

僅 겨우근, 적을근 勤 부지런할근, 근무할근 墐 묻을근, 진흙근 斤 날근, 근(무게)근 根 뿌리근 槿 별 이름근 槿 무궁화근 謹 맑을근 瑾 붉은 옥근 謹 삼갈근, 공경할근 近 가까울근 槿 고울근 筋 힘줄근

금

今 이제금, 오늘금 琴 거문고금, 姓 禁 금할금, 금지할금 禽 새금, 날짐승금 金 쇠금, 돈금 錦 비단금, 아름다울금 衾 이불금 襟 옷깃금, 마음금

급

及 미칠급, 이를급 急 급할급, 중요할급 級 두름급, 등급급 給 줄급, 댈급 汲 물길을급, 당길급

긍

亘 뻗칠긍 兢 조심할긍, 삼갈긍 矜 자랑할긍, 가엾이 여길긍 肯 즐길긍, 긍정할긍

기

企 바랄기, 도모할기 其 그기, 어조사기 冀 바랄기, 고을 이름기 嗜 즐길기, 좋아할기 器 그릇기, 재능기 圻 지경기, 언덕기 基 터기, 바탕기 奇 기특기, 기이할기 寄 부칠기, 맡길기 岐 메기, 기산기 崎 험할기, 향할기 己 몸기, 자기기 幾 몇기, 얼마 忌 꺼릴기, 기일기 技 재주기, 재능기 旗 기기, 표지기 旣 이미기 暣 볕기운기 期 기약할기, 기간기 杞 구기자기, 버들기 棋 바둑기, 뿌리기 棄 버릴기 機 틀기, 베틀기 欺 속일기, 거짓말할기 氣 기운기, 숨기 汽 김기, 증기기 沂 물기 淇 물기, 고을이름기 玘 패옥기 琪 구슬기 璂 옥기 璣 구슬기, 선기璣 畿 왕터기, 경기기 磯 물속자갈기, 물들칠기 祈 빌기, 고할기 祺 상서기, 길할기 箕 키기, 별 이름기 紀 벼리기, 규율기 綺 비단기 耆 기록할기, 적을기 豈 어찌기, 개가개 起 일어날기, 설기 錡 밥솥기, 가마 錤 호미기 飢 주릴기, 흉년들기 騎 탈기, 말탄군사기 騏 바둑 무늬 말기 驥 준마기, 천리마기 麒 기린기 埼 굽은 낭떨어지기 譏 꾸짖을기, 간할기

긴

緊 긴요할긴, 급할긴

길

佶 바를길, 건장할길 吉 길할길, 姓 姞 계집길, 姓 桔 도라지길, 질경길

나

娜 아름다울나 那 어찌나, 姓 奈 어찌나 奈 어찌나, 어찌 내

낙

諾 허락낙 酪 ⇨락

난

暖 따뜻할난 難 어려울난, 난리난 煖

244

더울난⟹란

날

捺 당길날, 손_로 누를날

남

南 남녘남, 남쪽남 楠 들메나무남 湳
물남 男 사내남, 아들남

납

納 들일납, 받을납

낭

娘 각시낭, 아가씨

내

乃 이에내, 곧내 內 안내, 속내 奈 어찌내
⟹어찌 나 柰 어찌내, 사과내 耐 견딜내,
참을내

녀

女 계집녀, 여자녀

년

年 해년

념

念 생각념, 생각할념

녕

寧 편안녕, 차라리녕

노

努 힘쓸노, 힘들일노 奴 종노, 사내종노
怒 성낼노, 세찰노

녹

祿 녹녹⟹록 綠 푸를녹⟹록 錄 기록할녹

⟹록 鹿 사슴녹⟹록 碌 돌 많을녹⟹록

논

論 논의할논⟹론

농

濃 무르녹을농, 짙을농 農 농사농, 농사
지을농 籠 농농⟹론

뇌

惱 시달릴뇌, 괴로워할뇌 腦 뇌두뇌, 머릿
골뇌

뉴

紐 맬뉴, 맺을뉴

능

能 능할능, 능히 할능

니

泥 진흙니, 수렁니

다

多 많을다 茶 차다

단

丹 붉을단, 약단 但 다만단 單 홑단, 다할
단 團 둥글단, 모을단 壇 제단단, 단단
斷 끊을단, 결단할단 旦 아침단 檀 박달나
무단 段 조각단, 姓 短 짧을단, 모자랄단
端 끝단, ② 바를단 鍛 쇠칠단, 쇠단련할단
緞 신뒤단

달

達 사무칠달, 통달할달

담

擔 멜담, 질담 淡 맑을담, 민물담 潭 못담, 깊을담 談 말씀담, 이야기할담 譚 말씀담, 클담 膽 슬개담, 담대할담

답

畓 논답 答 대답답, 갚을답 踏 밟을답

당

唐 나라당, 당황할당 堂 집당, 번듯할당 塘 못당, 연못당 當 마땅당, 당할당 糖 사탕당, 엿당 黨 무리당 鐺 종고소리당, 쇠사슬당

대

代 대신대, 세대대 垈 터대, 집터대 大 큰대, 姓 對 대할대, 대답할대 帶 띠대, 데릴대 待 기다릴대, 대할대 戴 일대, 받들대 玳 대모대 臺 집대, 토대대 貸 빌릴대, 꿀대 隊 떼대, 군대대 擡 들(擧他)대, 들어올릴대 袋 주머니대

덕

德 큰덕 悳 ⇨德의 옛글자

도

倒 넘어질도, 거꾸로도 刀 칼도 到 이를도, 주밀할도 圖 그림도, 그릴도 堵 담도, 집도 塗 바를도, 칠할도 導 인도할도, 끌도 島 섬도 度 법도, 자도 徒 무리도, 걸어다닐도 挑 돋을도, 뛸도 桃 복숭아도, 복숭아나무도 棹 돛대도, 로도 渡 건널도, 나루도 濤 물결도, 큰 물결도 燾 덮을도, 비칠도 盜 도둑도, 도둑질할도 禱 빌도 稻 벼도 跳 뛸도 逃 달아날도, 도망할도 途 길도

道 길도, 도리도 都 도읍도, 서울도 鍍 도금할도 陶 질그릇도, 姓 蹈 밟을도

독

毒 독할독, 독독 獨 홀로독 督 독촉할독, 감독할독 篤 도타울독, 독실할독 讀 읽을독

돈

墩 돈대돈, 흙무더기돈 惇 두터울돈, 힘쓸돈 敦 도타울돈, 姓 暾 해돋을돈 燉 빛날돈, 불빛돈 豚 돼지돈 頓 조아릴돈, 갑자기돈

돌

乭 돌돌 突 빠를돌, 부딪칠돌

동

凍 얼동 動 움직일동, 문득동 同 한가지동, 화할동 東 동녘동, 姓 桐 오동동, 오동나무동 棟 들보동, 마룻대동 洞 골동, 구렁동 潼 물이름동, 관이름동 童 아이동, 성한모양동 董 동독할동, 바를동 銅 구리동

두

斗 말두, 별 이름두 杜 막을두, 姓 枓 주두두 구기두 豆 콩두, 제기두 頭 머리두, 처음두

둔

屯 진둔, 모일둔 鈍 무딜둔, 둔할둔 遁 도망할둔, 숨을둔

득

得 얻을득, 깨달을득

등

燈 등불등, 등잔등 登 오를등, 이룰등 等 무리등, 같을등 藤 등나무등 鄧 땅등, 姓 騰 날등, 오를등 謄 등서할등, 베낄등

라

羅 비단라, 姓

락

樂 즐거울락⇨즐길악, 즐길요 洛 낙수락, 물 이름락 珞 목치장락 絡 연락할락, 두를락 落 떨어질락, 마을락 酪 과즙락, 음료락

란

亂 어지러울란, 다스릴란 卵 알란, 기를란 欄 난간란, 테두리란 瀾 물결란, 큰 물결란 爛 난만할란, 빛날란 蘭 난초란 欄 옥문채란

람

濫 넘칠람, 번질람 藍 쪽람, 남루할람 覽 볼람, 두루볼람

랑

廊 행랑랑, 곁채랑 朗 밝을랑, 맑을랑 浪 물결랑, 방랑할랑 琅 옥돌랑 瑯 고을이름랑 郞 서방랑, 사내랑

래

來 올래, 다가올래 崍 뫼래, 산이름래 萊 쑥래

랭

冷 찰랭, 냉담할랭

략

掠 노략질할략 略 간략할략, 꾀략

량

亮 밝을량, 믿을량 倆 재주량, 공교할량 兩 두량, 단위량 涼 서늘할량, 얇을량 梁 들보량, 돌다리량 樑 들보량 糧 양식량, 먹이량 良 어질량, 좋을량 諒 알량, 믿을량 量 헤아릴량, 용량량

려

侶 짝려 勵 힘쓸려, 권장하려 呂 법중려, 姓 慮 생각려, 염려하려 旅 나그네려, 군사려 麗 고울려, 빛날려 黎 걸을려, 무리려 閭 리문려

력

力 힘력, 힘쓸력 曆 책력력, 운수력 歷 지낼력, 두루력

련

憐 어여삐 여길련 戀 생각련, 사모할련 煉 연단할련, 쇠불릴련 練 종묘제기련 練 익힐련, 가릴련 聯 이을련, 짝련 蓮 연꽃련, 연밥련 連 연할련, 이을련 鍊 단련할련, 수련할련

렬

洌 맑을렬 列 벌일렬, 줄렬 劣 용렬할렬 烈 매울렬, 사나울렬 裂 찢을렬, 터질렬

렴

廉 청렴렴, 姓 斂 거둘렴, 모을렴 濂 물렴, 姓 簾 발렴

령

令 하여금령, 명령할령 伶 광대령, 영리할령 嶺 고개령, 재령 玲 금옥령 鈴 방울령 零 떨어질령, 영령령 靈 신령령, 姓 領 거느

릴령, 옷깃령 齡 해령, 나이령 姈 계집공교
할령 昤 날빛령

렵

獵 사냥렵

례

例 견줄례, 같을례 禮 예도례, 예절례

로

勞 수고로울로, 공로로 爐 화로로 盧
姓, 밥그릇로 老 늙을로, 존칭할로 路 길
로, 姓 露 이슬로, 드러날로 魯 나라로,
둔할로 鷺 백로로, 해오라기로

록

碌 나무깎을록 祿 녹록, 급료록 綠 푸를
록, 초록빛록 錄 기록록, 문서록 鹿 사슴록

론

論 의논론, 의논할론

롱

弄 희롱롱, 즐길롱 瀧 적실롱, 물이름롱
瓏 옥소리롱 籠 상자롱, 새장롱

뢰

賴 힘입을뢰, 姓 雷 우뢰뢰, 姓

료

了 마칠료, 밝을료 僚 동관료, 좋을료 料
헤아릴료, 값료

룡

龍 용룡, 姓

루

屢 여러루, 자주루 樓 다락루, 姓 淚 눈물

루 漏 샐루, 물시계루 累 여러루, 포갤루

류

劉 이길류, 姓 柳 버들류, 姓 流 흐를류
琉 유리류 留 머무를류, 묵을류 類 같을
류, 무리류

륙

六 여섯류 陸 물류, 육지류

륜

侖 둥글륜, 생각할륜 倫 인륜륜, 윤리륜
崙 뫼륜, 산이름륜 綸 실륜, 인끈륜 輪
바퀴륜, 둘레륜

률

律 법률, 姓 栗 밤률, 견고할률 率 비율률

륭

隆 높을륭, 성할륭

름

凛 찰름, 늠름할름

릉

綾 비단릉 菱 마름릉 陵 두덕릉, 언덕릉

리

利 이할리, 이로울리 吏 아전리, 관원리
履 신리, 밟을리 李 오얏리, 姓 梨 배리
理 이치리, 다스릴리 璃 유리리 离 남방
리, 떠날리 莉 사과리, 꽃리 裏 속리, 안리
裡 속리, 안리 里 마을리 離 떠날리, 떨어
질리 俚 힘입을리, 속될리

린

潾 맑을린, 석간수린 璘 옥무늬린 隣

이웃린, 이웃할린 麟 기린린

림

林 수풀림, 빽빽할림 琳 옥림 臨 임할림, 왕림할림 霖 장마림

립

立 설립, 군을립 笠 갓립, 삿갓립 粒 쌀알립, 낟알립

마

瑪 옥돌마, 마노마 磨 갈마, 맷돌마 馬 말마, 姓 麻 삼마, 姓

막

幕 장막막, 군막막 漠 아득할막, 사막막 莫 말마 없을마

만

慢 거만할만, 게으를만 晩 늦을만, 저물만 曼 멀만, 길만 滿 찰만, 가득할만 漫 질만, 부질없을만 萬 일만만, 姓 蔓 넝쿨만, 덩굴만 蠻 오랑캐만 瞞 금만, 金 万 일만만

말

末 끝말, 보잘것 없을말

망

亡 망할망, 죽을망 妄 망령될망, 허망할망 忘 잊을망 忙 바쁠망 望 바랄망, 원망할망 網 그물망, 그물질할망 罔 없을망, 그물망 茫 아득할 망, 망망할망

매

埋 묻을매, 묻힐매 妹 누이 손아래 媒 중매매, 중매설매 梅 매화매, 姓 每 매양매, 마다매 買 살매 賣 팔매

맥

脈 맥맥, 혈관맥 麥 밀맥, 보리맥

맹

孟 만맹, 첫맹 猛 사나울맹, 날랠맹 盲 소경맹, 무지할맹 盟 맹세할맹 萌 싹맹

면

免 면할면, 허가할면 冕 면류관면 勉 힘쓸면, 부지런할면 棉 솜면 眠 졸면, 잠잘면 綿 솜면, 잇닿을면 面 낯면, 얼굴면

멸

滅 멸할멸, 다할멸

명

冥 어두울명, 저승명 名 이름명, 이름날명 命 목숨명, 명령명 明 밝을명, 姓 溟 바다명 적은 비명 銘 새길명, 금석에 새긴 글명 鳴 울명, 새명

모

冒 무릅쓸모, 범할모 慕 부를모, 널리모 慕 사모할모, 생각할모 摸 모뜰모, 찾을모 暮 저물모, 더딜모 某 아무모 模 법모, 본보기모 母 어미모, 근본모 毛 털모, 姓 牟 보리모, 姓 矛 창모 謀 꾀모, 도모할모 謨 꾀모 貌 모양모, 거동모

목

木 나무목 沐 목욕목, 머리목 牧 칠목, 기를목 目 눈목, 조목목 睦 화목목, 姓 穆 화할목, 아름다울목

몰

沒 빠질몰, 죽을몰

몽

夢 꿈몽, 꿈꿀몽 蒙 어릴몽, 괘이름몽

묘

卯 무성할묘, 토끼묘 墓 무덤묘 妙 묘할묘, 예쁠묘 廟 사당묘, 종묘묘 描 모뜰묘, 그릴묘 苗 싹묘, 모종묘 錨 닻묘, 姓

무

務 힘쓸무, 일무 戊 별무, 다섯째 천간무 拇 엄지손가락무 武 호반 무, 북방무 無 없을무 珷 옥돌무, 무부무 畝 이랑무 舞 춤출무, 환롱할무 茂 풀성할무, 아름다울무 貿 살 무, 무역할무 霧 안개무 撫 어루만질무, 위로할무

묵

墨 먹묵, 姓 黙 잠잠할묵, 말묵 撫 어루만질묵, 위로할묵

문

問 물을문, 찾을문 文 글월문, 글문 汶 물문 炊 연기날문 紋 문채문, 무늬문 聞 들을문, 들릴문 門 문문, 집안문

물

勿 말물, 없을물 物 만물물, 물건물

미

味 맛미, 맛볼미 尾 꼬리미, 끝미 彌 그칠미, 더할미 微 작을미, 천할미 未 아닐미, 여덟째미 渼 물미, 水名 眉 눈썹미, 가장자리미 米 쌀미, 미터미 美 아름다울미, 맛날

미 迷 미혹할미

민

峻 메민, 산이름민 憫 민망할민, 불쌍히민 敏 민첩할민, 예민할민 旻 하늘민 旼 화할민, 온화할민 民 백성민 玟 옥돌민 珉 옥돌민 閔 불쌍히 여길민

밀

密 빽빽할밀, 비밀할밀 蜜 꿀밀

박

博 넓을박 拍 손뼉칠박, 장단박 撲 칠박, 부딪힐박 朴 순박할박, 姓 泊 배 댈박, 조촐할박 珀 호박박 璞 옥돌박, 소박할박 薄 엷을박, 얇을박 迫 핍박할박, 다가올박

반

伴 짝반, 동무반 半 반반, 절반반 反 돌이킬반 叛 배반할반 潘 姓, 물이름반 班 반열반, 나눌반 畔 밭두둑반, 배반할반 盤 소반반, 편안할반 磐 반석반, 연이을반 般 일반반, 많을반 返 돌아올반 飯 밥반, 먹일반

발

拔 뺄발, 뽑을발 渤 바다발, 바다 이름발 潑 활발할발, 물발 發 필발, 드러낼발 鉢 바리때발 髮 터럭발, 머리털발

방

倣 본받을방 傍 곁방 坊 막을방, 동네방 妨 해로울방, 방해할방 彷 방불할방, 거닐방 房 방방, 별방 放 놓을방, 내쫓을방 方 모방, 방위방 昉 밝을방, 비로소방 芳

꽃다울방, 이름 빛날방 訪 찾을방, 뵈올방
邦 나라방, 姓 防 막을방, 둑방

배

倍 갑절배, 곱할배 培 북돋울배, 가꿀배
拜 절배, 절할배 排 헤칠배, 물리칠배 杯
잔배 湃 물소리배, 물결칠배 背 등배, 뒤배
輩 무리배, 동배배 配 짝배, 배필배

백

伯 맏백, 첫백 佰 일백백 帛 비단백, 명주
백 柏 잣백 白 흰백, 흴백 百 일백백, 많을
백

번

煩 번거로울번, 수고로울번 番 번번, 차례
번 繁 성할번, 많을번 飜 뒤칠번, 날번

벌

伐 칠벌, 벨벌 罰 죄벌, 벌줄벌

범

凡 무릇범, 대강범 帆 돛범, 돛단범 氾
넘칠범, 땅 이름벌 汎 물에 뜰범, 넓을범
犯 범할범, 죄범 範 법범, 모뜰범 范 姓,
풀 이름범

법

法 법법, 방법법

벽

壁 바람벽, 진터벽 璧 구슬벽 碧 푸를벽,
푸른벽 闢 열벽, 물리칠벽

변

卞 법변, 姓 變 변할변, 고칠변 辨 분별할
변, 가릴변 辯 말변, 따질변 邊 갓변, 곁변

별

別 이별별, 다를별

병

丙 남녘병, 셋째병 兵 군사병, 병졸병
屛 병풍병, 물리칠병 昞 빛날병 昺 빛날병
柄 자루병, 권세 잡을병 枋 자루병, 가질병
炳 빛날병, 밝을병 病 병병, 근심할병 秉
잡을병, 벼묶음병 竝 아우를병, 나란할병

보

保 기를보, 보전할보 堡 막을보, 방축보
報 갚을보, 대답할보 寶 보배보, 재보보
普 넓을보, 두루보 步 걸음보, 걸을보 甫
갓보, 겨우보 補 기울보, 도울보 譜 족보
보, 계보보 輔 도울보, 덧방나무보

복

伏 엎드릴복, 굴복할복 卜 점복, 姓 復
거듭복, 회복할복↷다시부 服 옷복, 일할복
福 복복, 음복할복 腹 배복, 마음복 複
거듭복, 겹칠복 馥 향기복

본

本 밑본, 근본본

봉

俸 녹봉, 봉급봉 奉 받들봉, 姓 封 봉할
봉, 제후 봉할봉 峯 봉우리봉 捧 받들봉
棒 몽둥이봉, 두드릴봉 烽 봉화봉 琫
칼장식봉, 칼치장봉 蓬 쑥봉, 봉래봉 蜂
벌봉 逢 만날봉 鋒 날봉, 칼날봉 鳳 새
봉, 수봉황새봉

부

付 부칠부, 줄부 傅 스승부 副 버금부, 다음부 否 아니부, 아닐부⇨악할비, 막힐비 夫 지아비부, 사내부 婦 며느리부, 지어미부 孚 믿을부 富 부자부, 넉넉할부 府 마을부, 관청부 扶 붙들부, 도울부 敷 펼부, 베풀부 浮 뜰부, 근거 없을부 溥 넓을부, 클부 父 아비부, 아버지부 符 병부부, 부신부 簿 장부부, 문서부 腐 썩을부, 낡을부 膚 살부, 얕을부 芙 부용부, 연꽃부 負 질부, 어길부 賦 세금부, 거둘부 赴 다다를부, 향할부 部 떼부, 무리부 附 붙일부, 의지부 復 다시부⇨다시복

북

北 북녘북

분

分 나눌분, 구별할분 墳 무덤분, 봉분분 奔 달아날분, 패할분 奮 날칠분, 떨칠분 憤 분할분, 성낼분 汾 물이름분, 물 구르는 모양분 盆 동이분, 화분분 粉 가루분, 분분 紛 어지러울분, 엉클어질분 芬 꽃다울분, 향기분

불

不 아닐불, 못할불 佛 부처불 弗 아닐불, 어길불 拂 떨칠불, 도울불

붕

崩 무너질붕, 임금붕 朋 벗붕, 무리붕 鵬 새붕, 봉새붕

비

備 갖출비, 준비할卑 낮을비, 천할비 妃 왕비비, 배필비 婢 종비, 여자의 낮춤말

비 庇 덮을비, 의지할비 悲 슬플비, 슬퍼할비 扉 사립비, 문짝비 批 뽑을비, 깎아낼비 枇 나무비, 비파비 比 견줄비, 화할비 琵 비파비 碑 비석비 祕 숨길비, 비밀비 肥 살찔비, 거름비 費 소비할비, 비용비 非 아닐비, 그를비 飛 날비, 빠를비 鼻 코비, 처음비 譬 비유할비, 짝비

빈

嬪 계집빈, 궁녀빈 彬 빛날빈, 姓 斌 빛날빈 濱 물가빈, 다가올빈 貧 가난빈, 모자랄빈 賓 손빈, 손님빈 頻 자주빈, 찡그릴빈

빙

憑 의지할빙, 빙자할빙 氷 얼음빙, 얼빙 聘 방문빙, 부를빙

사

事 일사, 섬길사 仕 벼슬사, 벼슬할사 似 같을사, 닮을사 使 하여금사, 사신사 史 사기사, 사관사 司 맡을사, 벼슬사 四 넉사, 넷사 士 선비사, 사내사 娑 가사사, 춤출사 寫 베낄사, 글씨 쓸사 寺 절사⇨내시시, 모실시 射 쏠사⇨맞칠석 巳 뱀사, 여섯째 지지사 師 스승사, 군사사 思 생각사, 그리워할사 捨 버릴사, 베풀사 斜 비낄사, 비스듬할사 斯 이사, 이것사 査 사실할사, 조사할사 死 죽을사, 목숨사 沙 모래사, 고을 이름사 泗 물사 社 모일사, 단체사 祀 제사사, 제사 지낼사 私 사사사, 사사로이할사 糸 실사 絲 실사, 거문고사 舍 집사, 버릴사 蛇 뱀사 詐 속일사 詞 글사, 말씀사 謝 사례사, 사죄할사 賜 줄

사, 하사할사 辭 말씀사, 글사 邪 간사할사
奢 사치할사, 기를사 徙 옮길사, 의지할사
砂 주사사, 약 이름사 紗 깁사

삭

削 깎을삭, 빼앗을삭 朔 초하루삭, 북쪽삭

산

山 메산, 뫼산 散 헤어질산, 흩어질산
珊 산호산 産 낳을산, 낳을산 算 산둘산,
셈할산 酸 실산, 아플산 傘 일산산, 우산산

살

殺 죽일살, 없앨살⇨덜쇄 빠를쇄 薩 보살
살

삼

三 셋삼, 석삼 參 셋삼⇨참여할 참, 뵐참
杉 삼 나무삼, 스기나무삼 森 삼삼할삼,
나무삼 蔘 인삼삼

삽

揷 꽂을삽, 끼울삽

상

上 윗상, 오를상 傷 상할상, 다칠상 像
형상상, 본뜰상 償 갚을상, 물상 商 장사
상, 헤아릴상 喪 잃을상, 죽을상 嘗 일찍
상, 맛볼상 尚 오히려상, 숭상할상 常 항상
상, 늘상 庠 학교상 想 생각할상 桑 뽕나
무상, 姓 湘 물상 狀 책상상, 자리상 狀
형상상⇨문서장, 편지장 相 서로상, 볼상
詳 상서상, 조짐상 箱 상자상, 곳집상
裳 치마상 翔 날개상, 빙빙 돌아날상 詳
자세상, 상세할상 象 코끼리상, 형상상
賞 상줄상, 구경할상 霜 서리상, 세월상

爽 시원할상, 밝을상

새

塞 변방새, 요새새⇨막을색, 막힐색

색

嗇 아낄색, 탐낼색 索 찾을색, 더듬을색⇨
노삭, 꼴삭 色 빛색, 낯빛색

생

生 낳을생, 살생

서

婿 사위서 序 차례서, 실마리서 庶 뭇서,
여러서 徐 천천히 할서, 姓 恕 용서서,
동정할서 抒 펼서, 마음서 敍 펼서, 차례서
暑 더울서, 더위서 曙 샐서, 새벽서 書
글서, 책서 栖 깃들일서, 쉬서 棲 깃들일
서, 쉴서(=栖) 瑞 상서서, 상서로울서
緖 실마리서, 찾을서 署 마을서, 관청서
西 서녁서, 姓 壻 사위서 舒 펼서, 조용할
서 誓 맹서할서

석

夕 저녁석, 기울석 奭 클석 席 자리석,
姓 惜 아낄석, 아깝게석 昔 옛석, 姓 晳
밝을석, 분석할석 析 쪼갤석, 풀석 汐 저녁
석, 조수석 淅 쌀일석, 빗소리석 石 돌석,
姓 碩 클석, 충실할석 釋 놓을석, 姓
錫 놋쇠석 錫 주석석, 줄석 析 섬석

선

仙 신선선 先 먼저선, 앞설선 善 착할선,
좋을선 墡 백토선 嬋 고울선, 선연할선
宣 베풀선, 널리선 瑄 쾌할선, 너그러울선
扇 부채선, 부채질할선 旋 돌선, 빙빙돌선

渲 물적실선 琁 아름다운선, 옥선 瑄
구슬선, 여섯치 구슬선 璇 옥선, 옥 이름선
璿 구슬선, 아름다운 옥선 禪 중선, 사양할
선 線 실선, 줄선 羨 부러울선, 부러워할선
船 배선 選 뺄선, 가릴선 銑 광채날 금
선, 금활선 鮮 빛날선, 고을선 繕 기울선,
글씨선 膳 반찬선

설

卨 이름설 舌 혀설, 말설 設 베풀설, 세울
설 說 말씀설, 언론설⇨기뻐할열, 벗을탈
雪 눈설, 씻을설

섬

暹 해돋을섬, 나아갈섬 蟾 두꺼비섬, 달빛
날섬 纖 가늘섬

섭

攝 잡을섭, 겸할섭 涉 건널섭, 거칠섭 燮
화할섭, 불꽃섭

성

城 재성, 성성 姓 성성, 씨성 性 성품성,
바탕성 惺 깨달을성 成 이룰성, 姓 星
별성, 姓 晟 밝을성 珹 옥성 理 옥성 盛
성할성, 많을성 省 살필성, 볼성⇨덜생,
허물생 聖 성인성, 지존할성 聲 소리성,
말성 誠 정성성, 진실성 醒 깰성, 깨달을성
娍 아름다울성

세

世 인간세, 세대세 勢 권세세, 형세세 歲
해세, 나이세 洗 씻을세, 깨끗할세 稅 부세
세, 놓을세 細 가늘세, 잘세

소

召 부를소, 姓 小 작을소, 적을소 少 젊을
소, 적을소 巢 깃들일소, 새집소 所 바소,
것소 掃 쓸소 昭 밝을소, 소명할소 沼
늪소, 못소 消 사라질소, 삭일소 燒 사를
소, 불사를소 疏 글소, 소통할소 疎 성길
소, 트일소 笑 웃을소 素 흴소, 흰소 紹
이을소 蔬 나물소, 채소소 蘇 깨어날소,
회생할소 訴 아뢸소, 하소연할소 邵 높을
소, 姓 韶 풍류소, 아름다울소 騷 소동할
소, 시끄러울소 炤 밝을소, 빛날소

속

俗 풍속속, 속될속 屬 붙을속, 이을속 束
묶을속, 묶음속 粟 조속, 벼속 續 이을속
速 빠를속

손

孫 손자손, 姓 損 덜속, 감할속 遜 사양
손, 겸손할손 巽 부드러울손, 겸손할손

솔

率 거느릴솔, 앞장설솔

송

宋 나라송, 姓 松 솔송, 소나무송 訟 송사
송, 시비할송 誦 욀송, 소리내어 읽을송
送 보낼송 頌 칭송할송, 문체송

쇄

刷 문지를쇄, 인쇄할쇄 鎖 잠글쇄, 쇠사슬
쇄

쇠

衰 쇠할쇠, 약할쇠 釗 힘쓸쇠, 볼쇠

수

254

修 닦을수, 익힐수 受 받을수, 입을수 囚
가둘수, 간힐수 垂 드리울수, 거의수 壽
목숨수, 나이수 守 지킬수, 벼슬수 帥 장수
수, 거느릴수⇨거느릴솔, 본보기솔 愁 수심
수, 근심수 手 손수, 손수할수 授 줄수,
가르칠수 收 거둘수 數 두어수, 셈수⇨자
주할삭, 빨리할삭 樹 나무수, 심을수 殊
다를수, 뛰어날수 水 물수, 별 이름수 洙
물수, 물이름수 獸 짐승수, 길짐승수 琇
옥돌수 睡 졸수, 잠잘수 秀 빼어날수, 팰수
粹 순전할수, 정할수 繡 수놓을수, 비단수
誰 누구수, 발어사수 輸 실을수, 실어낼수
遂 드댈수, 마침내수 銖 저울눈수 隋
나라수 隨 따를수, 때에 따라수 雖 비록수
需 음식수, 모름지기수 須 모름지기수,
수염수 首 머리수, 우두머리수

숙

叔 아재비숙 塾 글방숙 孰 누구숙, 어느숙
宿 잘숙, 묵을숙⇨성수수 淑 맑을숙, 착할
숙 熟 익을숙, 성숙할숙 琡 구슬숙, 옥
이름숙 鷫 옥그릇숙 肅 엄숙숙, 공경할숙

순

巡 순행순, 두루돌순 循 돌순, 좇을순 旬
열흘순, 십년순 殉 순장순, 따라죽을순
洵 물순 淳 순박순, 순박할순 珣 옥돌순,
옥 이름순 盾 방패순 瞬 눈 깜짝할순 筍
죽순순, 姓 純 순전할순, 천진할순 脣 입술
순 舜 임금 이름순, 姓 荀 풀순 諄 가르칠
순, 도울순 醇 순숙할순, 순후할순 錞 쇠북
악기순 順 순할순, 온순할순

술

戌 개 열한 째 지지술 術 술업술, 재주술
述 기록술, 지을술

숭

崇 높을숭, 높일숭

슬

瑟 비파슬, 악기 이름슬 膝 무릎슬

습

濕 젖을습, 축축할습 拾 주울습⇨열십,
오를섭, 번갈아겁 習 익힐습, 배울습 襲
엄습할습, 인할습

승

丞 이을승, 도울승 乘 탈승, 의지할승 僧
중승 勝 이길승, 맡을승 升 오를승, 괘
이름승 承 이을승, 받을승 昇 오를승, 姓
陞 오를승, 나아갈승 繩 노승, 법승

시

侍 모실시, 받들시 始 비로소시, 비롯할시
市 저자시, 장시 施 베풀시, 姓 是 이시,
옳을시 時 때시, 철시 柴 섶시, 姓 矢
살시, 맹세할시 示 보일시, 지시할시 視
볼시, 보일시 詩 글시, 시시 試 시험시,
맛볼시

식

埴 진흙식 寔 이식, 참식 式 법식, 제도식
息 쉴식, 그칠식 栻 점통식, 점치는 판식
植 심을식, 식물식 殖 불을식, 심을식 湜
맑을식, 물 맑을식 識 알식, 볼식⇨표할
지, 음각문자지 軾 수레 난간식 食 밥식,
음식식⇨기를사, 먹일사 飾 꾸밀식

신

伸 펼신, 능일신 信 믿을신, 편지신 愼 삼갈신, 姓 新 새신, 새로울신 晨 새벽신 申 원숭이신, 姓 神 귀신신, 신령신 紳 띠신, 벼슬아치신 臣 신하신, 백성신 莘 풀신, 약 이름신 薪 섶신, 땔나무신 訊 물을신, 죄 조사할신 身 몸신 辛 매울신, 姓 迅 빠를순

실

失 잃을실, 그르칠실 室 집실, 방실 實 열매실, 실제실 悉 다실, 다할실

심

審 살필심, 조사할심 尋 찾을심, 궁구할심 心 마음심, 생각심 沁 물심 深 깊을심, 깊이심 甚 심할심, 더욱심

십

什 열 사람십, 열십↺시편집, 세간집 十 열십

쌍

雙 쌍쌍, 돌쌍

씨

氏 각시씨, 성씨

아

亞 버금아, 작을아 兒 아이아 娥 계집아 峨 산 높을아 我 나아, 우리아 牙 어금니아, 상아아 芽 움아, 싹아 衙 아문아, 마을아 阿 언덕아, 姓 雅 맑을아, 아담할아 餓 주릴아

악

堊 백토악, 흰악 岳 메뿌리악, 큰 산악 嶽 메악, 큰 산악 惡 악할악, 나쁠악↺헐뜯을오, 부끄러워할오 樂 풍류악↺즐길락, 좋아할요

안

安 편안안, 편안할안 岸 언덕안 按 누를안, 어루만질안 晏 늦을안, 姓 案 책상안, 기안할안 眼 눈안, 요점안 雁 기러기안 鴈 기러기안, 가짜안 顔 얼굴안, 빛안

알

謁 뵈올알, 아뢸알

암

岩 바위암 巖 바위암 庵 암자암, 초막암 暗 어두울암, 흐릴암 菴 암자암, 진주봉암

압

壓 누를압 鴨 집오리압 押 수결안, 찍을안

앙

仰 우러를앙, 우러러볼앙 央 가운데앙 昂 밝을앙 殃 재앙앙 鴦 원앙앙

애

厓 언덕애 哀 슬플애, 슬퍼할애 崖 언덕애, 낭떠러지애 愛 사랑애, 사랑할애 涯 물가애, 가애

액

厄 액액, 재앙액 液 진액, 즙액 額 이마액, 머리수액

앵

鶯 꾀꼬리앵

야

也 어조사야, 또한야 冶 풀무야, 쇠 불릴야
夜 밤야, 姓 耶 어조사야, 아버지야 野
들야, 성 밖야

약

弱 약할약, 나이 젊을약 約 언약약, 대략약
若 같을약, 만약약⇨반야약, 난야야 藥
약약 躍 뛸약

양

壤 흙덩이양, 부드러운양 孃 어미양 揚
날릴양, 떨칠양 楊 버들양, 姓 樣 모양양,
본양 洋 바다양, 물결양 羊 양양 襄 도울
양, 명에양 讓 사양양, 겸손할양 陽 볕양,
해양 養 기를양, 가르칠양 樣 출렁거릴
양, 물이름양

어

御 모실어, 어거할어 於 어조사어, 姓 漁
고기잡을어, 빼앗을어 語 말할어, 논란할어
魚 물고기어, 姓

억

億 억억, 많을 수억 憶 생각억, 기억할억
抑 문득억, 누를억 檍 싸리어, 참죽나무억

언

彦 선비언 焉 어찌언, 어조사언 言 말씀
언, 말언 諺 언문언, 속담언

엄

俺 나엄 嚴 엄할엄, 엄숙할엄 奄 문득엄
掩 가리울엄, 걷을엄

업

嶪 높을 산업, 높은 모양업 業 업업, 산악
의 소행업

여

予 나여, 줄여 余 나여, 姓 如 같을여,
어떠할여 汝 너여, 姓 與 줄여, 더불어
할여 輿 수레어, 천지어 餘 남을여, 나머지
여 閭 ⇨려

역

亦 또역, 또한역 域 지경역, 구역역 役
역사역, 부역역 易 바꿀역, 변할역⇨쉬울
이, 간략할이 疫 염병역, 전염병역 譯 번역
할역, 통변할역 逆 거스를역, 거역할역
驛 역말역, 역참역 睗 날역

연

妍 고울연, 사랑스럴연 娟 고울연, 어여쁠
연 宴 잔치연, 편안할연 延 끌연, 늘일연
沇 물 이름연 沿 좇을연, 물 따라 내려갈연
涓 물방울연, 벼슬 이름연 淵 못연, 깊을연
演 넓을연, 연역할연 烟 연기연, 안개연
然 그럴연, 그러할연 煙 연기연, 안개연
燃 불탈연, 불태울연 燕 나라연, 제비연,
姓 硏 갈연, 연구할연 硯 벼루연 筵 자리
연, 강하는 자리연 緣 인연연, 인할연 衍
넓은연, 퍼질연 軟 부드러울연, 연할연
鉛 납연, 분연

열

悅 기쁠열, 기뻐할열 熱 더울열, 뜨거울열
閱 지낼열, 볼열 說 기쁠열, 즐거울열⇨말
씀설, 달랠세, 벗을탈

염

染 물들일염, 물들염 炎 불꽃염, 불탈염
琰 홀염, 서옥염 艶 고울염, 예쁠염 鹽
소금염

엽

曄 빛날엽 燁 빛날엽 葉 잎엽, 대엽⇨성
섭, 고을이름섭 獵 ⇨렵

영

影 그림자영, 초상영 映 비칠영, 비출영
暎 비칠영 楹 기둥영, 괴임목영 榮 영화
영, 성할영 永 길영, 姓 泳 헤엄칠영 瑛
물 맑을영 濴 물소리영 煐 사람 이름영
營 집영, 헤아릴영 瑛 옥광채영 瑩 구슬영
⇨의혹할형, 맑을형 盈 찰영 英 꽃부리
영,•영웅영 詠 읊을영, 노래할영 迎 맞을
영, 맞이할영 鍈 방울소리영 嬰 어릴영,
더할영

예

叡 밝을예 睿 밝을예, 슬기로울예, 芮
姓, 물가예 藝 재주예, 학문예 譽 기릴예,
명예예 豫 미리예, 기뻐할예 銳 날카로울
예, 빠를예 預 미리예, 맡길예

오

五 다섯오, 다섯 번오 伍 항오오, 대오오,
姓 傲 거만할오, 업신여길오 午 낮오, 일곱
째 지지오 吾 나오 吳 나라오, 姓 嗚 슬플
오, 탄식할오 娛 즐길오, 즐거워할오 悟
깨오, 깨달을오 旿 낮오, 날밝을오 晤 밝을
오 梧 오동오 汚 더러울오, 낮을오 烏
까마귀오, 검을오 誤 그르칠오, 잘못 틀릴

오 奧 속오, 깊을오 梧 옥다음가는 돌오

옥

屋 집옥, 덮개옥 沃 기름질옥, 윤택할옥
獄 옥옥, 감옥옥 玉 옥옥, 아름다울옥, 姓
鈺

온

温 따뜻할온, 姓 媼 노파온, 할미온 瑥
이름온 穩 온자할온, 편안할온

옹

壅 막을옹, 姓 擁 낄옹, 안을옹 翁 늙은이
옹, 姓 雍 화할옹, 姓

와

瓦 기와와, 질그릇와 臥 누울와, 굽힐와

완

垸 회섞어 칠할완 婉 어여쁠완, 순할완
完 완전완, 완전히 할완 浣 옷빨완 玩
희롱완, 놀완 琓 서옥완 琬 서옥완, 아름
다운 옥완 緩 늦을완, 느릴완 莞 웃을완,
왕골완 婠 몸 어여쁠완

왈

曰 가로(가로되, 말하되)왈

왕

往 갈왕, 옛왕 旺 왕성할왕 枉 굽을왕,
굽히어왕 汪 넓을왕 王 임금왕, 姓

외

外 바깥외, 외방외 畏 두려워할외

요

堯 임금요, 높을요 搖 흔들요, 흔들릴요

曜 비칠요, 빛날요 瑤 옥요, 아름다운요
耀 빛날요 腰 허리요 要 종요요, 구할요
謠 노래요, 소문요 遙 멀요, 노닐요 夭
예쁠요, 일직요 樂 좋아할요⇨즐거울락
饒 넉넉할요, 남을요

욕

慾 욕심욕 欲 하고자할 욕, 바랄욕 浴
목욕욕, 목욕할욕 辱 욕욕, 욕될욕

용

勇 날랠용, 날쌜용 墉 담용, 성용 埇 길돋
을용, 골목길용 容 얼굴용, 담을용 庸 떳떳
용, 쓸용 榕 나무용 涌 물솟을용 湧 솟을
용, 솟아오를용 溶 물용 瑢 옥소리용 用
쓸용, 쓰일용 茸 아름다울용, 풀날용 蓉
부용용, 연꽃용 踊 뛸용 鎔 녹일용 鏞
쇠북용

우

于 어조사우, 姓 佑 도울우, 도움우 偶
짝우, 배필우 優 광대우, 넉넉할우 又 또우
友 벗우, 벗할우 右 옳을우, 오른쪽우 瑀
옥돌우 宇 집우, 하늘우 寓 붙여 살우,
붙일우 尤 더욱우, 허물우 愚 어리석을우
憂 근심우, 상제 될우 牛 소우, 별 이름우
玗 옥돌우, 옥 같은 돌우 堣 모퉁이우 祐
도울우, 다행할우 禹 임금우, 姓 羽 깃우,
날개우 迂 멀우, 돌우 遇 만날우, 당할우
郵 파발우, 우편우 雨 비우, 비올우 釪
풍류우, 그릇우 隅 모질우, 모퉁이우

욱

彧 빛날욱, 문채욱 旭 날빛욱, 빛날욱 昱
빛날욱 煜 빛날욱, 불꽃욱 郁 빛날욱, 姓

項 구슬욱

운

云 이를운, 말할운 沄 흐를운, 끓는 모양운,
運 옮길운, 운전할운 雲 구름운, 姓 韻
운운, 운치운 澐 큰 물결운

울

蔚 땅울

웅

熊 곰웅 雄 수컷웅, 수웅

원

元 으뜸원, 처음원 原 언덕원, 근원원 員
인원원, 관원원 圓 둥글원, 원원 園 동산
원, 뜰원 垣 담원 媛 어여쁠연, 예쁠연
嫄 사람 이름원 怨 원망원, 미워할원 援
도울원, 끌원 沅 물원 洹 물이름원 源
근원원 瑗 구슬원 苑 동산원 袁 姓 轅
수레원, 명에원 遠 멀원, 심오할원 院 집원
願 원할원, 바랄원 愿 성실할원

월

月 달월, 세월월 越 건널월, 넘칠월

위

位 벼슬위, 자리위 偉 거룩할위, 위대할위
僞 거짓위, 속일위 危 위태할위, 두려워할
위 圍 에울위, 두를위 委 버릴위, 자세할위
威 위엄위, 세력위 尉 벼슬위, 이름위 慰
위로위, 위로할위 暐 빛날위 渭 위수위,
물 이름위 爲 할위, 만들위 瑋 구슬위,
옥 이름위 緯 씨위, 씨줄위 胃 비위위,
밥통위 衛 호위위, 지킬위 謂 이를위, 고할
위 違 어길위, 잘못위 韋 가죽위 魏 나라

위, 姓

유

乳 젖유, 젖같은액 兪 맑을유,그러할유, 姓
侑 권할유, 너그러울유 儒 선비유, 유교유
唯 오직유, 대답할유 宥 용서할유, 너그러
울유 幼 어릴유, 어린이유 幽 깊을유, 숨을
유 庾 창고유, 姓 悠 멀유, 아득할유 惟
오직유, 한갓유 愈 나을유, 병나을유 有
있을유, 가질유 柔 부드러울유, 순할유
楡 느릅나무유 油 기름유, 사물의 모양유
洧 물이름유 猶 오히려유, 같을유 由 말미
암을유, 까닭유 維 얽을유, 맥유 裕 넉넉
유, 너그러울유 誘 이끌유, 꾈유 遊 놀유,
즐길유 遺 끼칠유, 남길유 酉 닭유, 열째
지지유 喩 고할유, 간할유 猷 꾀유, 꾀할유
瑜 아름다운 옥유

육

堉 흙육, 토옥할육 肉 고기육, 살육 育
칠육, 기를육

윤

允 진실로울윤, 허락할윤 尹 맏윤, 姓 潤
젖을윤, 윤택할윤 玧 옥빛윤, 붉을윤 胤
맏아들윤 銃 병기윤 閏 윤달윤

융

融 화할융, 밝을융

은

垠 가은, 지경은 恩 은혜은, 姓 殷 나라
은, 姓 闇 즐거울은, 화열은 銀 은은, 은빛
은 隱 숨을은, 숨길은

을

乙 새을, 제비을

음

吟 읊을음, 끙끙 앓을음 淫 간음할음, 과할
음 陰 그늘음, 姓 音 소리음, 음악음 飮
마실음, 마실 것음

읍

泣 울읍 邑 고을읍, 마을읍

응

應 응할응, 姓 膺 가슴응, 받을응 鷹
매응 凝 얼응, 엉길응

의

依 의지할의, 의거할의 倚 의지할의, 기댈
의 儀 거동의, 모형의 宜 마땅의, 옳을의
意 뜻의, 생각의 毅 군셀의 疑 의심할의,
의심의 矣 어조사의 義 옳을의, 바를의
衣 옷의, 웃옷의 誼 정의의, 옳을의 議
의논의, 의논할의 醫 의원의, 병 고칠의
擬 헤아릴의, 비길의

이

二 두이, 둘이 以 써이, 까닭이 伊 저이,
姓 夷 오랑캐이, 동방이 已 이미이, 그칠이
彜 떳떳이, 법이 怡 화할이 易 쉬울이,
편할이⇨바꿀역, 고칠역 爾 너이, 그이
異 다를이, 姓 移 옮길이, 바꿀이 而 말
이을이, 어조사이 耳 귀이, 따름이 貳 두
이, 둘이 弛 풀릴이, 놓을이 珥 귀엣고리
이, 해무리이

익

瀷 스며 흐를익 益 더할익, 이익익 翊
도울익 翼 날개익, 도울익 謚 웃는 모양익

⇨시호시

인

人 사람인, 남인 仁 어질인, 인자할인 刃 날인, 칼날인 印 인칠인, 도장인, 姓 因 인할인, 이어받을인 姻 혼인인 寅 동방인, 셋째 지지인 引 이끌인, 늘일인 忍 참을인, 모질인 認 알인, 허락할인

일

一 한일, 하나일 壹 한일, 하나일 日 날일, 해일 溢 넘칠일, 가득할일 逸 편안일, 달아날일 鎰 근일 馹 역마일

임

任 맡을임, 姓 壬 북방임, 아홉째임 妊 아이 밸임 姙 아이임, 밸임 稔 여물임, 풍년 들임 賃 품팔이임, 세낼임

입

入 들입, 들일입

잉

剩 넉넉할잉, 남을잉

자

仔 자세자 刺 찌를자, 가시자 姉 맏누이자 姿 모양자, 맵시자 子 아들자, 첫째 지지자 字 글자자, 사랑할자 恣 방자자, 방자할자 慈 인자자, 어머니자 玆 이자, 검을자 磁 지남석자, 자기자 紫 붉을자, 자줏빛자 者 놈자, 사람자 自 스스로자, 몸소자 資 자뢰자, 재물자 雌 암자, 암컷자 滋 맛자, 많을자 瓷 오지그릇자 藉 깔자, 도울자

작

作 지을작, 일으킬작 昨 어제작 灼 쬐일작, 사를작 爵 벼슬작, 작위작 勺 잔질할작, 술 따를작 酌 잔잔할작, 술 따를작 雀 참새작 鵲 까치작

잔

殘 쇠잔잔, 남을잔

잠

暫 잠깐잠 潛 잠길잠, 자맥질할잠 箴 경계잠 蠶 누에잠

잡

雜 섞일잡, 썪을잡

장

丈 길장, 어른장 匠 장인장, 장색장 場 마당장, 곳장 壯 장할장, 씩씩할장 奘 클장 獎 권할장, 장려할장 將 장수장, 장차장 帳 장막장, 휘장장 庄 전장장, 田舍장 張 베풀장, 姓 掌 손바닥장, 맡을장 暲 밝을장, 날빛 나올장 杖 짚을장, 지팡이장 牆 담장장 璋 구슬장, 아들 낳은 경사장 章 글장, 姓 粧 단장할장 腸 창자장 臟 오장장 莊 씩씩할장, 姓 葬 장사장, 장사지낼장 薔 장미장 藏 감출장, 간직할장 裝 행장장, 꾸밀장 長 어른장, 길장 障 막을장, 거리낄장 樟 녹나무장 漳 물이름장

재

再 두재, 두 번재 哉 어조사재, 비롯할재 在 있을재, 살재 宰 재상재, 주장할재 才 재주재, 재간재 材 재목재, 감재 栽 심을재

梓 가래나무재, 목수재 㟋 맑을재 災 재앙재 綷 일재, 실을재 裁 마루잴재, 마를재 財 재물재 載 실을재, 해재 齋 재계재, 집재

쟁

爭 다툴쟁, 간할쟁 錚 쟁과리쟁, 징쟁

저

低 낮을저, 구부릴저 底 밑저, 속저 抵 밀저, 막을저 苧 모시풀저 著 나타날저, 지을저⇨입을착, 붙을착 貯 저축저, 쌓을저 邸 객사저, 姓

적

寂 고요할적, 쓸쓸할적 摘 딸적, 들추어낼적 敵 대적할적, 원수적 滴 물방울적, 물방울 떨어질적 的 적실적, 과녁적 積 쌓을적, 거듭할적 笛 피리적, 저적 籍 호적적, 등록부적 績 길쌈적, 공적 賊 도적적, 도둑적 赤 붉을적, 빌적 跡 발자취적 蹟 자취적, 사적적 迪 나아갈적 適 마침적, 맞을적

전

佺 신선이름전 傳 전할전, 펼전 全 온전전, 모두전 前 앞전, 먼저전 塡 오랠전, 편안할전 專 오로지전, 마음대로 할전 展 펼전, 벌일전 戰 싸움전, 싸울전 栓 나무못전 殿 대궐전, 전각전 琠 구슬전 田 밭전, 姓 甸 경기전, 왕터 5백리전 詮 의논할전, 갖출전 轉 구를전, 굴릴전 銓 저울질할전, 가릴전 錢 돈전, 姓 電 번개전, 전기전

절

切 간절절, 끊을절⇨온통체 折 꺾을절,

굽힐절 節 마디절, 토막절 絶 끊을절, 떨어질절

점

占 점칠점, 점점 店 가게점 漸 점점점, 들점 点 점점, 점 찍을점 點 점점, 찍을점

접

接 접할접, 댈접 蝶 나비접

정

丁 고무래정, 姓 井 우물정, 정자정 亭 정자정, 집정 停 머무를정, 머무르게 할정 偵 탐문할정, 정탐정 呈 드릴정, 보일정 姃 여자 단정할정 定 정할정, 편안할정 幀 화상정, 그림 족자정 庭 뜰정, 조정정 廷 조정정, 법정정 征 칠정, 정벌할정 情 뜻정, 정정 挺 뺄정, 곧을정 政 정사정, 다스릴정 整 정제할정, 가지런할정 晶 맑을정, 밝을정 晸 해돋는 모양정 桯 나무바를정 程 평상 앞걸상정 楨 담틀정 正 바를정, 바로잡을정 汀 물가정 淀 얕은 웅덩이정 淨 맑을정, 깨끗할정 湞 물 이름정 玎 옥소리정 珵 옥돌정, 패옥정 珽 홀정 町 밭두둑정 禎 상서정 程 길정, 姓 精 정할정, 깨끗할정 綎 실인끈정 訂 의논할정, 고칠정 貞 곧을정, 바를정 鄭 나라정, 姓 鉦 징정 鋌 쇳덩이정 錠 등자정, 신선로정 靖 편안할정 静 고요정, 조용할정 頂 이마정, 정수리정 鼎 솥정, 세발솥정 静 단장할정, 조용할정

제

制 법제, 억제할제 堤 언덕제, 방죽제 帝

임금제 弟 아우제, 제자제 悌 공경제, 공손할제 提 끌정, 들정 梯 사다리정, 나무 어릴정 濟 건널정, 건질정 祭 제사제, 제사 지낼제 第 집제, 과거제 製 지을제, 만들제 諸 모든제, 姓 除 덜제, 나눗셈제 除 즈음제, 가제 題 제목제, 이마제 齊 나라제, 가지런할제 瑅 옥이름제

조

兆 억조조, 점괘조 助 도울조 弔 조상할조 彫 새길조, 시들조 措 둘조, 베풀조 操 잡을조, 곡조조 早 이를조, 일찍조 晁 아침조, 고을 이름조 曹 무리조, 姓 朝 아침조, 조정조 條 가지조, 조리조 潮 밀물조, 썰물조 照 비칠조, 비출조 燥 마를조 祖 할아비조, 선조조 祚 복조, 지위조 租 부세조, 구실조 窕 안존할조, 얌전할조 組 인끈조, 짤조 肇 비로소조, 민첩할조 詔 조서조, 고할조 調 고루조, 뽑을조 造 지을조, 만들조 釣 낚시조, 낚을조 鳥 새조 趙 나라이름조, 오랠조 遭 만날조, 두를조

족

族 겨레족, 일가족 足 발족, 넉넉할족

존

存 있을존, 물을존 尊 높을존, 어른존

졸

卒 군사졸, 갑자기졸 拙 졸할졸, 못생길졸

종

倧 신인종, 옛 신인종 宗 마루종, 姓 從 좇을종, 모실종 悰 즐거울종 椶 종려종 淙 물소리종 琮 옥돌종 種 심을종, 종류종 終 마침종, 다할종 璁 패옥소리종 綜 모을종, 자세할종 縱 놓을종, 놓아줄종 鍾 쇠북종, 모일종 鐘 쇠북종, 姓

좌

佐 도울좌 坐 앉을좌, 죄 입을죄 左 왼좌, 왼쪽좌 座 자리좌, 위치좌

죄

罪 허물죄, 죄죄

주

主 임금주, 주인주 住 머무를주, 살주 胄 자손주, 맏아들주 周 두루주, 姓 奏 아뢸주, 나아갈주 宙 집주, 하늘주 州 골주, 고을주 晝 낮주 朱 붉을주, 姓 柱 기둥주, 기러기발주 株 나무주, 그루주 注 부을주, 물댈주 洲 물가주, 섬주 湊 물 모일주 炷 심지주 珠 구슬주, 姓 疇 이랑주, 무리주 舟 배주 註 주낼주 走 달릴주, 달아날주 酒 술주 週 두루주, 주일주 鑄 지을주, 부어 만들주 駐 머물주, 머무를주 遒 다칠주, 굳셀주

죽

竹 대죽, 대나무죽

준

俊 준걸준, 뛰어날준 儁 준걸준 准 평할준, 승인할준 埈 높을준 峻 높을준, 가파를준 晙 밝을준, 이른 아침준 浚 깊을준, 취할준 準 법준, 고를준 濬 깊을준 焌 불 당길준 竣 마칠준, 그칠준 遵 좇을준, 행할준 雋 새살찔준, 글 이름준 駿 준마준 埻 과녁준 畯 농부준

줄

苗 성할줄

중

中 가운데중, 속중 仲 버금중, 둘째중 衆 무리중, 많을중 重 무거울중, 거듭할중

즉

即 곧즉, 이제즉

즐

櫛 빗즐, 빗질할즐

즙

汁 진액즙

증

增 더할증, 많아질증 憎 미워할증 曾 일찍증, 곧증 烝 불기울증, 찔증 甑 시루증 症 병세증 蒸 찔증 證 증거증, 증험할증 贈 줄증

지

之 갈지, ~의 只 다만지 地 땅지, 곳지 址 터지 志 뜻지, 뜻할지 持 손가락지, 가리킬지 支 괴일지, 지탱할지 旨 뜻지, 생각지 智 지혜지, 姓 枝 가지지, 버틸지 止 그칠지, 막을지 池 못지, 姓 泜 물가지 知 알지, 분별할지 祉 복지 紙 공경지, 지신지 紙 종이지 至 이를지, 지극할지 芝 지초지 誌 기록지, 기록할지 趾 발꿈치지, 그칠지 遲 더딜지, 늦을지 摯 쥘지, 지극할지

직

直 곧을직, 바를직 稙 올벼직, 조도직 稷

기장직, 메기장직 織 짤직 職 벼슬직, 직품 직

진

塵 티끌진, 먼지진 振 떨칠진, 떨진 晉 나라진, 나아갈진 晋 나라진, 나아갈진 津 나루진, 침진 珍 보배진, 보배로울진 瑨 귀고리진 瑨 옥돌진 璡 옥돌진 盡 다할진, 극진할진 眞 참진, 거짓진 秦 나라 진, 姓 軫 수레진 辰 별진, 다섯째 지지진 ⇨날신, 때신 進 나아갈진, 오를진 鎭 진정진, 진압할진 陣 진칠진, 진진 陳 베풀 진, 姓 震 진동진, 진동할진

질

姪 조카질 瓆 이름질 疾 병질, 괴로워할질 秩 차례질, 녹질 質 바탕질, 근본질

집

執 잡을집, 姓 潗 솟을집, 샘날집 輯 모을 집, 모일집 楫 돛대집⇨노즙, 노저을즙 集 모을집, 나아갈집 什 물건집

징

徵 부를징, 거둘징⇨음률 이름치 懲 징계 징, 징계할징 澄 맑을징

차

且 또차, 또한차 借 빌차, 빌릴차 叉 깎지 낄차, 갈래차 差 어긋날차, 다를차⇨들쑥 날쑥할 치 次 버금차, 다음차 此 이차, 이에차 車 수레차, 姓

착

捉 잡을착 着 부딪칠착, 붙을착 錯 섞일

착, 어긋날착

찬

撰 가릴찬, 글지을찬 澯 맑을찬, 물 모양찬 燦 빛날찬 璨 옥빛찬 瓚 옥그릇찬 纂 모을찬, 편찬할찬 粲 빛날찬 纘 이을찬 讚 기릴찬, 도울찬 贊 찬성할찬 鑽 뚫을찬, 송곳찬

찰

察 살필찰, 상고할찰

참

參 참여할참, 낄참 ⇨석삼, 별 이름삼 慘 슬플참, 참혹할참 慙 부끄러울참

창

倉 창고창, 姓 創 찌를창, 비롯할창 唱 부를창, 인도할창 廠 허청창 彰 빛날창, 밝을창 敞 넓을창, 드러날창 昌 창성창, 창성할창 昶 밝을창 暢 화창창, 통할창 滄 바다창, 푸를창 窓 창창, 창문창 菖 창포창 蒼 푸를창, 무성할창

채

債 빚채 埰 사패지채, 채지채 寀 동관채, 식읍채 彩 채색채, 채색할채 採 캘채, 가려낼채 菜 나물채, 姓 蔡 나라채, 姓 采 취할채, 姓

책

册 책책, 세울책 策 꾀책, 계책책 責 책할책, 꾸짖을책

처

妻 아내처, 시집 보낼처 悽 슬플처, 슬퍼할처 處 곳처, 살처

척

尺 자척, 짧을척 戚 친척척, 겨레척 拓 주을척, 열척 ⇨밀칠탁, 탁을탁 斥 물리칠척, 내칠척 陟 오를척, 올릴척

천

仟 일천천, 천 사람천 千 일천천, 여러천 天 하늘천, 姓 川 내천 泉 샘천, 돈 이름천 淺 얕을천, 옅을천 薦 천거할천, 드릴천 賤 천할천, 업신여길천 踐 밟을천, 오를천 遷 옮길천, 姓 阡 언덕천

철

哲 밝을철, 슬기로울철 喆 밝을철 徹 사무칠철, 뚫을철 撤 걷을철, 필철 澈 맑을철 綴 이을철, 철할철 轍 수레철, 자취철 鐵 쇠철, 무기철

첨

僉 다첨 尖 뾰족할첨, 날카로울첨 添 더할첨, 덧붙일첨 瞻 우러러볼첨

첩

妾 첩첩 帖 문서첩, 장부첩 ⇨체지체 捷 바를 이길첩

청

廳 대청청, 관청청 晴 갤청, 날 갤청 淸 맑을청, 깨끗할청 聽 들을청, 들어줄청 請 청할청, 물을청 靑 푸를청, 동쪽청

체

替 대신체, 바꿀체 締 맺을체 遞 갈릴체 體 몸체, 근본체 諦 살필체, 이치체

초

初 처음초, 첫초 抄 뺄초, 뽑을초 招 부를초, 불러올초 楚 나라초, 고을초 樵 나무할초, 땔나무초 焦 탈초, 그을릴초 礎 주춧돌초 肖 같을초, 닮을초 艸 풀초, 초집을초 草 풀초, 초잡을초 超 뛸초, 뛰어넘을초

촉

促 재촉촉, 독촉할촉 燭 촛불촉, 밝을촉 觸 찌를촉, 닿을촉

촌

寸 마디촌, 적을촌 村 마을촌, 시골촌

총

叢 떨기총, 모을총 寵 괼총, 사랑할총 總 거느릴총, 모을총 聰 귀밝을총 銃 독기구멍총, 총총

최

催 재촉최, 열최 崔 높을최, 姓 最 가장최, 제일최

추

抽 뺄추, 뽑을추 推 밀추, 철거할추⇨밀퇴, 밀어젖힐퇴 楸 가래나무추, 바둑판추 樞 지도리추, 고동추 秋 가을추, 姓 追 따를추, 좇을추 鄒 땅추, 姓 醜 더러울추, 추할추 錐 송곳추 錘 저울추, 무게추

축

丑 소축, 둘째 지지축 畜 칠축, 가축축 祝 빌축, 축하할축 築 쌓을축, 다질축 縮 줄어질축, 오그라들축 蓄 저축축, 쌓을축 軸 수레바퀴축, 굴대축 逐 쫓을축, 다툴축

춘

春 봄춘 椿 나무춘, 姓 瑃 옥이름춘 賰 넉넉할춘

출

出 날출, 나갈출

충

充 채울충, 가득할충 忠 충성충 沖 화할충, 어릴충 蟲 벌레충 衝 찌를충, 뚫을충 衷 가운데충, 정성충 珫 귀엣고리충

췌

萃 떨기췌, 모을췌⇨모을취

취

取 가질취, 취할취 吹 불취, 충동할취 就 나아갈취, 이룰취 翠 푸를취, 비취취 聚 모을취, 모일취 臭 냄새취, 냄새날취 趣 나아갈취, 주창할취 醉 취할취

측

側 곁측, 기울일측 測 헤아릴측, 측량할측

층

層 층층, 겹층

치

値 만날치, 값치 峙 고개치, 산 우뚝 설치 恥 부끄러울치 治 다스릴치, 병 고칠치 熾 성할치, 맹렬할치 稚 어릴치, 어린 벼치 置 둘치, 베풀치 致 이를치, 다할치 雉 꿩치 馳 달릴치 齒 이치, 나이치

칙

則 법칙, 법칙칙 勅 신칙할칙, 칙서칙

친

親 친할친, 가까울친

칠

七 일곱칠, 일곱 번칠 漆 물칠, 옻칠할칠

침

侵 침노할침, 범할침 寢 잘침, 쉴침 枕 베개침, 벨침 沈 잠길침, 빠질침⇨즙심, 성심 浸 젖을침, 잠길침 針 바늘침, 침침

칩

蟄 엎딜칩, 겨울잠 잘칩

칭

秤 저울칭 稱 일컬을칭, 부를칭

쾌

快 쾌할쾌, 시원할쾌 獪 터놓을쾌, 쾌쾌

타

他 다를타, 딴타 墮 떨어질타, 떨어뜨릴타 妥 편안타, 온당할타 打 칠타, 타타

탁

琸 클탁, 밝을탁 卓 높을탁, 姓 托 부탁탁, 받침탁 晫 밝을탁 濁 흐릴탁, 어지러울탁 濯 빨래할탁, 씻을탁 琢 다듬을탁, 쫄탁 倬 사람 이름탁 託 부탁탁, 부탁할탁 鐸 방울탁, 요령탁 度 헤아릴탁⇨법도도, 정도도 擢 뽑을탁, 높을탁

탄

呑 삼킬탄 坦 넓을탄, 평탄할탄 彈 탈탄, 탄핵할탄, 姓 歎 탄식탄, 기릴탄 灘 여울탄, 해 이름탄 炭 숫탄, 석탄탄 誕 클탄, 기를탄 錞 상할탄⇨어스름할돈

탈

奪 빼앗을탈, 잃을탈 脫 벗을탈, 빠질탈

탐

探 더듬을탐, 찾을탐 耽 즐길탐, 지나치게 즐길탐 貪 탐할탐, 탐낼탐

탑

塔 탑탑

탕

湯 끓을탕, 끓일탕

태

兌 서방태, 바꿀태 台 별태 太 처음태, 클태, 姓 怠 게으를태, 거만할태 態 태도태, 모양태 殆 위태할태, 위태로울태 汰 흐를태, 씻을태 泰 클태, 심할태 胎 새끼밸태, 아이 밸태 邰 나라태, 땅 이름태

택

垞 언덕택 宅 집택, 구덩이택⇨집댁 擇 가릴택, 고를택 澤 못택, 은혜택

토

兎 토끼토, 달토 吐 뱉을토, 토할토 土 흙토, 땅토 討 칠토, 찾을토

통

桶 통통 痛 아플통, 원통할통 統 거느릴통, 벼리통 通 통할통, 형통할통

퇴

堆 언덕퇴, 쌓을퇴 退 물러갈퇴, 물리칠퇴

투

投 던질투, 줄투 透 투철할투, 통할투 鬪

싸움투, 싸울투

특

特 특별특, 다만특

파

坡 언덕파 巴 땅 이름파 把 잡을파, 가질
파 播 씨뿌릴파, 달아날파 波 물결파 派
물파, 갈래파 琶 비파파 破 파할파, 깨뜨릴
파 罷 파할파, 마칠파 芭 파초파 頗 자못
파, 치우칠파

판

判 쪼갤판, 판단할판 坂 언덕판, 늪판 板
널판, 판목판 版 조각판, 판목판 販 팔판,
장사판 阪 언덕판

팔

八 여덟팔

패

佩 찰패, 패옥패 敗 패할패, 무너질패 浿
물패 覇 으뜸패, 권세잡을패 貝 조개패,
재물패 牌 패패, 호적패

팽

彭 땅팽, 姓 澎 물소리팽, 물결 부딪칠팽

편

便 편할편, 마땅할편⇨득변, 오줌변 偏
편벽될편, 치우칠편 扁 작을편, 특별할편,
姓 片 조각편, 쪽편, 姓 篇 책편, 편편 編
엮을편, 책 맨 끈편 遍 두루편

평

坪 들평 平 평할평, 다스릴평 評 의논
평, 평론할평 枰 장기판평, 나무이름평

評 의논평, 평론할평

폐

幣 폐백폐, 비단폐 廢 폐할폐, 버릴폐 弊
해질폐, 폐단폐 肺 허파폐, 부아폐 蔽 가릴
폐, 가리울폐 閉 닫을폐, 막을폐 陛 섬돌폐

포

包 쌀포, 꾸릴포, 姓 布 베포, 피륙포 抱
안을포, 품을포 捕 잡을포 浦 물가포, 개포
胞 태포, 세포포 葡 포도포, 나라 이름포
褒 기릴포, 칭찬할포 飽 배부를포, 물릴포
砲 돌쇠뇌포, 대포포

폭

幅 폭폭, 넓이폭 暴 드러날폭, 사나울폭
爆 폭발할폭

표

彪 표범의 문채표, 표문표 杓 자루표, 북두
자루표 標 표할표, 기록할표 漂 빨래표,
뜰표 票 표표, 쪽지표 表 밭표, 거죽표,
姓 豹 표범표 驃 누런 말표, 황마표

품

品 품수품, 등급품 稟 품할품, 바탕품

풍

楓 단풍풍, 단풍나무풍 豊 풍년풍 風 바람
풍, 가르침풍

피

彼 저피, 저이피 疲 파리할피, 피곤할피
皮 가죽피, 껍질피, 姓 被 입을피, 받을피
避 피할피, 면할피

필

匹 짝필, 상대필 弼 도울필, 姓 必 반드시
필, 꼭필 泌 물필 珌 칼 장식필 畢 다할
필, 마칠필 筆 붓필, 글씨필 苾 향기로울
필, 풀 이름필 駜 향기필

핍

逼 가까울핍, 핍박할핍

하

下 아래하, 낮출하 何 어찌하, 누구하, 姓
厦 집하, 큰집하 夏 여름하, 왕조하, 姓
廈 집하, 큰집하 昰 여름하 河 물하, 강
하, 姓 荷 연하, 질하 賀 하례하, 姓 霞
안개하, 노을하

학

學 배울학, 본받을학 鶴 학학, 두루미학

한

寒 찰한, 떨할 恨 한할한, 뉘우칠한 旱
가물한 汗 땀한, 물 질펀할한 漢 한수한,
물 이름한 澣 옷 빨한 瀚 바다한, 북해한
翰 날개한, 붓한 閑 막을한, 등한할한 閒
한가할한, 편안한한 限 한정한, 한정할판
韓 나라 이름한, 姓

할

割 벨할, 끊을할 轄 수레할, 비녀장할할

함

函 함함, 글월함 含 머금을함, 품을함 咸
다함, 姓 涵 젖을함 艦 병선함, 전선함
陷 빠질함, 함정함

합

合 모을합, 합할합

항

亢 높을항, 대적할항 巷 구렁항, 거리항
恒 항상항, 떳떳할항 抗 겨룰항, 막을항
沆 물항 港 구렁항, 항구항 航 배항, 배로
물 건널항 項 목항, 조목항 姮 계집의 이름
항

해

亥 돼지해, 열 두째 지지해 偕 함께해,
굳셀해 奚 어찌해, 종해 害 해할해, 해칠해
海 바다해, 널리해, 姓 解 풀해, 가를해
該 그해, 해당할해 諧 화할해, 글 이름해

핵

核 핵실핵, 씨핵

행

幸 다행행, 요행행 杏 살구행, 은행행 行
행할행, 다닐행⇨항렬항, 줄항

향

享 누릴향, 받을향 向 향할향, 대할향 珦
구슬향, 옥 이름향 鄕 마을향, 시골향 響
소리향, 울릴향 香 향기향, 향기로울향

허

墟 터허, 옛터허 虛 빌허, 헛될허, 약할허
許 허락허, 가량허, 姓

헌

憲 법헌, 법 뵈일헌 獻 드릴헌, 어진헌
軒 난간헌, 추녀헌

험

險 험할험, 위태로울험 驗 증험할험, 시험
할험

혁

爀 빛날혁 赫 빛날혁 革 가죽혁, 고칠혁

현

峴 고개현, 산 이름현 弦 활시위현, 악기줄현 懸 달현, 매달현 晛 볕기운현 泫 물깊을현, 이슬빛현 炫 밝을현 玄 검을현, 오묘할현, 姓 玹 옥돌현 現 나타날현, 이제현 絃 줄현, 악기줄현 縣 고을현, 매달현 賢 어질현, 어진 이현 鉉 솥귀현 顯 나타날현, 밝을현 見 나타날현⇨볼견

혈

穴 구멍혈, 움혈 血 피혈

협

俠 협사협, 협기협 協 화할협, 도울협 峽 골협, 물긴 산골협 浹 젖을협 脅 갈빗대협, 으를협 挾 낄협, 도울협

형

亨 형통할형 兄 맏형, 형형 刑 형벌형, 형벌할형 型 거푸집형, 법형 形 형상형, 모양형 泂 멀형, 찰형 瀅 맑을형 炯 밝을형 珩 구슬형 螢 옥빛형⇨옥돌영, 빛영 螢 반디형, 개똥벌레형 衡 저울대형, 평평할형 邢 땅형 馨 꽃다울형

혜

兮 어조사혜 彗 비혜, 별혜 惠 은혜혜, 인자할혜 慧 지혜혜, 밝을혜 蕙 난초혜, 혜초혜 譓 분별하여 살필혜

호

乎 온호, 어조사호 互 서로호 呼 부를호, 부르짖을호 壕 해자호, 못호 壺 병호, 항아리호 好 좋을호, 아름다울호 戶 지게문호, 집호 扈 넓을호, 뒤따를호, 姓 昊 하늘호, 여름 하늘호 晧 밝을호 毫 터럭호, 가는 털호 浩 넓을호, 클호 淏 맑은 모양호 湖 물호, 호수호 澔 넓을호 濠 물 이름호 灝 물세호, 크고 넓을호 琥 옥호부호 瑚 산호호 皓 흴호, 희게 빛날호 祜 복호 胡 오랑캐호, 어찌호, 姓 虎 범호 號 이름호, 일컬을호 護 호위호, 보호할호 豪 호걸호, 호협할호 鎬 호경호, 땅 이름호 頀 풍류호 顥 클호

혹

惑 혹할혹, 미혹할혹 或 혹혹

혼

婚 혼인혼, 혼인할혼 昏 어두울혼, 혼미할혼 混 흐릴혼, 섞일혼 渾 흐릴혼, 후한 모양혼 魂 혼혼, 넋혼

홀

忽 문득홀, 소홀히 할홀 惚 황홀홀, 황홀할홀

홍

弘 클홍, 넓을홍 泓 깊을홍 洪 넓을홍, 클홍, 姓 烘 비칠홍, 말릴홍 紅 붉을홍 虹 무지개홍 鴻 기러기홍, 클홍

화

化 될화, 교화할화 和 고루화, 화할화 樺 벗나무화 火 불화, 불사를화 畫 그림화 禍 재화화, 재앙화 禾 벼화, 곡식화 花 꽃화, 아름다울화, 姓 華 빛날화, 꽃화 話

말화, 이야기화 貨 재물화, 재화화

확

擴 늘릴확, 넓힐확 確 확실확, 확실할확
穫 벨확, 거둘확

환

丸 탄자환, 알환 喚 부를환 奐 빛날환
幻 변화할환, 혹할환 患 근심환, 근심할환
換 바꿀환 歡 즐거울환, 기뻐할환 晥 밝을
환, 밝은 모양환 桓 굳셀환, 머뭇거릴환
渙 흩어질환, 패 이름환 煥 빛날환, 붉은
모양환 環 고리환, 두를환 還 돌아올환,
돌아갈환 鐶 고리환

활

活 살활, 생기 있을활 闊 넓을활, 너그러
울활

황

凰 새황, 암봉황황 惶 이름황 晃 빛날황,
밝을황 榥 책상황 況 하물며황, 형편황
滉 깊을황, 깊고 넓을황 煌 빛날황 璜
구슬황, 잡패옥황 皇 임금황, 클황 荒 거칠
황, 흉년 들황 黄 누루황, 姓 惶 벽없는
방황

회

回 돌아올회, 돌회 廻 돌회, 돌아올회 恢
넓을회, 클회 悔 뉘우칠회, 한할회 懷 품을
회, 생각할회 晦 그믐회 會 모을회, 깨달을
회 檜 노송나무회, 나라 이름회 澮 개천
회, 두 물 합할회 灰 재회, 석회회 繪 그림
회, 그릴회

획

劃 쪼갤획, 그을획 獲 얻을획, 계집종획

횡

橫 비낄횡, 가로횡

효

孝 효도효, 부모 잘 섬길효 效 본받을효,
힘쓸효 曉 새벽효, 깨달을효 淆 물 이름효
爻 점괘효, 본받을효 驍 날랠효, 좋은 말효

후

侯 제후후, 임금후 候 기다릴후, 기후후
厚 두터울후, 두꺼울후 后 임금후, 사직
후, 姓 喉 목구멍후, 목후 垕 두터울후,
땅 이름후 後 뒤후, 뒤질후 逅 만날후,
우연히 만날후

훈

勛 공훈 勳 공훈 塤 풍류훈 壎 흙 풍류훈
焄 향기로울훈 熏 더울훈, 불기운훈 薰
더울훈, 향기풀훈 訓 가르칠훈, 훈계할훈
燻 불기운 성할훈, 연기 오를훈

훤

暄 더울훤, 따뜻할훤 喧 들렐훤, 크게 말할
훤 萱 풀훤, 원추리훤

훼

毁 헐훼, 헐어질훼

휘

彙 모들휘, 무리휘 徽 아름다울휘, 가문고
휘 揮 두를휘, 휘두를휘 暉 햇빛휘, 해달무
리휘 煇 빛날휘, 일광휘 輝 빛날휘, 빛휘

휴

休 쉴휴, 아름다울휴 携 끌휴, 이끌휴 烋

아름다울휴⇨기세 대단할효

흉

凶 흉할흉, 언짢을흉 胸 가슴흉, 마음흉

흑

黑 검을흑, 어두울흑

흔

昕 해돋을흔 欣 기꺼울흔, 기뻐할흔 炘 더울흔, 빛 성할흔

흘

屹 높을흘, 산 우뚝 솟을흘

흠

欽 공경할흠, 칙명흠

흡

吸 마실흡, 빨흡 恰 흡족할흡, 적당할흡

洽 합할흡, 젖을흡 翕 모들흡, 합할흡

흥

興 일흥, 흥할흥

희

僖 즐거울희 熙 빛날희 喜 기꺼울희, 기쁠희 噫 탄식할희 姬 계집희, 아가씨희 嬉 아름다울희 希 바랄희, 드물희 憙 기뻐할희, 좋아할희 戱 희롱희, 희롱할희 曦 빛날희, 일광희 熙 밝을희, 빛날희 熹 밝을희 禧 복희, 길할희 稀 드물희, 성길희 羲 화할희, 기운희 晞 마를희, 날 처음돋을희 嬉 불성할희 爔 불희, 날빛희

힐

詰 힐날힐, 힐난할힐

판 권
본 사
소 유

實用漢字 1,800字

2023년 10월 20일 재판
2023년 10월 30일 발행

지은이|편　집　부
펴낸이|최　원　준

펴낸곳|태 을 출 판 사
서울특별시 중구 다산로 38길 59(동아빌딩내)
등　록|1973. 1. 10(제1-10호)

■ 주문 및 연락처
우편번호 0 4 5 8 4
서울특별시 중구 다산로 38길 59(동아빌딩내)
전화 : (02) 2237-5577 팩스 : (02) 2233-6166

ISBN 978-89-493-0579-0　　　03000